KB102712

소외된 여성의 해방과 인간화

소외된 여성의 해방과 인간화
- 여성학자 손덕수의 그림과 글

2022년 8월 10일 처음 펴냄

지은이   손덕수
펴낸이   김영호
펴낸곳   도서출판 동연
등 록   제1-1383호(1992. 6. 12.)
주 소   (03962) 서울시 마포구 월드컵로 163-3
전 화   (02)335-2630 전 송 (02)335-2640
이메일   yh4321@gmail.com

ISBN 978-89-6447-819-6 03040

Liberation and Humanization of the Alienated Women

소외된 여성의 해방과 인간화

여성학자 손덕수의 그림과 글

손덕수 지음
Son Dug-Soo

동연

아내 손덕수의 글을 편집하며

아직도 "제 마누라 자랑하는 놈은 팔불출이야"라는 말이 회자되는 세상인데 아내의 글과 그림을 모아서 책을 내겠다는 나는 꼼짝없이 팔불출이 되는 꼴을 면치 못할 것 같다. 어느덧 동갑인 아내 손덕수의 나이도 80을 헤아려, 여성해방을 외치며 살아온 평생의 흔적을 정리해 책을 내고 싶어 하는데, 유감스럽게도 건강이 나빠져 책 한 권 만드는 일이 어렵게 되었다. 3년 전 뇌경색을 앓고 나서는 기억력이 현저하게 감퇴해서 자신의 논문이나 칼럼들을 일일이 찾아내고 편집하는 일을 감당할 수 없게 된 것이다.

하고 싶은 일을 못 해 아쉬워하는 모습이 불쌍하기도 하고, 이럴 때 아내의 일을 해주는 게 남편의 도리며 일생 진 빚을 좀 갚는 길일 것도 같아, 작년부터 여성운동 후배들의 도움을 받으면서 논문집과 저널에 쓴 손덕수의 글들을 찾아내서 모으고, 컴퓨터에 저장된 수백 장의 그림 중 몇 장을 골라 책 한 권을 편집해 보았다. 아내가 자신의 글과 그림을 보면서 많은 기억을 되살릴 수 있기를 바라는 소망도 없지 않았다. 손덕수의 글과 그림은 모두 가부장 사회에서 억눌리고 소외된 여성의 권리와 사람다운 삶을 회복하는데 꿈과 뜻을 두고 있었기에 아내의 동의를 얻어 "소외된 여성의 해방과 인간화"라는 제목을 쓰기로 했다.

내가 손덕수를 처음 만난 곳은 1960년 대학 2년 때 3·1운동의 34인으로 유명한 스코필드 박사 댁에서 모인 영어 성경반에서였고, 6년의 교제를 거쳐 부부의 연을 맺었으니 60여 년을 함께 지낸 셈이다.

이화여자대학교 사회교육과를 나온 손덕수는 중학교 교사를 하다가 독일 유학을 떠난 남편을 뒤따라 1970년도에 독일에 와서 사회교육학 석사과정을 밟았다. 루소의 에밀을 여성 교육의 관점에서 비판하는 석사학위 논문을 쓰면서 매우 래디컬한 여성학자 Hannahrore Schroeder를 사귀게 되었고, 그녀의 영향을 받아 유럽의 여성운동과 사상을 연구하며 여성문제에 깊은 관심을 가졌다.

한국에서 1972년 유신체제가 선포되자 우리는 독일에서 반독재 민주화운동에 나섰고 '민주사회건설협의회'(민건회)의 조직 활동에 많은 시간을 바쳤는데, 손덕수는 강정숙, 박소은 등과 함께 유학생, 간호사를 조직해 여성문제 세미나를 연속 열어서 '재독한인여성회'를 창립하게 되었는데, 50년이 지난 오늘까지 활동을 계속하는 모습이 보인다.

이 책에 실은 첫 글 "여성의 해와 여성의 인간화"는 1975년에 민건회 기관지 「광장」 3호에 실린 글이다. 1977년엔 미국 LA에서 열린 재미 한국기독학자대회에 초대받아 "한국 여성운동의 방향과 과제"라는 강연을 했다.

유신체제가 붕괴된 뒤에야 귀국이 허락되어 우리 가족은 1982년에 한국으로 돌아올 수 있었고, 나는 숭실대학교 철학 교수로, 아내는 이화여자대학교, 중앙대학교 여성학 강사로 가르치는 일을 시작했다. 동시에 손덕수는 기독교사회문제연구원에서 이미경과 함께 여성문제 조사연구 프로젝트를 맡아 연구원 활동도 했다.

도시 빈민 여성의 실태조사를 맡게 된 손덕수는 하월곡동 산동네 여성들의 고통과 한을 조사한 연구논문을 「한국의 가난한 여성에 관한 연구」(기사연 조사연구총서 2, 1983년)에 발표했다. 여기에 실린 "울 엄마 이름은 걱정이래요"라는 시는 산동네 아이들의 심정을 대신해 아내가 쓴 시였다.

산동네 엄마들의 걱정과 소원이 자녀들 공부에 있다는 것을 깨달은 손덕수는 방문 조사의 대가로 산동네 아이들에게 방과 후 숙제를 할 수 있는 조용한 방을 마련해 주기 위해 모금을 시작했다. 여러 친구와 외국 친지의 도움을 받아 우선 전세방 하나를 얻고 실무자 유미란 전도사를 찾아내 1985년에 연 것이 '산돌공부방'인데 1980년대 빈민촌 공부방 운동의 효시가 되었으며, 이후 전국 백여 곳으로 공부방 설치 운농이 확산되었다.

크리스찬아카데미의 여성운동가 이현숙, 김희선, 이계경 등이 매맞는 여성들을 위한 '여성의 전화'(Women's Hotline)를 1983년에 창립할 때, 손덕수는 운영위원으로 참여해 독일의 쉼터(Shelter House)를 찾아가 운영 방식을 배워왔고, 한때 이사장, 공동대표를 맡아 운영의 책임도 졌으며, 상담원을 교육하고 기관지 「베틀」에 여성문제 칼럼을 쓰는 일을 여러 해 동안 했다. 이 책에 실은 칼럼 일곱 편은 오랜 동지 이현숙이 고맙게도 「베틀」지 70여 권을 뒤져 찾아준 칼럼 중에서 골라본 것이다.

독일 도르트문트대학에서 1986년에 사회학 박사학위를 받고 난 뒤, 1987년에 대구 효성여자대학교 사회복지학과의 교수로 임용되어 여성학과 복지학을 강의하며 학술 논문들을 발표했다. 이 책에 실은 논문 "여성의 가사노동과 사회적 지위"는 이화여자대학교 여성학 교재에 실렸던 글이며, 성차별, 성폭력, 페미니즘, 향락산업과 매춘 여성에 관한 논문들은 효성여자대학교 논문집에 발표했던 글이다.

2001년에 교수직을 벗어나면서 손덕수는 컴퓨터의 색채 기술을 이용한 그림을 그리기 시작했는데 10여 년을 꾸준히 그리더니 여성해방과 평화의 소망을 담은 그림을 배여 장 내놓게 되었다. 몇 전문가들의 추천으로 2015년 1월에 인사동 갤러리에서 "생명을 향한 모심의 꿈"이라는 주제로 디지털 아트(Digital Art) 전시회를 열기도 했다.

아내 손덕수의 끼와 생각이 그림에도 잘 드러났다고 해서 그림 30여 편을 골라 그림 밑에 자기의 느낌을 적은 촌평과 함께 이 책에 싣기로 했다.

편집을 계기로 손덕수의 옛 글들을 처음으로 꼼꼼히 읽어보게 되었다. 전에는 내 분야의 책도 읽기 바빠 아내의 여성해방 논문까지 찾아볼 엄두를 못 냈다. 그런데 남성 중심의 가부장 사회를 비판한 아내의 글을 자세히 읽다 보니 아내 손덕수를 새롭게 인식하게 되고, 남편인 나를 다시 돌아보는 기회도 되었다.

내 딴에는 누구보다 아내를 위해주는 남편이요 우린 평등 부부였다고 자부했지만, 아내의 기준으로는 나 역시 가부장 사회의 전통적 남편일 뿐이어서 불만이 많았던 것 같다. 부부가 동시에 함께 학위논문 쓰고 가르치는 일을 하다 보니 가사와 육아가 제대로 안 되는 때가 많았는데, 갈등과 문제가 생기면 남편은 아내에게 주부의 책임을 묻고 불평을 쏟아내는 가부장 행세를 고치지 못했다. 우월감에 젖은 남편은 아내를 열등한 부하처럼 여기며 아내의 자유나 자율성을 존중해주고 소질과 장점을 인정해 주는 데는 인색했다. 아내의 여성 해방론엔 남편에 대한 이런 비판이 스며들어 있어 참회를 촉구하는 것 같았다.

무보수 가사노동의 짐을 해결해야 여성해방이 실현된다는 손덕수의 이데올로기를 나는 오랫동안 비판하며 동의하지 못했다. 결국 여성들이 결혼도, 출산도 거부할 것이라고 우겨대는 아내의 오래전 주장을 믿지 않았는데, 요즘 이런 현상이 나타나는 것을 보면서 나의 인식이 부족했음을 알게 되었다.

이 책의 글들은 대부분 1970~1980년대 한국 여성들의 비인간적 소외와 차별, 억압 현상을 파헤치며 여성의 해방과 인간화를 부르짖은 내용을 담고 있어, 『82년생 김지영』으로 대표되는 오늘의 젊은 여성들에겐 기절초풍할 옛날이야기처럼 들릴지도 모르겠다.

그러나 이런 기막힌 현실과 싸우며 여성운동을 일으킨 과정을 통해서 오늘의 여성 평등권과 발전이 이만큼이라도 이루어졌다는 사실을 기억한다면 오늘의 젠더 갈등을 극복하는 데도 일조하리라 믿어 20여 년 전의 글이지만 출판해 남기기로 했다.

손덕수를 도와주고 아껴준 선후배 동지들과 여러 친구에게, 축하의 글을 써주신 이현숙 이사장님, 이정옥 교수님께 아내의 마음속 고마움을 전하며, 출판을 권해주신 동연의 김영호 사장님과 편집에 애쓰신 김구 목사님과 최은실님께 큰 감사를 드린다.

2022년 5월
구기동에서
사랑하는 남편 이삼열

'여성의 전화'를 함께 세운 페미니스트

손덕수 선생님, 축하드립니다.

1970~1980년대 여성 현실에 균열을 내고자 했던 여성학자 손덕수 박사, 어느덧 노년기에 들어 불편한 몸과 씨름하면서도 자신의 책, 『소외된 여성의 해방과 인간화』란 제목의 책을 가슴에 품게 되었다. 마음 가득 축하의 말씀을 드린다.

그의 사유와 활동이 한창 푸르렀던 시절의 예리한 글들과 그의 영성으로 빚은 그림들이 담긴 이 책은 페미니스트 손덕수의 열정적 삶과 소외되고 고단했던 한국 여성 현실을 고스란히 전해주고 있다.

손덕수 교수를 만난 것은 1980년대 초 내가 크리스찬아카데미(원장 강원용)에 근무하며 동료들과 어울려 '여성의 전화'를 창립하던 무렵이었다. 독일에서 막 돌아온 페미니스트 손덕수는 서구 여성 해방 이론, 파격, 유연성, 신선미로 존재감을 드러냈다. 아내 구타 문제를 사회적 범죄로 재정의하기 위해 여성들의 인권을 신장하고, 자유로운 삶의 길을 내려고 창립한 '여성의 전화'는 손덕수 교수에겐 생생한 여성학 실천의 장이었다.

그는 앞서 걸어간 서구의 경험들과 이론들을 부지런히 퍼 나르며 한국 여성 현실과 버무려 새 길을 내고자 했다. 그의 구상에 힘입어 '여성의 전화'는 최초로 연례 「여성수첩」을 발간했다. 그처럼 수많은 남·녀 페미니스트들이 모여 담대한 시도를 감행했다. '여성의 전화'는 곧 "여성인권", "가정 내 민주화"의 발신 기지로 우뚝 성장했다.

당시 아내 구타 문제 해결에 팔 걷고 나섰던 우리는, 끔찍한 여성 피해 현실에 절망하면서도 훈훈한 가슴 나누며 온 힘을 바쳐 일했던 동료들이 있어 행복했다. 피해 여성, 한국 사회, 우리 자신을 구원하겠노라며, 또 인간다운, 자유로운, 아름다운 삶을 퍼올리겠노라며 하나로 뭉쳤던 그날의 기억은 훈장처럼 남아 아직도 힘을 준다. 그때 그날의 우정은 흰머리 휘날리는 지금까지 돈독하다. 아름다운 동료들 속 손덕수의 존재는 단연 경계를 모르는 상상력과 언니 같은 따뜻함의 샘물이었다.

한 분, 두 분, 삶을 정리할 시간을 향해 가는 지금 손덕수의 옛이야기를 다시 들을 수 있게 된 것은 순전히 그의 평생 반려, 이삼열의 아내 사랑 덕이다. 일생 민주화운동, 사회운동, 교수직에 매달려 살아온 이삼열 박사가 노년에 병으로 고생하는 아내를 무시로 돌보며 그의 글과 그림을 일일이 찾아내 책으로 엮어낸 덕이다.

그는 "팔불출"이기를 주저하지 않고 뒤늦게 발견한 아내의 가치와 성취를 긍정하고 축하하며 그에 대한 존경, 사랑, 참회를 동력으로 이 책을 엮어냈다. 그의 몸짓이 "공공의 적"이 아니라 "아름다운 모범"이길 바란다.

나는 이 책을 통해 좀 더 많은 후배가 손덕수의 이야기와 만날 수 있기를 고대한다. 소외된 여성들의 억압된 현실 속으로 들어가 시대적 소명을 다하며 자신을 구원하고자 했던 한 선배 여성의 이야기는 여전히 비슷한 현실과 씨름하고 있는 젊은이들에게 선물처럼 영감을 줄 것이라 믿기 때문이다. 두 분 선생님, 부디 건강하십시오.

2022년 5월 26일 일산에서
이현숙
(여성평화안보아카데미 이사장, 전 대한적십자사 부총재)

젠더 갈등과 소외 현장을 주목한 선구자

"그것 빨리 써 놔!" 손덕수 교수님과의 동행 중에 서너 번씩 듣는 재촉이다. 새로운 단어를 채집하려는 심정이었다. 그도 그럴 것이 '우리'는 늘 언어의 빈곤에 시달렸다. '우리'의 감정과 경험을 전달해 줄 수 있는 적합한 단어는 기존의 텍스트에는 없었다. 여성은 기존의 통계에도 잡히지 않고, 기존의 언어로 규정되지 않는 '다름'을 인정받으면서, 동시에 기존의 질서에 적응해야 하는 무거운 짐을 지고 산다. 그래서 우정과 대화, 격려로 함께 모색하는 연대의 끈이 필요하다.

모색의 끈을 같이 엮는, 믿을 수 있는 도반이며 지혜로운 선배, 손덕수 교수님을 1986년에 효성여대에서 만난 것은 나의 행운이었다. 1980년대 후반부터 1990년대 말까지는 탈냉전, 민주화, 신자유주의라는 새로운 담론이 사회적 지형을 그리는 시기였다. 사회과학자들, 현장의 시민 활동가나 정치인들도 새 천년맞이를 위한 탐색에 분주하였다. 이 모색의 시기에 손덕수 교수님과 다양한 현장에서 심층적 대화를 나누며 새로운 것을 발견하고 만들어 가는 기쁨을 누릴 수 있었다.

나는 1970년대 말 서울대학교 여학생 휴게실의 독서모임을 통해 '여성문제와 페미니즘의 이론'을 접한 정도였고, 손덕수 교수님은 독일 도르트문트대학에서 페미니즘을 전공하고 하월곡동 산동네의 '산돌공부방', 매 맞는 여성을 위한 '여성의 전화' 활동을 통해 이론과 현장 실천에서 저만치 앞서가던 분이셨다. 나는 초년병이었고 그녀는 훌륭한 사수였다. 나이와 경험의 차이를 뛰어넘은 동행이 가능했던 것은 손덕수 교수님의 아량과 포용 그리고 배려 덕분이었다. 손덕수 교수님께 받은 만큼 내가 후배들에게 돌려주었는가를 스스로 물어보면 부끄러울 뿐이다. 그녀는 주저하고 망설이는 후배, 제자들에게 격려를 아끼지 않았다. 경험과 지혜를 아낌없이 나누어주면서 꾸지람 대신 깨달음을 주는 방식이었다.

고된 노동에 시달린 할머니의 손에서 돌봄의 아름다움을 발견했던 그녀의 시선과 말 그리고 눈물은 '언어'의 한계, '사회적 경계선'을 넘어서는 것이었다. 그녀의 페미니즘은 차별구조를 예리하게 분석하면서도 '관계의 구성'을 통해 대안을 마련하고 제시하는 것이었다. 가난한 여성, 매춘 여성들에게서 피해자로서만 아니라, 사회를 보는 그녀들의 시선과 따뜻함을 '발견'하려는 노력을 멈추지 않았다. 소외된 여성들의 적극적인 주체성을 재구성하려는 열정은 사회운동과 여성운동의 동력이 되었다. 주체성과 행위자성의 인정은 구조 분석에 매몰되기 쉬운 사회과학적 분석에 제기한 날카로운 질문이었다. 2000년 "유엔 안보리 결의안 1325" 같은 국제 규범이 만들어진 것은 손덕수 교수님과 같은 많은 선구자의 페미니즘 운동이 이루어낸 결실이라고 본다.

손덕수 교수님의 글과 그림을 모아 책을 출간한다는 소식을 듣고, 당연히 나도 참여해야 한다는 생각에 축사를 쓰겠다고 자원했지만, 이 글을 쓰면서 축사라는 무모한 형식을 감당하려 했던 자신의 어리석음을 자책했다. 그녀와 함께한 시대, 감성, 지적인 도전, 운동 참여가 현재 일처럼 생생한 데 그것을 짧은 지면에 옮긴다는 것이 거의 불가능에 가깝다는 것을 깨달았다. 손덕수 교수님이 만들어낸 설렘, 유쾌한 축제 분위기, 주저하는 우리를 일으켜 세우는 신명을 어떻게

다 지면에 담을 수 있겠는가.

'그럼에도 불구하고' 쓰기로 작정했을 때 선명한 기억의 주마등 뒤에 그림자처럼 남아 있는 단어는 따뜻함, 공감, 격려, 응원, 배려였다.

1990년대는 새천년의 지각변동이 일어나는 시기였다. 냉전의 장막을 걷고 마련된 1995년의 베이징여성대회는 여성들의 염원과 정치적 지향 그리고 체험의 언어가 분출된 축제 광장이었다. 그녀는 아프리카에서 수공예품을 만들어 여비를 마련해 온 여성들, 인신매매 희생자의 목소리를 대변하는 아픈 광장, 지도 위에서 활자로만 알고 있었던 수많은 나라 여성들의 경험에서 공통점과 차이점을 현장에서 찾아내 연대의 메시지를 만들어냈다.

베이징여성대회의 경험을 우리만 알고 있기에는 너무 벅차 베이징에서 구입한 아프리카 복장을 하고 대구 가톨릭대학교 학생들과 우리의 경험을 나누는 장을 마련하였다. 그녀는 벅찬 경험을 나누면서 울림과 파장을 일으키는 일에 신명 나게 앞장섰다. 베이징여성대회의 선언문으로 성 주류화 개념이 만들어지고, 그것을 기초로 여성 정책 제도화의 기반이 만들어졌다. 그러나 내게 더 소중한 것은 한 달 동안 여성들이 만들어낸 평화의 축제와 기운이었다. 그 기억이 생생할 수 있었던 것은 그날 본 것을 다시 반추하며 함께 나누었던 손덕수 교수님과의 긴 대화 덕분이다. 우리는 미의 기준이 달라지는 것, 서로 다름을 포용하는 것, 숨어 있는 여성들의 목소리가 분출되는 현장, 큰 목소리도 기어들어 가는 목소리도 없이 모두가 대등하고 조화를 이룬 모습을 감탄하면서 함께 새기었다.

"여성의 눈으로 세계를 본다"는 슬로건은 '여성'의 정체성, '눈'에 대한 규정 등 많은 논쟁을 불러일으킨다. 시급한 것은 감춰진 여성의 스토리를 무대 전면으로 끌어내는 것이라고 생각했다. '세계화'라는 새로운 변화의 화두가 아시아 여성들의 삶에 어떤 영향을 미치는가를 서로 공유하기 위해 아시아 페미니스트 학자들과 함께 네팔에서 워크숍을 가졌다. 우리가 학자의 언어로 추상적이고 구조적인 차원에서 아시아 여성들의 삶을 논하고 있을 때 그녀는 네팔의 정치적 격변 속에서 사회운동가가 되어 자녀와 10년간 생이별했던 여성들의 이야기 속으로 뛰어들었다. 언어가 잘 통하지 않았지만, 그녀들의 아픔과 희망, 공화국으로서의 네팔을 재건하려는 의지를 손 교수는 어느 누구보다도 빨리 파악하였다.

우리는 늘 여성운동 역사의 국제적 현장에 함께 했다. 개혁·개방의 초입에 있던 북경 사회과학원에서 이주 노동자 여성의 문제를 토론하였고, 네팔, 방콕, 2000년 뉴욕에서 열린 '베이징+5' 회의에도 함께 있었다. 우리가 참여하고 내딛는 길은 늘 길이 없는 곳이었다. 도반으로서의 격려, 상호신뢰가 없었다면 앞이 안 보이는 기나긴 여정을 함께 하지 못했을 것이라는 생각이 든다.

대안 모색과 적응의 비중을 늘 고민하면서 선택했던 그녀의 행보는 대안 정당운동, 평화운동, 마침내는 언어를 넘어서는 디지털 화가의 세계로 이어졌다. 그녀는 '유리천장'을 의식하지 않고 끝이 닿을 때까지 뛰어오르기도 했고, 컴컴한 지하 동굴에 봉인된 여성의 목소리를 해제하는 일도 주저하지 않았다. 부딪힘의 끝에서 맞닥뜨리는 아픔은 기꺼이 웃으면서 품었고, 선구자에게 부여되는 메달은 후배들에게 아낌없이 양보하였다.

그녀를 통해 사회운동과 여성운동의 구호가 미시적 생활세계의 실천으로 이어졌다. 그녀는 먹거리의 건강성에 주목하였고, 나이 듦의 미학을 추구하였다. 소비주의와 외모지상주의를 비판하기에 앞서 수수하지만 개성 있고 자신감 있는 차림으로 방송에 출연하고, 공개

강연을 하는 실천으로 귀감을 보였다.

　그녀의 선구적 행보가 이제는 하나의 흐름을 만들어내었다. 각각 분화해서 여성의 정치참여운동, 생태·평화운동, 반전운동, 착한소비운동 등으로 이어지고 정책이 되었다. 분화되면 기능과 효율성의 잣대로 재단되기 마련이다.

　'대안'의 모색과 적응, 우리는 새판 짜기와 끼어들기라는 말을 즐겨 썼다. 지금은 끼어들기의 비중이 커서 대안 모색과 가치의 차원이 아쉬워진다. 격동의 1990년대를 거치며 우리가 기대했던 오늘은 젠더 갈등이 냉전 시대의 이데올로기 갈등, 연고주의와 지역주의 정당정치에 덧칠되는 현실이 아니었다.

　젠더와 세대가 갈등의 정치로 차용되는 이 시점에서 포용과 격려를 화두로 삼았던 손덕수 교수님의 생각과 영성, 열정을 다시 들여볼 수 있게 해주신 분들에게 감사드린다. 그녀는 때맞춰 후배들에게 동행자로 다시 오신 것이다. 무엇이든 초심으로 돌아가 보면 의도하지 않은 수많은 결과를 다시 성찰해볼 수 있게 될 것이다.

　나는 손덕수 교수님으로부터 사람과 역사에 대한 낙관을 배웠다. 이 책이 그 길로 인도할 것이라고 믿는다.

이정옥
(대구 가톨릭대학교 명예교수, 전 여성가족부 장관)

차례

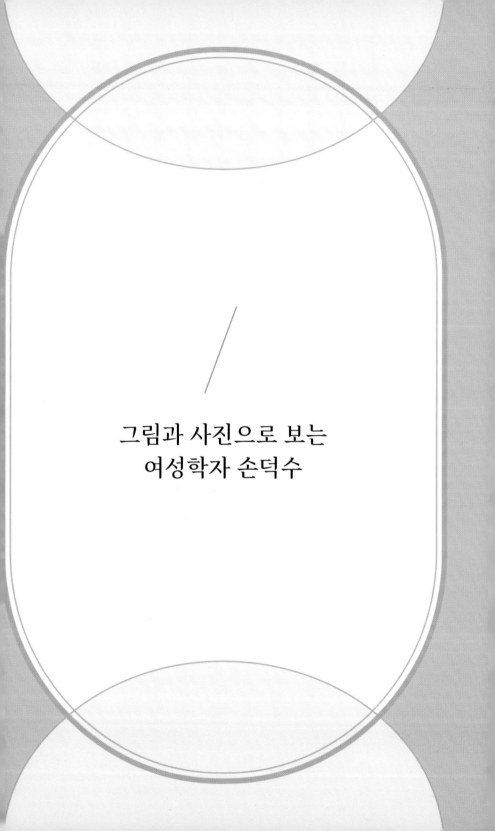

그림과 사진으로 보는
여성학자 손덕수

여성사회학자 손이덕수 교수의 Digital Art 展

生命을 향한 母心의 꿈

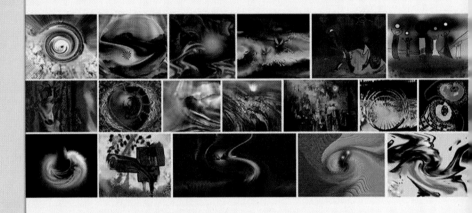

2015. 1.14 ~ 1.20

LeeSeoul Gallery

작가노트

나는 원래 그림 그리는 사람이 아니었다.

다만 그림 보는 것은 즐겨왔다.

내 전공은 그림과는 전혀 다른 여성사회학으로, 독일 유학 10여 년에 석사·박사를 끝내고 귀국하여 대학에서 여성학·사회복지학을 16년 가르치다가 2000년 초에 은퇴하였다. 은퇴 후 10여 년간 취미로 시작한 것이 바로 **Digital Art**였다.

단시간 내에 **Digital Art** 그림들을 생산해 낼 수 있었던 것은 오로지 Computer의 무한한 색채 가능성 덕분이었다.

인간의 뇌 구조를 닮은 컴퓨터는 마음속에 있는 모든 형상을 자유자재로 묘사할 수 있는 기량을 지니고 있으며, 예술적 감성을 표현하는데도 너무나 충실한 도구이다. 특히 여성 주부들에게 쉽게 그림의 즐거움을 유혹한다.

21세기 말에 서 있는 인류는 "모성"의 공헌과 희생을 재조명해 봐야 할 지점에 이르렀다.

한마디로

모성은 '**살림**'의 에너지요

모성은 **평화**와 **생명**의 지킴이며

모성은 **번영**과 **발전**의 원천이니…

우선 인류 역사 발전에 공헌한 여성들의 **Herstory**에 대한 재평가가 있어야 할 것이다.

나의 **Digital Art**는 Herstory의 모습을 그려내는데 초점을 모은 작품들이다.

곡선적 문화의 소유자인 모성,

주부들 자신들의 감성을 **Digital Art**에 접목시켜 생명과 살림을

그래서 평화로운 세상을 향한 그들의 영혼과 꿈을 그려내어

온 인류의 해방과 행복을 기원해보는 것이 **Digital Art**에 매달려 본 뜻이었다고 생각된다.

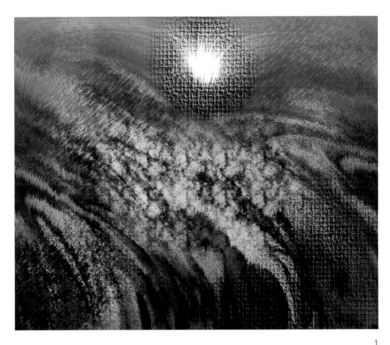

1
환희,
솟구치다

2
세계 시인이시여

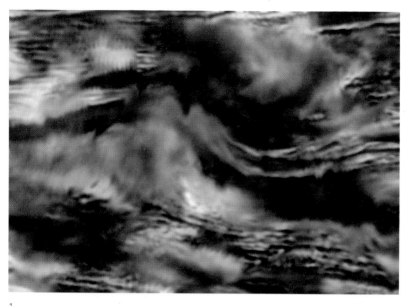

1
후쿠시마의
눈물,
어미의
눈물바다

2
휘몰아치는
바람 속에서

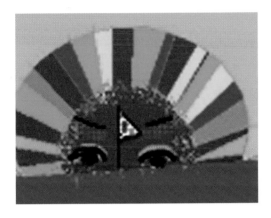

1
모성은 구조선

2
나는 이브
아담 없는 이브
잎사귀 없는 이브
사과 없는 이브
원죄 없는 이브

1
한 소쿠리 안의
옹기종기 식구들

2
소녀의 꿈

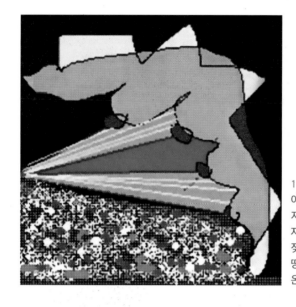

1
어미는 젖
지구도 젖
자연도 젖
젖 빠는 아이
땅 파는 농부
온 천지가 젖 빠는 생명체

2
엄마 손은 무겁다
아이들이 매달린다
부엌이 끓어댄다
청소가 불러댄다
엄마는 동동동
얼굴은 웃음꽃
밤엔 끌어가도 모르는게 엄마

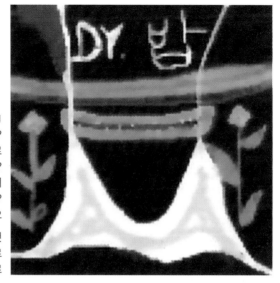

1
가사노동을 지불한다구요?
주부들이 가사일 대가로
166만원씩 받는다구요?
파출부, 도우미, 일품팔이
그리구 몸 팔 일도 없어지겠네요?
난 그럼 내 소원 당장 풀고 싶어요

가난한 이 돕는것
성-매매장을 무료 '밥집'으로
무기공장을 '치유공장'으로

2
성자가 웃었다가 운다
사람의 헌신에
사람의 배신에
하늘이시여
내 아들을 쳐내소서
내 딸들을 빼어내소서
탐--진--치에서
건져내소서!

1
애를 낳을까? 돈을 벌까?
애가 돈이니 돈부터 먼저 벌자
애가 집이니 집부터 먼저 하자
애가 나오면 돈도 집도 중단해야 하니..
어쩌나..

2
아기야 내 잘못이다
아기야 내 죄 용서하라
너 낙태한 건..내 명예를 위해 네 핏줄 때문

1

2

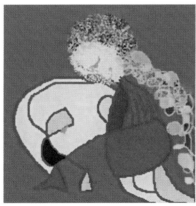

1

여남 평등의 꿈

2

어휴우!
2000년이나 걸렸다
평등한 자리에
함께 앉기까지..

3

한반도 위에 황금이 쏟아지네
인내의 황금, 극기의 황금,
내공의 황금
7000만 백성들아!
우리 홀로 누릴텐가?

4

한반도의 춤

1

2

3

4

1

얘들아! 인생이 별거더냐?
훨훨~ 천상으로 올라와 보렴
크고 작음이
높낮이가
선악이
거기서 거기니라
그러나
'신성'되는 것!

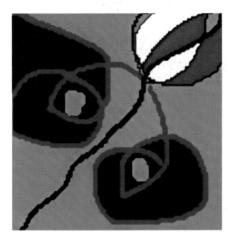

2

아픔으로 뭉쳐 있는 가슴이 사람만일까?
진주 조개, 꽃몽오리,
만삭의 여인, 짝사랑 총각
아픔은 씨 심는 일
아픔은 태동의 날갯짓
아픔은 탄생의 전주곡
아픔은 기쁨의 어머니

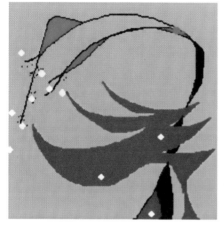

1

꽃+뿌리 = kiss
에미와 뿌린 '내리사랑'
꽃 같은 새끼들은 밤토실같이
탱탱거린다
...
바리바리 싸들고 간 짐
자식 집 문턱이 좁다.
땀방울이 등골로 흐르는 길은
눈물 길이다

2

아이들이 토해낸다
과식한 것
과외한 것
과열된 것
과부화된 것
과보호된 것

과거 몽땅을 토해낸다
어미 체중이 내려간다
온 나라가 숨을 내쉰다

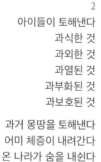
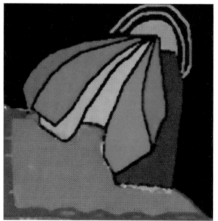

1

두꺼비 아저씨 걱정이 태산 같다
아이들이 죽어간다
어딘 비만해서, 어딘 배곯아서
어딘 암으로 약으로 죽는다
어딘 자살로 어딘 타살로 무더기로..
손쓸 수 없어 귀가하는데
쓰나미로 노숙자되었다네..

2

찢어진 치마폭에
한반도가 신음한다
장자연의 자살!

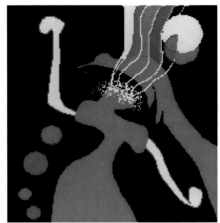

1
얼쑤우

2
다섯 가지 '끈'으로 풀어라
매끈~~~화끈~~~질끈~~~발끈~~~따끈

2
잠수하고 있다
저 깊은 바닷속으로
저 밑바닥
내 마음 밑바닥으로
바다와 하나되다
우주와 하나되다

1
에고가 없어지면
나도 없어지고
그 '무아'는
환희로 바꿔져..
나 없는 나
천지도 없어졌네

3
나-가정-나라 속에 갇힌 나를
풀어준 건
여성해방도 나랏님도 서방님도 아니었다
쓰나미처럼 밀려오는
가난, 폭정, 핵전쟁 위험..
불행이 스승이다?

4
한 얼굴에 두 사람이 속삭인다
두 얼굴은 하나되어 새 인종 만드네
(50년 결혼완성자의 고백시)

1
사람이 모여 염원한다
기도하며 사모한다
그 소리가 사무쳐
(타)원을 그리며 굴러간다
원( )은 원( )을 그린다

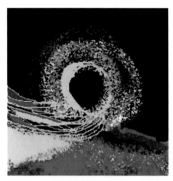

2
어울리지 않으니 더 어울린다!
어울림이란
자기를 쪼이는 것
어울림이란
자기를 죽이는 것

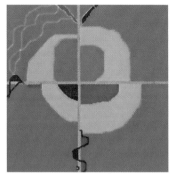

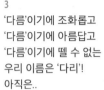

3
'다름'이기에 조화롭고
'다름'이기에 아름답고
'다름'이기에 뗄 수 없는
우리 이름은 '다리'!
아직은..

4
주는게 받는 것
받는게 주는 것
씨이소 game 같은 것
올라감이 내려감
내려감이 올라감

1
이젠 싹뚝 ~ 잘라야 산다
권력+부패+비만+....
이젠 거칠게 잘라야 건강하다
포식+잡식+가식+....
이젠 눈 감고 잘라야 화평하다
미사일+핵무기+방사능....

Minus Therapy라야
생명체는 진화된다

2
쏘아 올린다 미사일
쏘아 내린다 우주쓰레기..

3
날 건드리지 마라
가까이 오지도 마라
날 애무하지도 마라
난 온몸 묶여 죽어가야
너희가 산다

내 이름은 지랄 같은 '지뢰'..

4
저 미사일은
누구를 겨냥한 걸까?
우주의 생명들
하늘의 자식들
그리고
자기..자식들..!

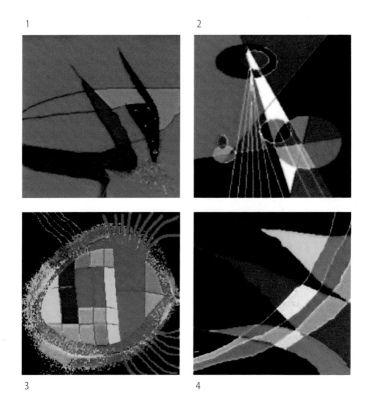

1

2

3

4

1
여성들아 미안하다!
남성들을 용서하라!
그리고 포용하고 가르치라
'사랑할 줄 아는' 남성들 듣게 되는 소리...

2
내가 지구별에 내려가면?
'가짜'라고 또 못 박겠지??

3
난.. 바레리나
오리발이 되도록 연마한 우리는 동창생..
나의 스승 나의 증인
오리만이 알아요!

4
화난 사람 무관심한 사람 냉정한 사람
현대인의 특징이라오!
거 누구 있어요?
행복한 얼굴로 만들려면?
성형수술 의사와 상담하시죠 뭐..!

1

2

3

4

1
암탉이 울(웃)어 알을 낳았네

2
동물나라는 맨몸 바친 역사..
제사상-밥상 모두가 도살상

'홀루신종'으로.. 무차별 학살..
동물들의 기도 소리가
교회를 맴돈다네

1

3
새와 나무가 열애를 하다
해에 들키다
해에 걸리다

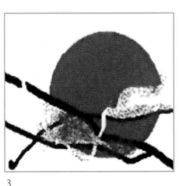
2

4
천리길, 천--인--지... (하늘 땅 사람)
지척간에 오가네
네가 내 안에.. 내가 네 안에
사람이 우주라네
우주가 사람이라네
사람이 우주 값이라네
....
날개 돋는 물고기야

3

4

1
산속

2
연 날개 위에
드러누워
창공을 날아보니
하늘도 사라지고
나 또한 간 곳 없네
천지가 나인 것을..

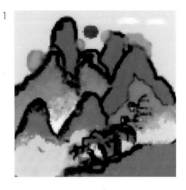

3
대동강의 뱃놀이

4
들판이 춤추네
산들이 춤추네
메뚜기와 지렁이도 덩달아..
5월의 신록.. 신부 신랑이여!

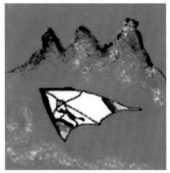

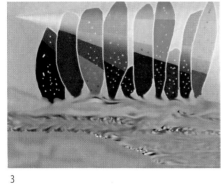

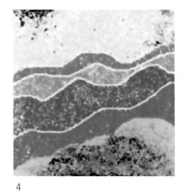

3

4

1
스코필드, 영어성경반에서 만난
이삼열과 함께

2
토론토 동물원
에 세워진 스코
필드 박사의 동
상 앞에서

3
스코필드가 지
원한 흥국직업
소년학교에서
함께 봉사

2
산돌공부방 유미란과 함께

1
'여성의 전화' 상담원 교육

2
YWCA에서 근로여성 지도자 교육

1
'여성의 전화'를 함께 세운 세 동지 손덕수, 김희선, 이현숙

1

1985년 11월, 서울시 요보호여성문제 대책회의
이영자 교수와 손덕수

2

네팔에서 모인 아시아 여성운동가들(이정옥 교수와 함께)

1
한명숙 총리, 신인령 총장, 장혜원 교수와 손덕수

2
3.1 민주구국선언 기념식에서 박영숙, 박용길, 조화순 등 민주여성운동가와 함께

독일에서의 민주화운동 동지들(임희길, 김원호)

2

해외 민주화운동 지도자 지명관, 이승만, 림순만, 김정순

1
박사지도교수 Siègrid
Mètz-Gökel 교수와 함께

2
Habermas 교수, 이정옥
교수, 심영희 교수와 함께

남편 이삼열과 함께 시도한 최초의 부부 쌍주례 결혼식

2
여성신문 제402호(1996.11)

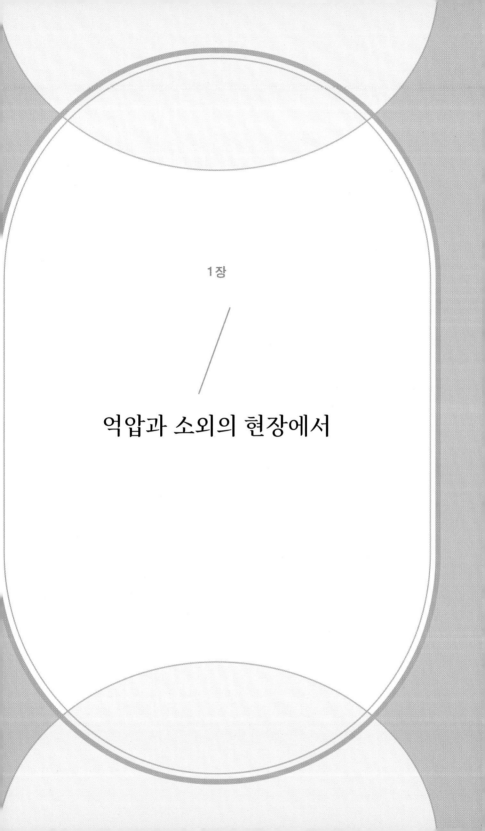

1장

억압과 소외의 현장에서

여성을 괴롭히는 외도

"거기가 '여성의 전화'예요?"

"그렇습니다."

"부끄럽고 창피한 사연인데⋯ 제 남편이 바람을 피우기 시작했는데⋯
이젠 더 이상 못 견디겠어요! 좀 도와주세요!!"

이런 애절한 호소의 전화는 하루에 걸려 오는 전화의 약 30%를 차지
한다. 개원 이후 10개월간 3,000여 건의 전화상담 중 1,000여 건은 남편
의 외도, 혼외정사 등으로 인해 심각한 갈등을 겪다가 견딜 수 없어 하소
연하는 눈물로 얼룩진 사연이었다.

이 외도(外道), 남편의 '바람'은 남녀가 만나는 역사의 초기부터 같이
자란 가장 오랜 인간의 고질병인지도 모른다. 어찌 전화로 호소해 오는
그 여인들 뿐이랴! 이런 일을 당하는 여성들은 대부분 말 못하는 가슴에
멍이 들고 배신감, 분노 그리고 절망에 빠져 있다. 나중에는 두통 혹은
정신과 치료를 요할 만큼 심각한 상태에까지 이른다. 따라서 외도는 정

신적 학대의 변종이라고 할 수 있다.

아내들의 딜레마

대부분의 호소하는 여성들은 남편에게 순종 잘하고 살림, 애들 잘 키우는 이른바 동네에서 '현모양처'라고 알려져 있다는(자기 자신의 평) 점이 우리를 놀라게 한다. 남편이 벌어다 주는 적은 수입으로 근검절약하여 살림하고 오직 애들과 남편밖에 모르는 세칭 '여자다운' 여성들이라는 점이 공통적이며, 바로 이 점이 상담원들을 당황하게 만든다. 말하자면 '하늘 같은 남편'에 순종하며 의존하는 얌전한 여성들이 외도와 아내 구타의 희생의 대부분이라는 점이다. 그녀들은 "순종이 죄라면 죄"일 뿐 남편 외도의 정확한 이유를 모른다는 것이다. 그렇기 때문에 절망과 배신감이 몇 배 더 큰지도 모른다. 순종과 인내를 여성의 미덕으로 알고 있는 여성들은 "분하더라도 나 하나 꾹 참으면 온 집안이 평화로울 텐데" 하고 참아온 것이 돌이킬 수 없는 오늘의 결과를 초래한 것 같다고 후회하는 여성들도 있다.

시집 식구나 친구들까지도 "남편 바람은 여자 탓"이라는 주위의 냉소와 질책에 더욱 하소연할 길이 막연하다는 것, 그래서 부부 강좌나 성(性)에 관한 서적을 뒤적여 보았으나 그 효과는 이미 지났거나 일시적일 뿐 외도를 치유하는 방도는 아니니 무슨 묘안이 없겠느냐는 것이다. 그러나 상당수의 여성들은 이제 신경전으로 너무 지쳐 있어서 노력과 처방으로 관계를 개선할 기력마저 없다는 것이다.

여성의 순종과 관용, 매력과 감독(간수)이 남편을 매료한다는 허상을 깨야 한다. 이것이 하등의 요인으로 작용 못할 때 여성은 어떻게 해야 하는가? 남녀관계의 어디가 고장이 나 있는 것일까? 여성이 순종하기 때문일끼? 잡이매 두려는 결혼에 있는 것일끼? 이니면 외도는 인간(남성)의 본능인가?

무엇이 원인인가?

독일의 사회경제학자 Engels와 Bebel은 남성의 외도, 더 나아가 매춘은 가부장제 가족 구조와 결혼이 갖고 있는 생리라고 단언하면서 일부일처제가 사라지지 않는 한 외도나 매춘은 종식되지 않을 것이라고 예언한 바 있다. 왜냐하면 가부장제적 일부일처제와 매춘은 동전 한 닢의 양면과 같은 것이기 때문이라는 것.

다시 말하면 가부장적 일부일처제 하의 결혼에서는 여성은 상속자(아들)를 낳아주는 성적 기능, 살림을 도맡아 해주는 '하녀'의 역할 이상을 넘지 못하기 때문인데 이것은 인간 생산과 가사일의 엄청난 노동을 해 내는 여성을 사유 재산인양 소유하는 가족 제도와 여성은 남성을 위한 존재라는 가부장제 이념에서 비롯되었다는 것이다. 인간 여성 그 자신과 그녀가 분만하는 인간(자녀)과 그녀의 가사노동력까지를 법적, 제도적, 관습적으로 완전히 소유한 가부장에게 여성이란 하나의 대등한 인격체가 아니라 물건처럼 소모품이거나 대체 가능한 노동력이라는 점이며, 여기에서부터 여성 경시 사상이 출발하는 것이다. 그러므로 이들에게 외도나 남성의 매춘(성을 사는 것) 행위는 법과 도덕에 어긋나는 것이 아니다. 성서에서 보여준 강간한 여인을 돌로 치는(오늘날에도 예외는 아님) 가부장제의 법과 도덕은 강간한 남성에 대해서는 오히려 관용한다. 오늘날 성행하는 Sex-Job이 이를 증명해 준다. 오늘날의 법은 강자의 법이고 강자를 위한 법이다. "남자가 한 번 외도를 했기로서니… 어디 감히…"가 통용되는 사회에서는 남성의 진정한 반려자는 존재하지 않을 것이다.

그런데도 여성 교육(총체적 교육)은 이들에게 복종하고 의존하며 헌신하는 것을 제일의 목표로 삼고 있다는 데 큰 문제점이 있는 것이다. 여성을 탈 인격화시키는 가부장제의 가족 제도와 결혼 구조하에서 여성은 아무리 아름다워도, 서비스가 만점이어도, 소문난 현모양처도 남성의 외도나 매춘 관계를 막을 도리가 없다. 그 모든 성(性) 기교와 애교는 슬픈 지식일 뿐이다. 오히려 그들을 더욱 오만하게 만든다. 여성다움과 성적 매력이란 함정 속에 갇히는 것은 남편이 아니라 오직 여성의 서글픈 나르시즘(Narcism)뿐이라는 것을 명심해야 한다. 화장대를 치워라. 그 자리에 지식과 실력을 배양할 수 있는 터전을 쌓자. 여성 억압의 핵심과 결혼의 본질을 이제는 찾아야 한다.

> "결혼이란 배타성을 통해 성적 본능을 신성화시키고 법률로서 본능을 억제하는 것 또한 정서적 결합이라는 형태 속에서 자연의 부름을 이상화 시키는 도덕적 아름다움 — 이것이 결혼의 정신적 본질이다"(『여성해방의 논리』, 114쪽).

몇 가지 처방

1) 여성 교육은 가정용으로 사용되는 순종과 의존보다는 자신과 사회를 위한 자율성과 독립성을 지양해야 한다. 이것은 남성의 막중한 짐을 양분하는 길이기도 하다.
2) 여성은 남성을 뒷바라지하는 보조적 존재라는 경시 사상이 불식되어야 하며, 이것은 여성의 가사노동과 육아 임금노동에 대한 법적 경제적 대가가 어떤 식으로라도 보장·지불되는 물질적 기반을 통해서만 이루어진다.

3) 여성을 성적 관계(hot-sex)로만 파악하는 관점에서 인간적으로 대등하게 교제할 수 있는(cool-sex) 차원을 지향하는 다원적 인간관계의 풍조가 이루어져야 한다.

4) 외도는 한편으로 가부장제적 일부일처제의 모순점에 도전하는, 인간의 본능에 의문을 던지는 짓궂은 마성(魔性)(?)이므로 결혼의 제도적 모순점이 근본적으로 연구되어야 할 것이다.

「베틀」 3호, 1984년 5월 16일

딸을 파는 태국의 부모

필자는 지난 4월 태국에서 열리는 아시아 여성신학문제 회의에 참석할 기회가 있었다. 매춘 문제에 관심을 갖고, 본 태국의 몇 장면을 소개하기로 한다.

"무엇이든지 자기가 하고 싶은 것은 다 하는 남자들, 이것이 태국 남자이지요."

방콕 시내에 자리 잡은 젊은 여성들이 모여 만든 여성 단체 'Informations Canter for Women'의 한 자원 간사의 평이다.

"그들은 부인에게 무엇이나 다 요구하지요. 나가서 돈도 벌어오라고 하고, 때리기도 하고, 이혼도 마음대로 하고, 내키면 강간도 하고, 권태로우면 창녀를 찾아가기도 하는 사람들은 여자가 아니라 전부 남자지요…."

매일 쏟아져 상경하는 시골 처녀들이 '마사지걸'이나 '매춘부'로 자원하는 것을 막기 위해 방콕 기차역에 '응급실'을 차려놓고 잘 디일리 하향시키든가, 계몽 사업을 벌이는 20대 젊은 여성을 필자는 길을 물어 물어 찾아내었다. 그들은 대부분이 여대생이나 학사 출신으로 자기 호주 머니를 털어 안타까운 현실을 몸으로 부딪치며 절규하는 여성 해방론자들이었다.

한국에서의 관광 기생처럼 태국에서는 100만 명으로 추산되는 '마사지 걸'들이 한 달 벌어들이는 수입 총액은 무려 천만 불(10,791,366$, 1980년도)이나 된다고 추산되는데, 그 액수는 한 도(道)의 1년 예산을 훨씬 넘는 액수라고 그들은 비통해한다. 그러나 그녀들의 수중에 들어오는 돈은 천차만별이다. 즉, 우유 한 잔 값(50원)으로 몸을 파는 여자로부터 손님을 잘 만나면 하룻밤 벌이로 몇 달을 살 수 있는 콜걸들도 있다는 것이다. 그러나 '각시 장사'가 사업으로 번창하자 서양 남자들도 값을 깎아내리려 하고, 무척 짜져서 '봉'을 잡는 것은 옛일이라 한다. 그러면 이들의 성도덕의 타락은 어디에서 연유하는 것일까?

첫째로 자국의 남성들을 위해 소규모로 존재해 왔던 유곽의 역사는 길지만, 이토록 국제적으로 상업화하기 시작한 것은 미군이 월남전으로 인해 동남아에 주둔하면서 매춘이 본격적으로 뿌리를 내린 것과 둘째로는 해외 근로자의 장기 체류와 휴가로 찾아오는 손님들이 증가하면서 '레저 메뉴에 꼭 여자까지 끼어 주문'하는 일본인들로 인한 것, 셋째로는 일부다처주의 전통에서 의식은 그대로 있으면서 오직 제도만 바뀐 태국 남녀들의 의식이 문제이고, 넷째로는 국내의 남녀 간의 불평등 구조는 기회의 불균형과 노동시장의 임금 차이를 낳았으며, 가혹한 저임금보다는 편한(?) 성(性)서비스직을 찾게 된다는 것, 다섯째는 국제간의 경제적 불균형을 후진국의 여성이 몸으로 균형을 찾아가는 것으로 그 이유를 든다.

이제 성(性)은 돈 있는 개인이나 민족이 얼마든지 살 수 있는 상품이 되어가고 있으며, 이에 따른 온갖 수탈 구조가 전 세계적인 범위로 확산되어 가고 있다. 자국내(自國內)의 성적 불평등 구조는 외국의 경제적 침략의 유리한 기반이 되어가며, 태국은 외국인을 위한 '오물처리상'화되어 간다. 그러므로 남성 중심적인 불평등의 결혼 제도와 차별적인 노동 시장 외에 다른 선택권이 여성에게 주어지지 않을 때 성(性)은 생계 소득의 수단으로 전락하는 근거가 되는데, 이것은 우리에게도 경고가 된다. 여성의 내부 구조가 국제적 분업 체계로 발전해 가는데, 제3세계가 담당한 곳이란 바로 매춘이라는 것일까?

필자가 찾아간 '여성 대피소'에서의 몇 장면을 소개하겠다. 2년 전 태국의 정부 보조와 전 세계 각처에서 보내진 기금으로 만들어진 여성보호시설에는 발각된 어린 매춘녀, 강간당한 여성, 미혼모들, 길 잃은 어린애까지 찾아온다. 일하는 직원은 모두 6명이었고, 그 집은 피신해온 이들에 의해 운영되고 있었다. 늘 웃으며 여유 있는 태도, 낙천적인 데가 그들의 특징인 듯 싶은데 그들이 들려주는 얘기는 가공할만한 것들이었다. 13세쯤 되어 보이는 순진한 소녀가 벽에 기대어 눈에 초점을 잃은 채 우리를 응시하고 있었다. 그 애는 화초 한 그루를 품에 안고 있었는데 너무 쓰다듬어 그 잎사귀는 손독에 죽어가는 듯 아마 엄마 품이 그리워 그것으로 달래는 듯 보였다. 북태국 가난한 농가에서 11남매 중 막내인데 도시에 직업을 소개해 준다는 아저씨를 따라온 곳이 바로 포주집이었다. 염소처럼 순한 이 소녀가 그 소굴에서 길들여지는 훈련은 아무 이유 없이 매 맞는 일이었다. 그것은 포주에게는 기(氣)를 죽이는 것이고, 손님 앞에서는 표독해지도록 만드는 일거양득이란 처방이었다. 그리고 나선 심신이 무감각해진 늙은 승냥이(男)들을 삽시간에 흥분을 시켜 '천국'을 맛보게 하는 성(性) 기술을 훈련받는 일이었다. 아직 엄마젖도 안 떨어진

이 어린 소녀에게는 소름이 끼치도록 무시운 나날이었다. 무시울수록 오직 하나의 희망은 탈출 그것이었다. 첫 번째 시도에 뒷덜미를 잡혀 죽도록 맞았다. 그런 '전과범'에게 부여된 특전이란 닭장만 한 Box였는데 서커스단에서 웅크리고 앉는 요술용 상자만했다. 그러기를 3일째 있으려니 온몸이 화석처럼 굳어져 버렸다고 그 소녀는 울먹였다. 의식도, 감각도 없는 하나의 돌이 된 그녀는 어디론가 뛰쳐나가야 한다는 한줄기 세찬 열망만 남아 탈출을 감행한 순간 그녀는 의식을 잃었다. 눈을 떠보니 병원이었다. 앞뒤 잴 것 없이 한 줄기 빛발이 보여 그곳으로 뛰어내린 곳은 3층 창밖 길거리였다. 척추가 부러지고 머리를 몹시 다쳤다. 필자가 만났을 때는 며칠 후의 등 뒤에 집어 끼운 쇠막대기를 빼는 마지막 수술만 남았을 때였다. 그녀의 등 뒤는 야구공을 넣은 것 같아 마치 곱사처럼 보였다. 몸의 상처는 언젠가는 아물어 가겠지만 그녀의 마음과 영혼 깊숙이 패인 그 공포의 상처는 누가 치유를 해 줄 것인가? 그녀는 어둠과 남자 그림자만 비쳐도 놀라고, 몸을 부르르 떨며, 소리를 지르거나 공연히 화를 내며 자신의 머리를 쥐어뜯는다. 그래서 진정제를 꼭 지니고 있고, 먹어야 한다. 그녀의 소원은 가난한 고향에 돌아가는 것이 아니다. 가난은 전쟁처럼 무섭고, 그래서 부잣집 아기 보는 식모로 들어가 애들하고 실컷 장난치며 노는 것이란다. 아직도 술래잡기하며 천진난만하게 뛰어놀 소녀를 성의 유희물로 요구하는 이들은 누구일까? 포주일까? 스트레스 쌓인 남성들일까? 아니면 서양 사람들일까? 산업사회에서 찌들은 남성들은 '영계'라는 이름으로 새로운 '맛'을 찾고 있다는 게 태국과 한국의 공통점이다. 이름 없는 수많은 여성들이 오늘도 태국에서, 한국의 골방에서 신음하며 구원의 손길을 찾고 있을 것이다. 이에 우리는 어떻게 해야 하는지….

여성에 대한 최악의 착취는 성의 착취, 매춘이라는 형태이다. 전쟁은 가장 잔인한 것, 서로 죽이는 일이야말로 인간이 행하는 일 중에서 가장 악한 것이다. 그러나 그 전쟁보다 더 나쁜 것은 강간이다. 그것은 성의 전쟁이라고 해도 과언이 아니다. 거기엔 한 성이 다른 성을 일방적으로 파괴하는 행위만 있기 때문이다. 인류는 전쟁을 없애기 위해 1945년 이후 130여 회 UN에서 모여 의논했으면서 성의 전쟁인 강간과 매춘은 국가와 국제적으로 조장되고, 확산되고 있는 현실이다. 여기에서 여성끼리의 문제 해결을 위한 단결이 시급하다. 그러나 '성性의 전쟁'(매춘)은 여성의 몸과 영혼만을 파괴하는 데 그치지 않는다. 그것은 그 나라를, 그 땅을 강간하는 것이다.

「베틀」 9호, 1985년 5월 30일

가사노동과 주부병

주부는 세계를 '살림'

이 세상에서 여자들이 (무임) 가사일을 전부 거부한다면 어떤 일이 벌어질까? 여자가 집에서 밥 짓기를 거부한다면, 빨래와 청소를, 애들 뒷시중과 남편 뒷바라지를 하지 않는다면, 무엇보다도 여자가 '인간 분만' 작업을 거부한다면 과연 어떤 일이 벌어질까?

아마도 이 세상은 그 기초부터 흔들릴 것이다. '인간 생산' 공급의 거부는 사회 노동력은 물론, 급기야는 국가와 인류 역사의 문을 닫게 할 것이다. 이는 엄청난 변혁일 것이며 혁명 중의 혁명일 것이다. 그 혁명의 씨앗을 여성이 품고 있다고 할 것이다. 그러면 어떤 변화가 올까?

그 변혁의 첫째는 사회 기능의 마비이다. 남성들이 아이들과 음식점으로, 세탁소로, 여관으로 전전하게 될 것이고, 탁아소는 넘칠 것이다. 또는 시장바구니 들고 먹거리를 구입하는 아빠와 집안 청소하는 남성이 폭증할 것이며, 사회는 온통 가사일로 채워져 당분간은 사무실, 공장, 학교, 교통도 그 기능이 마비될 것이다. 이 모두를 꾸려 안고 있던 여성이 '반란'을 일으킴으로써 인류가 한 번도 경험해 보지 못했던 변혁이 일어날 것이다.

둘째 변혁은 G.N.P(국민총생산) 내용과 총액수에 가사노동을 위해 지불된 비용과 시간을 계산해서 추가하는 새로운 작업을 해야 할 것이다.

세 번째는 주부와 가사노동을 보는 시각이 달라져 남성과 여성에 대한 근거 없는 차별대우는 시정될 것이다. 즉, 차별적 가족법이나 노동시장에서의 차별대우는 사라질 것이며, 남성의 불합리한 권위와 우월성 등은 그 허구를 드러내게 될 것이다. 이런 공상은 하나의 신선한 충격을 주며 우리의 막혔던 시각을 트여주고, 무디어진 감각에 생기를 일깨워준다. 이 변혁은 인간은 혼자 설 수도 없으며, 상호 의존되어 있다는 현실을 알려준다. 고로 '하늘의 절반 땅의 절반'을 여성도 함께 걸머지고 있다는 사실에 눈을 뜨자.

무임 가사노동은 여성의 사회적 지위를 하락시킨다

인간의 사회적 지위는 그가 담당하는 노동에 따라 규정되기 때문에 가사노동의 분석과 비판은 중요하다. 왜 여자 값은 헐할까?

1) 화폐 중심의 시장경제에 살고 있는 여성은 화폐가치가 제외된 가사노동에 종사하기 때문에 여성의 인간 값은 형편없다.
2) 가사와 직장이라는 이중 역할을 짊어진 여성은 그 에너지가 소모되었다는 사실 때문에 女력의 가치는 낮게 평가된다.
3) 여성의 일차적 책임은 직업보다는 가사노동에로 규정하기 때문에 사회에서는 보조적 · 단기적 · 주변적 노동력으로 간주하여 하위직, 저임금, 불안정한 직업에 종사하게 한다. 가족의 '부양자=남성'으로 여겨 여성의 저임금(차별 임금)은 정당화되고 있다.

4) 끝으로 여성의 직종마저 가사노동의 연장으로서 노동시장에서도 주부 직종이 제공된다.

위의 몇 가지 요인은 우리에게 중요한 취업의 구조적 취약점을 보여준다. 여성을 일차적으로 지불되는 '사회생산노동'에서 제외시키고, 무임의 가사노동에 몰두하게 함으로써 여성의 남성에의 경제적 의존과 심리적 예속을 창출케 했다는 사실이다.

이것이 바로 여성 특유의 무력함의 발생 요인이다. 그러므로 가사노동을 '가시'(可視)케 하고 '가치화'하는 일은 여성의 실적을 지위를 새롭게 발견케 해주는 일과 일맥상통한다.

가사노동의 양(量)과 질(質)

가사노동의 범주를 규정해 보면 ① 인간 생산, ② 육아, ③ 노동력 재생산, ④ 가사일이다. 여기에 딸린 역할이 16개 종목이나 된다. 출산자, 요리사, 교사, 보모, 청소부, 세탁부, 간호원, 상담원, 비서, 동반자, 접대부, 실내장식가, 구입자, 수공업자, 재봉사, 재산관리경영자 등으로 분류된다.

주부가 얼마만큼 일을 하는지 독일 가사노동 연구자들은 다음과 같은 놀라운 사실을 발표했다.

〈1년간 4인 가족을 위한 가사노동〉

13,000개의 접시 닦기	30,000m² (15,000평)의 마루 청소하기
3,000개의 사발 닦기	
18,000개의 포크와 나이프 씻기	1,500번의 침대 정리(시트 깔기)
90,000번의 빵 썰기	7,000kg의 식료품 운반하기

6,000개의 컵과 잔 씻기	5,000kg의 집안 물건 나르기 5,000km 집 안에서 걷기

　　옛말에 "어머니 하루 살림살이가 도량(度量) 80리"란 말이 있다. "하면 안 보이고, 안 하면 보이는" 이 수수께끼 같은 가사일이 매시, 매일, 1년, 10년, 일생, 여성 역사 대대로 세습되어 행해진 노동이다. 날이면 날마다 그릇을 닦고, 먼지를 털어야 하고, 쓸고, 닦고, 지지고, 볶고, 무치고, 부치고, 말리고, 빨고…. 이것처럼 '시시포스의 형벌'을 닮은 것도 없다. 그러나 이렇게 '자질구레하고', '일 같지도 않은 일'(수부의 自歎)이 겹겹이 쌓여 비로소 인간은 휴식을 누리고 인간의 삶은 탄생되는 게 아닌가? 고로 인간은 가사노동의 산물이라고 할 수 있다. 그리하여 세계 건설, 인간 문명을 가능케 한 근원적 노동이 세계 노동의 밑거름이자 시초가 아니겠는가! 이 일을 몽땅 면제받은 남성은 그러기에 사회적인 업적과 성취(출세)를 할 수 있었던 게 아닌가? 여성이 그 일을 전부 맡아줌으로써 남성들이 세상과 문명(文明)의 꽃을 만개케 하였으며, 이제는 그것을 여성과 함께 향유할 수 있을 때 인간화 작업은 시작된다.

믿거룹된 노동을 숫자로 한산하여 여성의 공로를 자축⁽?⁾할 필요가 있다. 얼마나 될까? 한국의 주부들이 한국의 가정과 사회를 위해 해내는 하루 가사노동시간이 무려 6,000만 시간이다. 이 6,000만 시간을 아이들과 남편들이 함께 먹는다(주부 800만 명×8시간). 이것은 남성이 사회생산노동을 위해 뛰는 시간과 맞먹는다. 1년이면 각각 220억 시간이다. 이 엄청난 시간에 대해 파슨스는 이미 1912년에 "가정은 인간됨을 만들어내는 데 가장 시간을 많이 들이는 거대한 사회 공장"이라고 찬탄을 했고, 독일 경제학자인 뷔고친스키(1916년)는 시간으로 말하면 한 국가의 가장 큰 산업에서 소모되는 시간과 맞먹으며, 가장 많은 시간의 소비처임을 지적하였다. 이에 대해 UN여성위원회에서도 세계 총 노동시간의 2/3를 맡고 있는 세계여성들은 세계 총임금의 1/10을 받으며, 세계 총자산의 1/100밖엔 소유하지 못한다고 지적했다.

그러면 가사노동은 얼마만큼 경제가치가 있는 것일까? 주부들은 사회와 세계 경제에 얼마 만큼 공헌을 하고 있는 것일까? 독일에서는 최근(1985년) 가사노동의 가치를 하로 130DM(4만 원)으로, 일본에서는 한 달에 60만 원의 값어치로 설정하였다. 우리나라에서는 '25세 여성조기정년제 철폐를 위한 여성단체연합회'에서 김애실 교수(외국어대 경제학) 연구팀이 조사한 결과에 의하면 한 달에 평균 45만 원(일당 최저 6,564원~최고 15,123원) 선으로 책정하였다. 이 기준으로 주부의 경제적 실적과 공헌도를 측정해 보면 한국의 1년생 주부는 약 550만 원, 10년생 주부는 5,500만 원, 20년생 주부는 1억 원이 넘는 경제적 실적을 올린 셈이다. 800만 주부가 1년에 550만 원씩 합해 44조 원을 사회에 '헌납'했다. 천문학적인 숫자가 GNP에도, 국가의 장부에도, 남편의 통장에도 기록되지 않는다. 이 막대한 재화를 전부 합한다면 한국의 땅덩어리 절반, 지구의 절반은 여자의 것이어야 한다. 그런데 이 화폐가치와 재화는 주부에게 돌아오지 않고, 그것이 어디에서 어떻게 쓰여지고 있는가 묻지도 않는다 (그러나 이젠 그 용도를 알아야 한다). 그리하여 주부는 노동은 하나 경제력은 없고, 따라서 남성에게 의존되거나 극빈할 땐 몸까지 교환물로 내놓아야 하는 매춘의 처지에 놓이게 되는 것이다(남녀의 물질적 불균형에서 매춘은 싹튼다). 그뿐이랴! 여성 구타의 남성적 합리성은 여자가 남자에 기식한다는 논리에 연유한다. "나 없으면 굶어 죽을 네가…" 무능력한 여자를 부양하니 "내 마누라 내가 때리는데…" 하는 생각이다.

봉건 영주들과 백인의 부의 축적은 노예-흑인의 무임노동에 의해 가능했듯이 가부장과 자본주의의 번영과 부는 여성의 출산과 양육, 살림의 무임노동이 그것의 핵심이다. 여자들이야말로 남성 문명(文明)에 혁혁한 공로자들이다.

우리의 일상생활을 보자! 보모, 판매원, 여급사, 여공, 비서, 간호원, 교사 등등의 수많은 무리가 일터에서 가정으로 대행진해 들어간다. 이들은 새벽부터 아이들과 남편과 살림을 위해 분초를 다투어 눈코 뜰 새 없다. 잔신경과 큰 신경을 쓰느라 신경은 늘 압박받는다. 가난한 어미들은 공장과 길거리에서의 소음과 먼지 기계와 행인들에게 시달린다. 음식과 옷은 늘 준비되어 있어야 하며, 집안에서 푹 쉴 수 있도록 집안과 잠자리도 정리 정돈이 끝나 있어야 한다. 그녀의 등불은 밤새도록 꺼지지 않는다. 이러한 수고로운 노동의 피라미드 위에는 남성 집행부 엘리트들이 우뚝 솟아 있다. 그들은 그 피라미드 위에 군림하여 명령하고 재판하고 선고하고 결정한다. 그들은 마치 어떤 광대하고도 초인간적인 힘과 권력의 담지자로서 보여진다. 남자는 사회적으로 잘 알려져야 하고 여자의 공적은 알려져서는 안 되며, 보이지 않게 뒷전에 다소곳이 머물러 있어야 한다. 이것이 '여자다운' 여자이다. 그리하여 여성의 역사는 강탈당한다. 우리가 역사에서, 책에서 읽는 것이 모두 남성들의 업적이며, 법률도, 경제도, 정치도 모두 다 그대들의 것이고, 심지어 여자들을 구타하고, 강간하는 행위도 모두 그대들의 것이다. 역사는 그의 이야기 (histery)로 꽉 차 있다. 그대들은 여자의 고통스런 노역을 등에 업고 사는 '성취자'들이다.

그대(男)를 영웅으로, 과학자로, 사업가로, 대정치가로, 예술가로 그 위치까지 끌어올렸던 자는 누구던가? 그건 바로 그 모성과 주부, 어머니 들이 아니던가? 그러나 "아무것도 한 것이 없다"고 역사는 기록한다. 이 세계는 여자의 역사를 기록하지도, 고통과 공포를 증언해 주지도 않는다. 그를 역사의 인물로 끌어 올려주는 그녀들의 주름 많은 손과 얼굴은 노동의 흔적을 감추어야 한다. 얼굴, 몸, 손에 노고의 흔적이 고통이 주름살 이 없어야 하고, 항상 아름다운 겉모양만을 유지해야 한다. 아름답고 젊 은 여성들만이 그대들이 갖는 관심의 '사랑받는 여성들'이기 때문이다.

가부장제 학문은 가사일의 무가치론을 내세워서 주부와 모성이라는 불가시적 봉사계급을 만들었다고 갈브레이드는 지적하였다. 오늘날 봉건사 회에서 착취되던 머슴과 노비는 사라졌으나 뒷바라지와 봉사에 전념하 는 주부들은 매우 민주적인 방식으로 거의 오늘날까지 모든 남성 인간 집단에 의해 마음대로 그 노동력이 쓰여지고 처분되고 있다. 이들이야말 로 '불가시적 봉사계급'이라고 꼬집었다. 가사노동의 무가치성은 남녀 간의 부의 편재 현상을 낳았고, 가부장제와 자본가에로의 부의 집중은 경제적으로 '무력'하여 의존되고 예속된 '주부 계급'을 탄생시켰으며 마 침내 일탈 행위로서의 'Sex-Job'까지 유발시키고 말았다.

그러면 여성 억압과 착취의 뿌리는 무엇일까? 그것은 자본주의도, 가부장제나 저임금도, 직장에서의 차별대우나 매춘도, 여성 교육도 그 뿌리는 아니다. 그것은 다만 그 결과로 나타난 현상일 뿐이다. 여성 억압 의 뿌리는 가사노동자와 모성에 대한 무제한적인 착취 바로 그것이다(H.

Schröder). 그러나 사회는 '사랑'이라는 제단 위에 바쳐지는 주부, 모성의 희생을 낭만적으로 미화, 찬양만 하였다. 노동도, 성도, 자궁도 실은 나의 것이나 모두 그대들에게 속하였다. 세계 경제질서에서 규명이 되지 않는 모성과 주부는 새로운 형태의 억압 집단으로 인식되기 시작하였으나 그 것을 '주부의 프로레타리아化'라고 명명하고자 한다(C. Werlhof).

또한 생산수단과 생활수단이 없는 프로레타리아化 된 여성이 살아남기 위해 될 수 있는 것은 무엇일까? 남성이 소유하지 않는 여성 유일의 성일 것이다. 그러므로 무임 가사노동 성격은 여성의 매춘을 잉태하고 있다(그것이 '정숙한' 부인이건 '부정한' 매춘녀이건).

가사노동과 주부 갈등(주부병)

여성의 세계는 집이라 한다. 그 집은 여성에게 '인류를 요약하고 있는 남편과 미래 전체의 축소판인 아이들'(보봐르)을 담고 있다. 그들의 휴식, 안정, 위로, 성적 욕구를 충족시키기 위한 멋진 '모조품 에덴동산'(루터)을 조형하는 일이 주부 일이다. '에덴'을 매일 만들기 위해 주부는 540여 개의 살림 품목을 늘 관장해야 하며, 살림의 리듬을 깨뜨리지 말아야 한다. 애들이 배고플까 봐, 남편이 불편해할까 봐 안절부절 가족들의 욕구를 따라다니다가 나중에는 자신(주부)의 불안을 뒤쫓고 급기야는 죄책감에 시달린다. 주부는 '하는 것 없이' 피곤하고 탈진한다. 이것이 주부가 겪는 공통된 심리이며, 주부의 외출이, 관심이, 취향이 집안 울타리를 넘지 못하는 이유이기도 하다.

주부는 삶의 필요한 수단에 불과한 물질에 전적으로 의존하고 있다. 자녀와 남편이 삶의 내용이어야 함에도 불구하고 주부는 물질을 다루는 것이 삶의 목적처럼 되어 버렸다. '남편을 위해 밥이 있는지, 밥을 위해 남편이 있는지' 주객이 전도된 상황을 경험한다. 이때 여성은 남성 아닌 주방과 결혼하고, 남성은 '가정부'와 결혼한 결과로 된다. 남녀의 사랑 관계가 부엌과 가사일의 매체를 통해 연결되어 있는 한, 양자는 타락·소외되고 주방과 사랑은 가치가 저하될 수밖에 없다(Gejmann). 이때 여성은 남성의 동료자가 아닌 기능인으로서 우선한다. 주부가 자아실현에 보다 기능인에 대한 감각이 발달한 이유가 여기 있다. 기능인은 대체될 수 있다. 주부의 삶은 자녀와 남편을 위한 물건의 숭배일 뿐 주부가 물건만 좋아한다는 물신숭배주의(fetishism)에 빠지기 쉬우며, 이것이 가사노동자의 함정이다. 언제나 대령하고 있는 주부의 에너지와 신경은 물품처럼 타인에 의해 소모되는 타인의 것이다. 주부는 고도의 지성이나 기술을 요하지 않는 단순 반복적인 주부 일을 사회에서 격리된 네 벽 안에서 그녀는 홀로 몰두한다. 가족 외에는 접촉도, 관심도, 대화도 없고, 이를 원치 않게 된다. 이것이 바로 주부를 비사회적 존재로 만드는 환경 요인이다. 그러던 어느 날 갑자기 커버린 자녀의 출타를 발견하고, 남편의 출세가 '타인의 것'처럼 생소하게 느껴지고, 관심 밖에 내던져진 자신의 초라한 모습을 발견하고 소스라치게 놀란다. 이때 주부는 '思秋期炳'을 앓기 시작한다. 그녀는 스스로 먹이가 됨으로써 '얻었고', 자기 권리를 포기함으로써 자신을 '해방시키고', 자기를 단념함으로써 다른 '세계'를 얻었다고 자신했던 것이 허구임을 발견하고 통탄한다. 그리고 고백한다. 그것은 '오직 봉사에 의해서만 규정되는 신분이요, 예속에 의해서만 지위가 승인되는 자리'임을(보봐르). 이때 잊혀진 '나'를 찾기 위한 내면의 갈등은 중산층 부인들에게 '주부병'으로 나타나고, '이름을 알 수 없는 병'(프리단)을 남편조차 알 수 없어 주부는 홀로 아파한다. 그러므로 주부병이란 사회생활에서 소외되어 앓는 소외병의 총 합병증이다. '가사일로써 사랑'을 보이고, '사랑함으로써 가사일을'(Bock/Duden) 강요받는 주부는 수단화될 뿐이다. 그러나 강요와 사랑은 불과 얼음과 같아서 동시에 존재하지 못한다. 강요되면 사랑은 사라진다. 이에 진정한 사랑이란 정의에 대한 사랑으로 바꿔어야 한다. 사랑과 정의는 한 몸이다. 이때 정의는 반드시 경제 세력의 균형을 가져와야 한다. 그렇지 않다면 결혼과 가정은 곧 남녀의 부당성의 실천 장소로 化할 우려가 있다(Pross). 이것이 풍요로워야 할 결혼이 상처투성이로 끝내는 결혼의 이유이다.

결론과 제의

여성들은 지불되는 사회생산노동에서는 제외되고, 무임 가사노동만을 전적으로 맡겨지게 되는데 이것이 여성 특유의 '무기력'의 근거이다. 무임 가사노동은 "여자는 아무것도 생산하지 않는다"라는 신화를 만들어내어 여성의 인간 값을 하락시켰고, 여성의 차별적 노동시장, 불공평한 가족법을 유도해 내었으며, 국가는 여성의 공적을 빠뜨린 반쪽의 G.N.P를 기록하였다. 사회임금노동을 독점한 가부장은 물질 점유자가 되어 여성 이데올로기를 제작, 여성의 순종 · 순결 · 희생의 부덕을 제조하여 여성의 性까지 지배 독점하게 되었다. 이렇듯 물질을 거머쥐고 性을 사유화(私有化)한 가부장 사회는 일부일처제와 매춘이라는 '일란성 쌍생아'를 낳았던 것이다. 가사노동은 인간과 사회경제, 세계 문명의 근원이요, 기초 노동이다. 그리하여 세계를 '살림'하는 생명 재생산 노동이다. 이제는 가사노동(女)은 사회임금노동(男)의 전제된 노동이요, 상호 보완 노동임을 인식해야 한다. 왜냐하면 세계를 건설하는 시간의 절반이 여성이 투여한 시간과 힘이므로.

제의

1) 가사노동의 지불화, 공동화, 사회화가 되어야 한다 ー (훈훈함을 주
   는 '공동체'로).

2) 가사노동은 생명과 삶의 기반이 됨을 인식하고, 모성과 주부의
   손에서 첫출발하는 생명살림노동을 남성과 함께 나누는 일 혹은
   그것을 제도와 기구로 돕는 실천적 방안을 모색해야 한다.

3) 성역할 분담은 철폐되고, 일은 각자의 취향에 따라 선택할 수 있어
   야 하며 성차별적 교육에서 전인적 교육으로 전환되어야 한다.

그러할 때 과소평가되었던 여성의 지위가 진실로 평가되며, 가부장
제적인 결혼의 예속과 차별적 노동시장의 구조는 그 종말을 고하게 될
것이다. 그러므로 가사노동의 재편성은 사회 개혁의 지렛대 역할을 할 것이다.

「베틀」 11호, 1985년 11월 30일

교육의 여성화 문제인가?

부불 _(夫婦)_ 가정교육은 여성이, 지불 _(女婦)_ 학교 교육은 남성만이?

그간 간간이 들려왔던 "교육 _(교사)_ 의 여성화"를 우려한다는 당국의 발표는 이제 그냥 듣고 지나칠 문제가 아닌 것 같다. 그것은 사회에 여러 가지 부작용과 혼란을 초래할 일이 분명하기 때문이다.

매년 10만 명 _(전문대 포함)_ 이나 배출되는 여학사들 중 그래도 많은 수의 여학사를 수용한 마당이 교사직이었다. 그러나 _(중고교 中高校 교사의 27% 가 여자 女子임, 83년도)_ 이제 예를 들면 사립중등교원 387명을 신규 임용하는 공고에서 여성을 9.8% _(38명)_ 로 제한하겠다는 선언이 뜻하는 바가 무엇인지 진의를 가려봐야 할 것이다.

우선 '교육의 여성화'라는 용어 자체가 모순이다. 이 말에는 '여성적' 혹은 '여자처럼' 될까 봐 우려된다는 의미가 있는 것 같다.

몇 가지의 오류를 지적하지 않을 수가 없다.

첫째, '여성적'이란 말을 부정적으로만 해석하고 있다. 그러나 흔히 '헌신, 양보, 감성, 동정심'으로 규정되는 여성적이라는 의미로 바로 경쟁과 폭력 등 살벌하게 돌아가는 우리 사회, 우리 인류 문명이 필요로 하는 고귀한 인간성이 아닐까? 그러나 따지고 보면 인간은 이성(左腦)과 감정 (右腦) 둘의 기능을 가지고 있기에 어느 하나만을 떼어서 남녀 차이를 구분하는 것은 인간을 단세포적 반쪽으로 만드는 처사이어서 납득할 수 없는 일이다.

둘째, 흔히 여자는 여자답게, 남자는 남자답게 키워야 된다고 말하는 데 중고교의 절반씩이 남-여학생이다. 학생들의 '여성화' 우려는 남학생 만을 고려하고 있는 듯 보인다. 사회 논리를 빌려 말한다면 현재 교사의 73%가 남교사인데 '여성의 남성화'도 문제시되어야 하지 않겠는가? 무 엇이나 숫자나 '품성'으로 보아 절반씩 채워지는 게 이상적이 아닐까?

셋째, 그러나 당국이 우려하는 것은 그런 '조화'를 생각해서가 아니 다. 우리 사회에서 여성이 절대다수인 직업은 얼마든지 있다. 예를 들면 여공직, 청소직, 간호원, 비서직, 매춘업 등이다. 그런데 왜 교사직에서만 유독 여성의 다수적 진출을 꺼리는 것일까? 남자애들이 '여성화 될까 봐'라는 말은 이제 핑계로 들린다. 왜냐하면 한 나라의 아이들은 가정에 서 이미 어머니, 여자의 손에 의해 '여성화'가 다된 애들이다. 현모양처의 찬미론은 여자는 모름지기 가정에 들어앉아서 자녀들 교육을 전적으로 책임 맡아 달라는 기원과 강요가 아니었던가? 사회 참여와 봉사를 통한 자아실현을 여성들은 기꺼이 포기한 채 가정에 돌아가 헌신적으로 가정 교육의 전담자로서 모든 인간을 그 결정적 시기에 '어머니적'으로 창조 해 갔다. 그러나 이제 가정교육은 여성이 전담해도 좋고 학교 교육에서만 물러나라는 말은 아무래도 앞뒤가 안 맞는 얘기다. '교육의 여성화'를 꺼려한다면 애초에 가 정교육까지도 아빠들 남성들이 도맡았어야 했다. 남성 중심 사회는 존경 받고, 대우(금전)받는 직업에 여성들의 진출이 높거나 남성 실업률이 증 가될 때(불경기, 전쟁 후) 남성들은 비이성적, 비논리적 반응을 보여왔다. 이렇듯 여러 억측을 만들어 여성을 부엌으로 쫓아 돌려보낸 예는 한국뿐이 아니라 동서양의 공통된 현상이다. 남성 사회는 여성의 노동력을 공짜로만 쓰는 데 익숙하다. 남성 사회는 무보수의 출산-가사노동의 일-자원봉사-저임금직을 여성의 절대다수에게 맡겨 절대 이득(profit)을 취하였고, 그 위에서 절대 장기 집권이 가능했다. 여성의 남성을 위한 절대 봉사의 구조에 일련의 변화라도 그것은 늘 남성 사회를 위협하는 것으로 느끼고 신경질적 반응을 보이는 것은 매우 쩨쩨하다. '여성화'를 내세워 반대하는 숨은 이유는 바로 여성의 지적 · 경제적 자립과 자치권(autonomie)이 남성 지배에 도전해 온다고 보는 남성들의 불안 그것이다. 노래를 틀리게 부르는 사람을 '음치'라고 부른다. 성에 관한 한 이 남성 사회는 '성치'(性痴)임에 틀림없다. 놀랍게도 이 사회는 성치를 자랑하는 폐단이 뿌리 깊게 박혀 있다. 성치라는 풍토병 속에서는 여성의 수난사는 막을 내릴 수가 없을 것이다.

「베틀」 16호, 1986년 12월 5일

여성의 몸값 연 4조 원

어렸을 때 겨울밤 화롯가에 앉아서 듣던 옛날이야기 중 지금도 무서운 기억으로 남아 있는 것은 사람이 마실 가다가 호랑이에게 잡아먹혀 다시 집으로 돌아올 수 없었다던 이야기였다. 그 당시 어린 나에게 호랑이는 이 세상에서 제일 무서운 존재였었다.

성인이 된 후 호랑이는 무섭지 않게 되었지만, 요사이는 옛날 호랑이보다 더 '무서운 사람들'이 나타났다는데 그것이 여자를 길에서 잡아가는 '인신매매단'들이란다. 그런데 한 번 잡혔다 하면 집에도 못 돌아오고, 혹 귀가한대도 온몸이 만신창이가 되어 여자 사람 구실을 못 하게 돼서 호랑이만큼이나 우리 여성들은 무서워 벌벌 떨고 있다.

그래서 사람 만나는 것이 무섭고, 대낮에도 친절을 베푸는 자가 있으면 '호랑이'보듯 하라고 엄마는 딸에게, 남편은 아내에게 일러주고 있다. 이러한 일이 일어나는 것이 어떻게 가능한 것일까? 도대체 우리 사회가 어떻게 되어 먹었길래 이렇게 만신창이가 되었고, 그렇다면 경찰은 졸고 국가는 낮잠만 자는가? 그렇지만은 않은 것 같다. 물 샐 틈 없이 경계하고, 양심범쯤이야 독 안에 든 쥐처럼 잘도 잡아내는 것이 한국 경찰 아닌가? 70 고령의 문익환 목사님을 환영객과 떼어놓기 위해 6,000 병력이나 동원하여 멋지게 힘을 과시한 것도 국가였다. 그런데 여자나 낚아채는 '송사리 떼'들을 잡아 소탕한다는 자체는 우리 국가의 힘으로 해낼 수 있는 누워 떡 먹기 격일 것이다. 더구나 가끔 범죄 집단의 명단까지도 확보하고 있는 경찰로서는 - 문제는 경찰, 곧 국가가 이에 대한 의지가 없다는 것이다. 남성 중심의 가부장제 사회나 국가가 성범죄를 어느 범죄보다 약하게 보는 가부장제 자체가 매매춘(賣買春)의 속성을 지니고 있기 때문일 것이다. 즉, '현숙한 아내'를 품에 안은 가부장들은 또한 '타락한 창녀'를 한 품에 사서 안는다는 것이 가부장제의 규범이고, 자연스러운 법이었기 때문이다. 그것은 경제적으로, 이념적으로 매매춘에서 남성을 전적으로 구매자로 만들어 갔다. 그러면서 낮에는 매매춘 반대자인 도덕가나 단속자들 역시 밤에는 창녀의 품에서 위안을 얻는 이중적 성도덕을 견고케 하였다.

그리하여 인신매매단이나 강간자들만을 대상으로 단속하거나 처벌을 하는 것은 눈 가리고 아웅 식이다. 그들은 단지 매춘 수요자인 남성 매춘자의 서비스를 위한 운반책일 뿐이다. 문제는 수요가 있음으로 해서 공급이 필요한 것이다. 이것이 시장 논리이다.

그러면 한국의 밤에는 얼마나 많은 수요가 있는가? 일설에 의하면 한국의 매춘, 준매춘 여성은 120만 명에서 150만 명을 잡는다. 하룻밤에 150만 명의 매춘 여성이 모두 손님을 받는 것은 아니라고 했을 때 적어도 70만 내지 100만 명의 여자는 밤손님을 받을 것인 즉, 기생 관광 온 일본 남성, 기지촌의 미군들, 한국 남성들이 하룻밤 돈 주고 여자의 몸뚱이를 사는 수가 70만 명쯤 된다고 하면 무리일까?

공식적 통계에 의하면 이들 여성에게 지불되는 화대가 1년에 4조 원에 이르고 있다고 한다. 이 엄청난 액수가 생산에 투자되지 못하고 남성·여성 모두를 타락시키는 퇴폐에 쓰이는 돈이다. 혹자는 남자가 일생 홍

청거리는 돈으로 고아 10명은 키운다고 했다. 4조 원으로 양로원, 장애지 시설 등의 복지시설은 100개씩은 짓고도 남을 만한 돈이다.

화대를 쥐가며 갈 수 있는 자들이란 누구인가? 돈 꽤나 있는 자, 힘 꽤나 쓰는 자, 방귀 꽤나 뀌는 자 아닌가. 소위 밥술이나 먹는다는 지도부 계층, 우리들 남편, 바로 나의 남편이 아닌가. 인신매매단 몇 명, 포주 몇 명이 호랑이가 아니다. 나의 남편, 우리 국가가 그 무서운 '호랑이'다. 여기서 더욱 중요한 사실은 가부장 결혼의 명맥을 유지시켜온 매매춘이 란 엄격히 말하자면 강간의 변종인 문제이다. 남성의 집단적 강간 행위, 이의 문화, 이것이 인신매매를 자극하는 한 요소임을 알아야겠다.

「베틀」 38호, 1989년 5월 5일

인신매매 처벌법을

　　오늘날 향락산업의 비대화로 인한 사회문제는 매우 심각해져 간다. 부자(父子) 세대 간의 성의 집단적 탈선, 인신매매, 강간 등의 성행은 더 이상 도덕적 범법 행위라기보다는 인격 파괴의 범죄이고, 성범죄라기보다는 폭력의 범주로 보아야 한다.

　　'디카룸'이라는 말이 청소년들 간에 유행어라는데 그것은 향락 업체의 주종을 이루는 디스코텍, 카페, 룸싸롱의 기능을 합친 업소의 은유어이다. 현재 우리나라에는 '디카룸' 등이 45만 개(88년도)로 83년도 24만 개에 비해 엄청나게 폭증했다(요정, 바, 싸우나, 터키탕, 이발소 등 포함). 이제는 돈 있는 자(男)가 돈 없는 자(女)의 성을 '일회용'으로 살 수 있는 성매매업이 기업화·대형화되어가는 추세이며, 국제화되고 있다. 인간 사회에서 빈곤 문제를 해결한 후에는 점차 '쾌락' 중심으로 살게 된다고 교육철학자 프레이리는 말한 바 있다. 그러면 이에 비추어 본다면 자본주의 경제는 '쾌락'을 상품화하여 이윤 극대화를 꾀할 것이고, 여자의 '성'은 자본 축적의 핵이 될 것이 아닌가. 이 문제에 대해 우리는 깊이 생각해 볼 필요가 있다.

인신매매의 실태

폭력을 써서 납치해 팔아먹는 비합법적 방법과 광고를 통한 '합법적' 방법이 있고, 소위 '남성 고객'의 매음 행위 역시 인신매매의 범주에 들어간다. 폭력 납치의 경우는 여자를 '창녀'로 만들기 위해 악마적 수법을 쓴다. 즉, 구타-마약주사-강간·윤간을 한 뒤 짐짓 탈출구를 제공, 다시 잡혀오는 여자를 같은 수법으로 몇 차례 반복하면 여자는 좌절하여 이윽고 '자발적인' 창녀가 된다는 것이다.

한편에서는 신문 광고를 통한 감언이설의 속임수를 쓰면 여자들이 제 발로 걸어 들어오기 때문에 폭력적 방법을 쓸 필요가 없다는 주장을 한다. "초보자, 무경험 용모단정여성 환영 월 50만~80만 원 보장." 달콤한 함정이다. 이들은 점조직과 암호를 사용하고, 은폐되어 있어 노출되지 않는다. 그러나 사실 소탕 작업을 하기로 맘먹으면 시간문제임에도 근절되지 않는 것은 인신매매단과 포주(기업체)들의 쉽게 돈을 벌 수 있다는 생각과 수요자(男) 측의 강력한 욕구와 높은 화대 지불, 이것들을 제거하기 불가능한 데 있다.

자본주의 사회에서의 노동의 소외가 높을수록 이를 지탱해주는 정신적·도덕적 가치 규범이 부재할 때 인간은 여성의 성을 소외 극복의 수단으로 쓴다.

인신매매음의 수요자(男)와 공급자(女)

인신매매(인육 시장)에는 수요자 공급 그리고 매개체가 있기 마련이다. 수요자로서의 남성은 어떠한가?

전통사회에서의 일부 한량들의 제한된 구역에서의 은밀한 오락 추구, 성 놀이는 고전에 속한다. 현대사회에서의 성과 매매음은 보통 남성들에게 일상화되고, 다양화되고 있다. 공식 세계(노동)에서도 비공식 세계(여가)에서도 성은 쉽게 접근된다. 외국 바이어, 동료친목회, 자축회 등등의 모임에서 '술과 여자'는 윤활유다. 또한 음식을 먹거나 몸을 씻을 때, 이발하고 면도하는 데도 퇴폐와 매매음, 음란 비디오의 공세를 받는다.

이렇듯 성의 집단적 탈선을 향응 접대 문화(기생)의 현대화로 탈바꿈한 향락산업이 산업 스트레스를 해소케 하고, 졸부들의 과소비 성향, 자기 확인 욕구 및 허탈감을 채워 준다는 신화에 의거한다. 특히 자본주의 사회에서의 노동의 소외(기쁨이 되지 못하는)가 높을수록 이를 지탱해주는 정신적·도덕적 가치 규범이 부재할 때, 인간은 성을 소외 극복의 수단으로 쓴다. 뿐만 아니라 국민의 건전한 여가 문화의 결여, 부부 동반 문화의 부재, 여성을 노동과 삶의 파트너로 보기보다는 성적인 대상으로 생각하는 편견이 이를 가중시킨다. 또한 향응 접대 비용이 제도화된 기업체도 문제시된다.

그러면 인신매매의 공급자인 여성은 누구인가?

남성 매음(賣淫)자가 성의 향락을 추구라면, 여성 매음(賣淫)의 요인은 경제적 빈곤이나 소득 증대에 있다. 장기적 실업이나 저(차별)임금과 열악한 노동조건에서 시달리는 어린 여성들, 단시일 내에 한몫 잡아 자영업을 꿈으로 안면몰수하고 "개처럼 벌어 정승처럼" 살려고 이 세계에 뛰어든 여성들, 높은 명예보다는 낮은 지위일지라도 높은 소득이 보장되는 물질제일주의, 과소비를 꿈으로 한 여성들이 발을 들여놓는 데 이 여성이 약 120~150만 명으로 추정된다. 이는 젊은 여성 5명 중 1명 꼴이 된다. 이들의 고정 월급이란 없으며 손님의 팁(화대)이 수입의 전부이다. 높은 팁을 받기 위해 갖가지 수단이 동원될 때 짐승과 같은 모습의 길로 빠진다. 산업형 매춘인 호스티스의 특징은 형식적 주업은 술 서비스이고,

부업이 매음(2차 간다)이며, 이는 은폐·위장되어 있어 익명 대도시에 확장될 위험성이 높다. 죄의식 대신에 '직업의식'이 강하다.

아비의 방탕비와 국가 경제

향락업소 매출액이 4조 원이며, 이는 GNP 6%에 해당된다고 한다. 향락 퇴폐에 뿌려진 화대가 6,700억 원(87년)이다. 이 엄청난 천문학적인 액수가 먹고, 마시고, 주무르고, 흔들고… 소비에 불태운 액수인데 우리 현실은 어떤가? 6천여 명의 고아가 매년 해외로 수출되고, 국민학교에서의 결식아동이 8천 명에 이른다. 농촌에는 빚에 쪼들려 농약 털어먹고 자살하는 농민이, 야간 도주하는 이농민이 있다. 닭장 같은 집에 끼겨 사는 산업 수출 역군들, 90만 명의 장애자….

6,700억 원은 장애자를 위한 시설을, 노인네들이 편안하게 여생을 보낼 수 있는 양로원 시설을, 고아원을 5천 개나 지을 수 있는 액수이다. 아비 방탕비로 고아 두어 명은 너끈히 양육할 수 있는데도 "가난은 나라도 못 구한다"며 나라님들은 노상 핑계만 댄다. 문제는 '돈'이 아니라 복지에의 '의지'다. 향락산업으로 인한 방탕비만 줄여도 복지사회 건설은 시간문제다.

GNP의 6%에 해당하는 4조 원이 국민들이 먹고, 마시고, 주무르고, 흔들어 소비하는 데 쓰인다. 이는 고아원, 양로원, 장애자 시설 등 복지시설 5천 개를 짓고도 남을 돈이다.

화대가 면죄부인가? 외도가 강간인 줄 모르는 남성들이시여!

흔히들 매매음은 필요악이라고 한다. 그러나 누구를 위해 필요한 것인지. 남성에게는 필요락(必要樂)인지 모르나 여성에게는 악이고, 독약일 뿐이다. 하룻밤에 150만 명 중 그 절반만 가동된다하더라도 하룻밤 한국과 외국의 남성 약 70만 명이 매음 행위를 한다는 말이다. 화대를 지불하기 때문에 여자의 성(정조)을 그 대가로 소유한다고 했을 때 그것이 강탈과 다른 점이 무엇인가? 화폐 개입만 없으면 그것은 강간이다. 화대라는 화폐가 개입되므로 '강간'이라는 죄책감도 없게 되고, 법적으로 강간이 아닐 수 있다. 그러나 돈의 개입의 차원을 떠나서 여자의 정조 · 영혼을 망가뜨리고 파괴하는 무서운 범죄요 폭력이다. 이때 화폐란 죄와 벌을 면케 해주는 '면죄부' 역할을 하는 것이며, 여성의 성이 자본주의 사회에서 자본 축적의 핵심으로 등장할 소지가 엿보인다.

성의 타락을 권하는 사회, 우리는 어떻게 하여야 하나?

1) 매매음을 통해 이윤과 자본을 축적하는 기업체를 법으로 금하며, 매매음의 양성 모두를 단속하고 제재한다.
2) 강간 인신매매단은 법정 최고형(사형까지)을 언도해서 근절토록 한다.
3) 노동 현장에서의 평생 노동권 확보를 위한 남녀고용평등법의 적용 사례를 늘려 경제적 빈곤, 차별임이 해결되어야 한다.
4) 건전 여가 문화, 부부 동반 문화, 가족 문화의 개발이 요구된다.

「베틀」 40호, 1989년 8월 5일

강간당한 아이들의 비문을 쓰자

일전에 신문에 난 사건을 읽고 내가 적지 않은 충격과 분개 그리고 슬픔을 금할 수 없었던 것은 그것이 단순한 '강간'이라는 해묵은 스캔들 때문만은 아니었다. 겁탈당한 그 여성이 고통과 수치 그리고 적개심을 안고 홀로 싸우고 자학을 했을 9개월간 그리고 지금의 말 못 할 심정을 헤아려 보니 눈물이 솟구쳐 오르는 듯했다.

그 사건의 경위란 다음과 같다. 한 나이 어린 미혼여성(사무직)이 홀로 한강가를 산책하던 중 괴한에게 겁탈을 당했다. 그런데 설상가상으로 그 괴한의 아기의 씨가 뿌려졌다. 임신이 된 것이다. 그 여성은 수치와 두려움 속에서 고통받다 만삭이 되었다. 해결책이라곤 화장실에서 숨죽이며 남몰래 해산하는 것. 그리고 이내 아기의 숨통을 손으로 조이는 것이었다. 후에 아기 시체를 발견한 회사 직원들은 해산하고 뺑소니친 여성을 수색하였고, 그녀가 생모임이 발각되었다. 어린 여성은 아기 살인죄로 법정에 서게 되었고, 현재는 철창 안에 갇혀 있다.

치욕의 9개월 동안을 가까운 친구에게도 입도 못 떼고, 병원 상담조차도 용기 없어 못 해온, 더구나(한 해 100만 명의 낙태 인구가 행하는 세태에서) 임신중절은 상상하지도 못했을, 이 순진무구한, 어찌 보면 '바보' 같기도 한 이 여성에게 남성의 죄과와 한국사회의 모순을 몽땅 씌워놓고, 쇠고랑이를 채워 정죄하고, 수모를 줄 수 있는 일인가 먼저 나는 묻고 싶다.

물론 아기 살인은 분명 법의 처벌을 받아야 한다. 그러나 그것이 더 공정한 재판이 되려면, 그녀 홀로가 아니라 한국가부장제 사회가 함께 법정에 서야 함이 마땅하다. 즉, 그녀를 강간한 남성과 강간을 방조하는 한국 풍토 그리고 투철한 이중성 구조가 몽땅 법정에 서야 한다. 그리고 검사는 샅샅이 취조해야 하리라. 피고는

1) 태아의 생명에 왜 애착이 없었는가?
2) 태아의 아버지 되는 그 남성에 대한 혐오감의 정도는?
3) 왜 태아를 '짓지' 못했으며, 짓지 못한 아기를 끝내 키울 수 없었던 이유는?
4) 어떤 상황이었다면 아기를 낳아 키울 수 있었겠는가?

피고는 말없이, 변명 없이 눈물만 흘렸을 것이다.

한 순진한 처녀가 타인의 탐(性)욕의 희생타로 어이없게도 쇠고랑이를 찬 이유는 아직도 한국사회가 탈피치 못하는 '자궁혐오증'에 있을 것이다. 그것은 '출산혐오증'이 아닐까? 그녀가 떳떳이 산부인과에 가서 '큰소리 지르며' 아기를 낳았어야 했는데 그 과정이 생략된 데 있다. 왜 그녀는 '소리 지르며' 해산하지 못했는가? 기혼 여성의 출산조차 환영치 않는 노동시장의 조건이라면 처녀 임신, 미혼모에 대한 가혹한 정죄는 가히 상상해 볼 만하다.

뿐만 아니라 남성에게는 외도, 매음과 간음을 이해하고 서자 출생을 받아들여도 남성에게 쾌락과 즐거움을 제공하는 여성의 행위는 죄가 되

고, 빌을 받는 것으로 결판나는 철저히 이중적 시회에 우리는 아직 살고 있다.

이 가부장들의 허위성, 기만성, 폭력성을 그냥 두고 볼 것인가? 아니다! 이제는 철저히 가려내야 한다.

1) 강간을 어떻게 해서라도 없애야 하며, 강간범에게는 법정 최고형의 법으로 다스려져야 한다(사형도 불사).
2) 미혼모와 이를 위해 미혼부(父)를 찾아 상벌을 주는 법제도 확립, 미혼부모가 맘 놓고 양육할 수 있는 가정, 직장의 조건 만들자.
3) 무엇보다도 여성(생명) 경시 사상을 없애라.
4) 치한-나-아기의 생명을 위해 호신술을 가르치자. 더 이상 강간당하는 아기들이 없도록 하여야 한다. 아기들의 무덤 비문에 무엇이라 써야 할지….

「베틀」 47호, 1990년 7월 5일

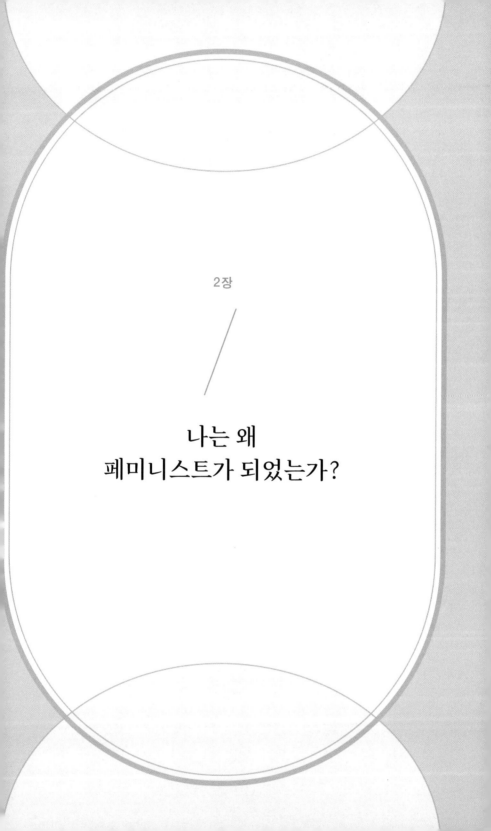

2장

나는 왜
페미니스트가 되었는가?

나는 왜 페미니스트가 되었는가?
─ 한 페미니스트의 체험 고백

I. 페미니즘의 새 시대가 온다

인류 역사에는 하나의 불변하는 원칙이 있어 왔다. 그것은 그 시대의 갈등과 모순이 극에 다다르면 새로운 에너지가 감돌아서 그 낡은 것을 치유하고 재편성하여 새 시대를 만들어 간다는 것이다. 영국의 경제혁명이 그러했고, 프랑스의 정치혁명이 그러했다. 이제 이에 버금갈 만한 역사적 사건이 20세기 말 현재 우리 눈앞에 펼쳐지고 있으니 그것이 바로 '성의 혁명', 즉 페미니즘의 등장인 것이다.

페미니즘의 등장은 남성 중심의 가부장제 사회 원리로는 더 이상 가정도, 국가도, 현대 문명도 이끌어 나갈 수 없다는 한계점에 와 있음을 예고해 주고 있다. 그 한계점은 세계 각처에서 여러 모양으로 터져 나오고 있는데, 그 공통점은 두 개로 요약된다. 하나는 미시적(micro) 관점에

---

* 손덕수, "성폭력의 정치경제학 - 여성복지적 측면에서 본 성폭력의 사회적 의미와 그 대책들," 「사회과학연구」 3 (1994) : 95-109 (효성여자대학교 사회과학연구소, 별책).

서 성차별주의(sexism)의 현상이고, 다른 하나는 거시적(macro) 관점에서 두 개의 거대한 괴물인 지구 생태계 파괴와 핵무기 등장이 그것이다.

이 해괴한 몰골은 수천 년간 지구의 역사를 관리해 온 가부장제에 대한 '파산 선고'나 다름없다. 남성적 권력 욕망의 상징인 핵무기는 선진국의 자랑이 아니라 온 인류의 치명적인 수치임을 알아야 한다. 이에 인류 전멸의 위기 앞에서 페미니즘 역시 가부장제에 의한 국가와 지구 관리에 대해 '금치산 선고'를 보내며, 하루빨리 문명 전환의 운동을 실시할 것을 거듭 촉구하고 있다.

이와 같이 성차별주의와 생태계 파괴는 가부장제라는 같은 뿌리에 그 근원을 두고 있다. 여성과의 관계에 실패한 가부장제는 (특히 자본을 장악한 이후) 역사와 자연과의 우호적 관계에도 실패했다고 본다. 1995년도 북경 세계여성대회가 거듭 촉구한 것도 역시 여남(女男) 관계의 재편성이야말로 개인의 행복은 물론 세계평화를 이룩하는 첫걸음임을 밝혀주었다.

한국은 지난 30여 년간 오직 경제 건설만을 향해 질주한 덕에 소득 '만 불($)탑'을 쌓아 올릴 수 있었다. 그러나 여·남 간의 성문화와 성평등은 아직 후진성을 벗어나지 못한 채 갈등과 혼란 속에 있다. 지구상에서 민족 간의 식민지 해방은 이미 이루어졌다고 하지만, 인간은 얼마나 성의 해방을 이룩했는가? 이에 대해 옥일 베르호프는 혹평으로 답하고 있다. 여성은 아직도 남성의 '마지막 식민지'로 있다고…. 참으로 인간이 자유롭고 타인과 평등 관계를 유지하려면 어찌해야 할까? 우선 인간은 존엄권과 자율권, 즉 두 개의 열쇠를 획득해야 한다.

그런데 아직도 한국 여성은 두 개의 황금열쇠를 자기 것으로 하지 못하고 있다. 우리는 여남 양성 관계에 있어서는 아직 후진성을 면치 못한 상황이다. 여남 간의 갈등이 줄어들수록 사회의 건강성과 생산성은 높아질 것이다.

이 글은 여남 관계를 성과 경제 분야에서 자율성과 평등성의 관점으로 조명해 본 것이다. 여남 간의 불평등성의 문제를 이론적·구조직으로 보여주려고 노력한 것이로되 여성 해방적 시각에서 다룬 것이다. 평소의 단상을 모은 것이어서 비체계적이며 중복된 것이 더러 있다. 21세기 양성 관계가 권력(power)에서 동반자 관계(partnership)로 가야 함은 시대적 요청이라고 본다.

II. 성차별과 양성주의

1. 남성 탐구 · 여성 탐구

인간은 여성 아니면 남성이다. 그 한 쌍은 인간 최초의 기본 단위이다. 사회관계는 본질적으로 양성 관계를 핵으로 하여 모든 여타의 관계를 부수적으로 발전시켜 나간다. 이 기본모형이 되는 양성의 성(性)은 조화와 균형을 통해서만 존재 할 수 있고, 그때에 비로소 사회와 역사는 진보할 수 있다.

그러나 오늘날 이 핵심적 양성 관계는 갈등 관계로 시달리고 있다. 그 핵 자체가 불안이고 불만이며 부패 되어 있다. 쉽게 말하여 '(성) 관계의 대실패'이다. 이런 맥락에서 혹자는 "문명은 있으되, 문화는 없다"고 한탄하지 않던가! 양성 관계는 서로의 일체감과 공동체감으로부터 멀어지고 있다. 여기에 바로 현대인의 소외와 현대사회의 위기가 도사리고 있다.

그럼으로 양성 관계의 회복은 인류의 화평과 역사의 진보로 가는 첩경이라고 할 수 있다. 그러면 '관계의 실패'는 무엇이며, 어떻게 개선될 수 있는가? 어떤 고리를 건드리면 될까?

1) 남성 우월론의 문제

필자가 수년 전 어느 대학에서 남녀의 우열론을 강의할 때 남학생들의 반응은 대체로 다음과 일치하였다. 남성의 신체 구조는 (여성과 다르게) 강하고 힘세게 만들어졌으므로 약하게 태어난 여자를 보호하며 지배하는 것은 자연의 순리이며, 특권을 누리는 것은 또한 '남성다움'의 상징일 뿐이다. 이 선입견은 우리 사회의 통념이다.

여기에서 오류와 편견을 지적해 보자.

① 강한 자가 약한 자를 '지배'함이 마땅하다 함은 약육강식의 논리이다. 이로 인해 인류 역사에서 전쟁, 착취, 남녀 간의 전쟁(강간) 등이 우리의 일상사가 되어버렸다. '사랑의 이데올로기' 역시 은폐된다.

② '태어난 것이 운명'(Freud의 "Anatomy is destiny")이라는 신화는 편견이다. 이것은 교육과 계몽, 인간성의 진보, 역사의 발전을 불신하는 운명주의적 발상이며 또한 성차별, 인종주의적, 계급적인 것을 고수하는 보수주의적 사상과 일맥상통한다.

③ 통념의 오류는 차별의 원인이 되는 성(性)을 문화적인 것(gender)이 아닌 성적인 것(sex)으로만 보는 편견에 두고 있다. 즉, 여성의 '열등성'은 태어난 것이 아닌 키워진 것일 뿐이다. 거꾸로 남성의 '월등성'은 문화의 산물일 뿐 성염색체(y), 즉 생물학에 있는 것이 아니다. 'y' 성염색체를 가진 남성들만 골라서 특수교육·특수문화·특수평가를 해온 가부장제 문화가 그렇게 만들었다는 말이다. 즉, 남녀성은 '가부장제 제품'(made in patriarchy)일 뿐이다.

이와 같이 'y 우월주의'는 남성 쇼비니즘을 낳았는데 그것은 문화의 산물일 뿐이며, 'y' 인자는 세계를 지배할 만큼 대단한 세포가 아니다. 아무리 GNP가 만 불을 넘었어도 아직도 "인간에 관한 진보적인 지식은 후진적"

이다(루소). 독일에서 있었던 남녀 우열성 **논쟁**에서 페미니즘(feminism)은 가부장제의 편협된 시각을 시원히 깨주고 있다. 또한 남자와 여자는 '생긴 대로', '태어난 대로' 사는 것이 섭리라는 논제에 대해 가부장적 시각은 남성의 생물학적 구조를 인류의 오직 하나의 표본으로 본다. 즉, 성 정체성을 생물학에 두는 것이다. 이에 반해 여권론적 시각에 의하면 기준과 표본은 한 성(男)이 아니라 한 쌍(女+男)이어야 하며, 한 성 만의 대표성은 불평등과 갈등을 야기한다고 본다. 또한 남성 성기의 '결핍'을 인류의 재앙(?)으로 보았던 가부장들은 여성 신체를 뭔가 빠진 '결핍'(어원, 여성=FE-Minus)으로 봄으로써 여성은 열등한 존재라고 생각한 반면, 여권론적 시각에 의하면 '있고', '없음'은 결핍의 차원에서 볼 성질의 것이 아니고 한 쌍의 조화라는 측면에서 봐야 참자연, 참사랑이 시작되며, 조화 속에 우열이 없어야 한다고 주장한다. 또한 남성 논리인 '결핍'이라는 측면에서 보자면 '자궁과 유방이 결핍'된 남성은 열등하다고 할 수밖에 없다는 것이다 .

이와 같이 남성 중심적 시각과 가치관은 편협되고, 비이성적이며, 매우 비과학적, 미신적임이 드러났다. 인류는 이 무모한 논쟁으로 수천 년을 소모했다. 갈등의 씨앗이 되는 우열론 논쟁을 그만하자. 그러므로 남녀의 생물학적인 '차이'를 '차별'로 둔갑시키지 말아야 한다. 그러면 신이 만든 '차이'는 무엇을 의미하나? 양성 간의 애틋한 사랑과 더 애틋한 조화를 의도한 것뿐이다. 인간 중심적 자연관이 자연 파괴를 만들었듯이 남성 중심적 성관은 남녀 성의 갈등과 불화를 유발시켰음을 주목해야 한다. 이제 우리는 남성 중심적, 여성 중심적 시각이 아닌, '생명 중심적 시각'으로 한 차원 높여 가야 할 때이다. 왜? 그분은 오늘도 말씀하시기를 "남녀는 나의 형상대로 만들었으니 그 누구도…" 신의 체면 살리는 길이 우리가 사는 길이니, 신의 체면을 살려드리자!

2) 잘못된 성별 분업

그것은 양성 간의 성별 역할 분업과 그에 대한 사회적 평가의 우열론에 있다. '여성=가정', '남성=세계'라는 분업은 이 세상에서 가장 오래된 분업이며, 그런 만큼 가장 자연스러운 분업으로 여기고 있다. 양성의 생물학적 기초에 근거한 성분업이야말로 결국은 양성 간의 권력 분업을 초래하였고, '남성=우월', '여성=열등'이라는 현상을 만들었다. 성별 분업이 힘의 분화로 된 것이 문제점이다. 또한 '여성=가정, 출산자'라는 선입견은 여성이 남성을 위한 보조적 존재라는 낙인을 찍게 했고, 그것은 여성의 사회 참여와 자아실현에도 커다란 걸림돌로서 작용한다.

'관계의 위대한 실패'는 여성을 생물학적 모성으로만 보고 모성의 노예화, 여성의 종속화를 가져왔다. 그리하여 가부장제하에서의 모성은 고통과 박탈감을 의미한다. 여성은 남성 체제 유지, 남성을 위한 쾌락적 도구, 남성 권력에의 욕망을 위해서만 활용됐을 뿐이(었)다. 그러나 신(新) 남성들은 외친다. "이 광활한 우주에서 나의 진정한 짝은 어디에 있을까?"

3) 21세기가 초대하는 사람들: 양성적 인간

이제 갇혀 있던 성(性)의 틀을 깨자! 21세기에는 피부, 인종, 출신 계급의 틀을 넘어야 하듯이 어서어서 성의 틀을, 수천 년 걸쳐 입었던 낡은 옷을 벗어 던지자! 그리하여 우리 속에 눌려 있었던 양심적 인간성을 살려내자! 가정에서, 직장·정치에서 죽어 있었던 여성과 남성을 양성성으로 살려내자! 이제 양성적 인간으로서의 원상 복귀는 시대적 요청이다. 더구나 창의성·개방성·통합성이 요구되는 21세기에 이미 이러한 변화는 사상과 문화와 경제제두에서 일어나고 있으며, 이에 여남(女男)의 통합인 '양성성'의 출현은 필연적이다.

그러나 이제는 '승자-패자'라는 갈등의 구조가 아닌, '승자-승자'(win-win)라는 통합의 구조로 갈 수밖에 없다. 그것은 인간성의 진화를 요구한다. 즉, 네가 잘돼야 나도 잘된다는 시각, 너의 행복이 나의 행복이며 그래서 네가 바로 나의 행복과 안정을 만드는 장본인임을 고백하는 자, 이런 이를 '도인'이라 했던가? 21세기라는 성(城)의 입성은 도인의 성품을 가진 양성적 인간만이 입성할 수 있는 곳이기도 하다.

2. 남자는 '꽃', 여자는 '뿌리'

올해 초봄에 갑자기 돌아가신 시어머님을 생각할 때마다 며느리 된 나는 죄책감을 금할 수 없다. 한 여성으로서의 삶이 그토록 철저히 헌신과 희생, 기도와 소망으로 가득 찬 당신의 삶을 경외심으로 우러러보고 있다. 가난한 목사 가정에서 6남매를 낳아 훌륭하게 양육하신 그분이야말로 차라리 작은 고행자이자 구도자의 삶을 사셨다.

그분은 당신을 위한 일이나 수고는 사치요 죄(罪)라고 여기실 정도였다. 자녀들과 남편을 위해서라면 모든 수고와 희생을 기쁨으로 감내하셨고, 당신이 가지신 모든 것을 자녀 성장과 남편 번영에 자양분이 되었으므로 당신을 위해 남긴 것은 하나도 없었다. 자기를 다 내주신 당신은 늘 풍성하셨고 넉넉하셨으므로 그 주위에 사람들이 모여들었다.

이런 어머님이 어찌 내 시어머님뿐이랴! 아마도 조선의 고난사 가운데서도 우리 민족이 살아남을 수 있었던 것은 이런 전통적인 여성들의 헌신과 인고의 은혜가 아니겠는가? 가정과 국가의 번영과 풍요 역시 여성들의 희생과 인내가 밑거름이 되어 가능할 수 있었던 것이 아닐까?

여성들은 역사에서, 사회에서, 가정에서 하루도 거르지 않고, 작열하는 여름 낮이나 혹한의 겨울밤에도 쉬지 않고 뿌리가 되어 영양분을 모두 위로 올려 자녀라는 '꽃', 남편이라는 '꽃', 문명이라는 '꽃'들을 피우게 하였다. 그런데 자신을 철저히 숨기고 남을 꽃피우게 하는 관계, 상대의 풍요를 위해서 자신의 성장을 멈추는 관계는 모자(母子)만의 관계는 아니다. 그런 관계는 또 존재한다. 그것은 '제일세계와 제삼세계', '자본가-근로자', '장군-사병', '부자-빈자', '도시-농촌', '백인-흑인' 그리고 '남자-여자'와의 관계이다. 전자(前者)가 '꽃'이라면, 후자(後者)는 '뿌리'라 할 수 있다. 그런데 세상 사람들은 여자를 가리켜 '꽃'이라 부른다. 꽃은 여자가 아니다. '꽃'은 남자이다. 그런 의미에서 나는 남자를 칭하여 '꽃'이라 부르고자 한다. 그것은 생물학적 꽃이 아니라 사회학적 꽃이다. 즉, 학문 · 과학 · 경제 · 산업 · 예술이라는 꽃이다.

그런데 사람들은 '꽃'만 보고 찬탄한다. 땅속에 묻혀 있는 뿌리의 존재는 잊게 마련인 모양이다. 뿌리의 노고 없이 절로 피는 꽃이 이 세상에 있을까? 아니 꽃들이 뿌리의 아픔, 인내, 희생을 알기나 할까? 얼마나 많은 도시인이 농촌의 어려움을, 부자가 빈자의 배고픔을, 백인이 흑인의 억울함을, 자본가 근로자의 억압을, 제일세계가 제삼세계의 서러움을 그리고 얼마나 많은 남성들이 여성들의 한(恨)을 알까? 꽃과 뿌리, 그것은 비록 한 몸일지라도 막힌 담이 많다. 계층이나 신분, 자본, 피부색이나 성(性)이라는 담 때문에 우리들은 참조화와 참사랑의 관계를 일궈가지 못하고 있다.

우리는 언제 '꽃'도 뿌리가 되고, '뿌리'도 꽃이 되는 사회, 그래서 남녀가 어우러져 사는 사회를 만들 수 있을까? 그것을 유토피아(Utopia)라고 했던가? 그렇게 될 때 우리의 삶은 매일매일 향기로운 축제가 될 것이다.

3. 남자가 넘친다

우리가 타고 가는 사회라는 '우주선 지구호'는 21세기 길목에서 어떤 수준의 문명권에 도달해 있을까? 1995년 지구호의 인권은 어디쯤 와있을까? 여기에는 누구보다도 지구권 밖에서 조명해 본 지구 평(評)이 더 재미있다.

최근 내 손에 우연히 들어온 우주선(UFO) 이야기에서 지구인을 혹평한 글을 읽고 신선한 충격을 받은 바 있다. 생명제일주의를 주장하는 그 우주인들의 지구 평은 우리 지구인들의 아픈 약점을 찌르고 있다. 말인즉, "지구에는 아직도 식인종이 살고 있다. 문명인을 자처한다는 지구인이 사람의 목숨을 감히 죽이는 야만적인 행위를 저지른다. 그들은 '살인종'(殺人種)임에 틀림없다. 그렇다면 그들은 '식인종'과 무엇이 다른가? 지구 문명은 아직도 살생하는 야만적인 문명권에 머무르고 있다. 유감이다"라는 것이었다.

1) '아들 광기'가 빚어내는 살인극

지구 문명의 최대 약점을 찌르는 이 논평은 과연 맞는 걸까? 이 말을 들었을 때 내 머리를 스친 것은 전쟁과 폭력, 고문으로 죽어갔던 또한 죽어가고 있는 수많은 생명들뿐 아니라 요즘 낙태되고 있는 어린 생명들이었다. 지구인들은 미처 세상의 빛도 보지 못한 태내의 새 생명들을 살생하고 있는 형편이니 어찌 외계인들이 붙여준 '살인종'이란 불명예를 벗을 수 있으랴!

비공식 통계도 이 놀라운 사실을 입증해 주고 있다. 1년에 1백만 명 이상의 생명들이 산부인과 수술실에서 사라져간다는 것이다. 아들을 원하는 산모들이 병원에 찾아와 병아리 감별하듯 태아 성별을 감별하여 딸이면 여지없이 낙태를 시킨다는 것이다. 이유란 오직 여식이라는 '죄' 때문이란다. 한국인의 '아들 광기'가 빚어내는 일대 살인극이다.

믿기지 않는 일은 그 일뿐만이 아니다. 딸 다섯을 둔 부부가 자기 딸 하나를 고아원에 데리고 와서 특별 주문하기를 "고아원에 있는 아무 사내아이 하나와 내 딸을 바꿔주십쇼" 하는 것이다. 어처구니없는 일이 심심치 않게 일어난다면서 한 고아원 원장이 내게 들려준 말이다.

이 희극 속의 비극의 씨앗은 도대체 무엇일까? 그것은 한국인의 아들 선호 사상과 여성 경시 사상이다. 잘못된 음양 사상이 낳은 불행한 일이다. 한 집 두 집 남몰래 딸을 '지운' 행위(반대로 득남하면 축하하는 행위)가 '집단 살인'을 하고, 한 나라 전체의 인구 균형을 깨고 있다.

2) 황금분할의 파괴, 100(여):199(남)

조물주가 설정한 출생의 비율은 100(여) 대 106(남)이라고 한다. 남자 아기는 여아보다 조금 더 약하기 때문에 6명을 더 출생시킨다고 하는데, 이를 가리켜 '황금분할률'이라고 한다.

그런데 첫 임신 때부터 딸이면 유산시키는 부부가 있어 그 비율이 여아 100이면 남아 107.2로 바뀌어지고, 둘째 아이에는 100대 113, 셋째 아이는 100대 170이 된다. 그러니까 셋째 아이 중 여자아이가 10만 명쯤 태어난다면, 남자(셋째)아이는 17만 명이나 된다는 말이다. 동갑 나이의 남자가 7만 명 더 많게 된다. 넷째 아이의 남녀 출생 비율의 차이는 거의 두 배나 된다. 즉, 100대 199의 비율이다. 이대로 가다간 2010년대는 신부 기근으로 기현상이 벌어질 것이다.

이 황금분할의 파괴는 곧 삶의 리듬의 파괴로 연결된다. 각 가정에서 아들이 쏟아져 나와 현재 18세 된 청소년 중 남자가 여자보다 20만 명이나 더 많다고 한다. 이런 남녀 비율의 불균형은 연령이 낮을수록 더욱 심각하여 국민학교에서는 여자아이가 모자라 남자끼리 짝지어 앉고, 유치원에서는 여자 짝이 없는 남자애들이 여자 짝을 찾아 달라며 운다고 한다.

이 애들이 성인이 되어 진짜 짝짓기, 즉 혼인할 때쯤 되면 어떻게 될까? 해괴한 난센스가 벌어지지 않을까? 혹 돈 있는 자는 장가라는 것을 한 번 가보는 영광을 누리되 지금 신부감들이 강요당하는 것처럼 열쇠 꾸러미와 혼수를 바리바리 싸 들고 처가 문을 두드려야 하는 세상이 되는 것은 아닐까? 돈 없고 가난한 남자는 장가 한 번 가보지도 못하고 늙어야 하든지 아니면 한 여자가 여러 남자를 거느리는 일처다부주의(polyandry) 시대가 도래하는 것은 아닌지 우려된다. 혹 여성의 희소가치 때문에 소위 '여성 상위 시대'를 창출하지 않을까 하고 일부에서는 속으로 쾌재를 부를지 모르겠다. 하지만 오히려 역전이 될 수도 있다. 지금처럼 남녀불평등이 계속되는 한, 힘 있는 자들의 겁탈이 더욱 기승을 부리지 않으리라는 보장도 없다. 하여간 출산의 황금분할의 파괴는 인간의 삶과 사회를 혼돈 속으로 몰아넣는다.

3) 사라지지 않는 남존여비

그러면 어찌하여 이런 해괴한 현상이 오게 되었을까? 어떤 고리를 건드려야 해결의 실마리를 찾을 수 있을까? 대답은 간단하다. 근거 없는 아들 선호 사상, 아들광을 버리면 된다. 그리고 여성 경시 사상을 내몰면 된다.

한국인의 사고방식에 뿌리 깊이 내려 있는 남존여비 사상이 많이 사라졌다고는 하나 아직도 우리의 체질 속에, 제도 속에, 법규 속에 불가시적으로 성차별·성우대 사상이 배어 있다. 가시적인 여성 천시 사상은 사라졌을지 모르지만, 불가시적인 성차별주의(sexism)가 우리 의식 속에 도사려 있는 것을 우리가 쉽사리 느끼지 못하고 있을 뿐이다.

가정에서, 일터에서, 사회에서 여자를 하찮게 여겨 딸 농사는 반타작도 못 되는 '흉년 농사'로 여기고, 딸들에게 투자하는 것은 '밑지는 장사'로 여기는 인식이 지속되는 한 어떠한 현명한 정책을 쓴다 하더라도 여아 낙태는 줄어들지 않을 것이다. 자궁 내의 태아권의 보장은 지상에서의 여권에 의해 좌우된다고 하겠다. 우주인이 꼬집은 '살인종' 오명을 벗으려면 그 길밖에 없다.

4) 여성 생명 경시는 왜 일어날까?

한마디로 여성은 "돈을 못 번다", "쓰기만 하는 소비적 존재이다"라는 편견 때문이다. 둘째는 '혈통을 못 잇는 존재'라는 편견 때문이다. 셋째는 남성 중심 사상과 남성우월주의 때문이다. 그러나 이를 가만히 생각해 보자. ① 아이들과 남편은 주부라는 존재가 있기에 유지되는 것 아닌가? ② '혈통을 잇는 존재'를 낳아주는 여성이 있기에 혈통이 유지된다는 사실은 왜 안 보일까? 그러나 무엇보다도 여성 생명 경시는 돈과 출세 제일주의, 생산과 업적 제일주의, 자본주의 사회 때문에 일어난다. 직업과 수입의 고저에 의해 사람 값이 결정되는 이 서글픈 사회에서는 여성이 수업도 직업도 없는 '주부'나 '현모양처'로만 머무를 때, 우리 딸들에게 생명의 위협은 끊이지 않을 것이다.

5) 생명 존중 운동을 전개하자

그러면 구체적으로 여성 인권은 어디서부터 보호돼야 할까?

첫째, 물질 중심 사상에서 인간 중심·생명 중심의 가치관으로 바꿔 나가고,

둘째, 남성 위주의 가정과 결혼해서 양성 중심의 것으로 탈바꿈하며, 셋째, 남성 중심의 부당한 법과 제도와 문화 일체(권위주의, 경쟁 우선, 위계질서, 이중성)를 거부해야 한다. 그리고 남녀 모두를 경제적(화폐) 수치로 평가하는 물질중심주의에서 벗어나 생명 옹호 문화의 삶으로 나아가야 한다. 여성이 참으로 귀하다는 것을 체감케 하는 일은 무엇일까? 무엇이든지 흘러넘쳐 많으면 귀한 줄 모른다. 마치 우리가 공기의 소중함을 모르듯이….

III. 가정 살림꾼이 세계 살림

1. 아내에게 보내는 박수

독일에서 유학하고 있을 때의 일이었다. 남편이 어느 지방의 여성 모임에서 한국에 관한 강연을 해달라는 청탁을 받아 필자도 따라간 적이 있다. 사회자가 남편을 향해 "고요한 아침의 나라에서 온 이 청년은 독일에서 어려운 난관을 딛고 박사학위를 끝내어…" 하는 소개말이 끝나기도 전에 청중들은 연사를 향해 박수를 치는 것이 아니라 무대 구석 끝에 앉아 있는 연사의 아내인 필자를 향해 박수를 치는 것이 아니겠는가? 나는 나를 향한 박수의 의미를 모르고, 어리둥절하다가 이내 알아차리고 쏜살같이 앞으로 튀어 나가고 말았다. "두 아이의 어미이며, 주부이고, 대학에서 박사학위를 하는 중인데, 남편의 도움을 받아 곧 끝날 것 같다"고 실토했다. 그러자 이번에는 청중의 박수가 그날의 연사인 남편에게 돌아갔다.

나는 지금까지 그날 청중들의 박수를 잊을 수가 없다. 그 박수의 의미는 무엇이었을까? 그날 청중들은 정치적으로 의식화된 집단도, 그렇다고 흔히 말하는 여성 해방을 외치는 맹렬여성도 아닌 평화로운 시골 마을의 촌부들, 순진한 주부들이었다.

그러면 그 박수의 의미는 무엇이었을까? '남편을 키우는 것은 아내요, 아내를 키우는 것은 남편'이라는 의미가 담긴 박수였다고 본다. 그러나 그 의미를 좀 더 따진다면 남자(남편)의 그늘에 가려 있었던 여성의 공헌과 노고를 이제 공중석상에서, 사회에서 공식화하자는 의미로 받아들여진다.

어려운 학위를 따내는 것은 물론 본인의 노고임은 말할 나위도 없다. 그러나 10년, 20년 남편을 내조해 온 아내의 노고와 헌신이 없이는 남편의 사회 진출이나 출세, 학위 등이 쉽게 이루어질 수 없음을 그날 그 박수는 사회를 향해 공표하고 있는 듯했다.

그렇게 본다면 어디 남편의 학위뿐이랴! 가정에서뿐만 아니라 사회에서, 직장에서, 공장에서 잘 보이지 않고, 생색내지 않고, 영광이 돌아가지 않는 일들은 모두가 예외 없이 여성들이 독차지하고 있다. 이 세상에 알려진 것이 있다면 그것은 오직 남성들의 공적과 역사뿐이다. 우리의 역사에서 영웅, 성공, 경제성장, 공학 등이 모두 남성의 업적으로 기입되어 오죽하면 역사를 '그의 이야기'(History)라고 명명했겠는가?

그녀는 아기를 낳고, 살림을 하며, 주방을 지킨다. 그녀는 '그'와 아이들을 위해서 일한다. 그녀의 노동은 '그'를 자유롭게 해주고, 학문과 사업, 정치와 전쟁의 중대한 활동들을 할 수 있게 해준다. 그는 사회적으로 알려져야 하고, 그녀의 공적은 알려져서는 안 된다. 그녀는 보이지 않는 뒷전에서 다소곳이 물러서 있어야 한다. 그녀는 아무것도 한 것이 없다고 하여 그녀의 이야기(Herstory)는 역사에 기록되지 않았다.

그러나 이른 아침부터 그녀는 사무원, 비서, 간호원, 교사 그리고 보험원 등 무리를 지어 가정에서 직장으로 향한다. 새벽에 일어나 출근 준비에 눈코 뜰 새 없다. 남자들과 똑같이 직장에 출근해야 함에도 불구하고 아이들 밥상 차려주고, 도시락 싸고, 남편의 잔시중 들어주는 것들을 다 완수한 다음이라야 자신의 출근 준비를 할 수 있다. 들숨, 날숨 가라앉히면서 직장에 나와서도 여성들은 남성의 일을 도와준다. 사무실을 정돈하고, 타자하고, 전화를 받는다. 커피를 서비스하고, 각종 심부름을 도맡아 한다. 여성 노동의 이러한 피라미드 위에는 남성 집행부 엘리트들이 우뚝 솟아 있다. 그들은 이 피라미드 위에 군림하여 여성들을 명령하고 선고하며 결정한다.

그러나 그들(男)을 그 위치로까지 끌어올렸던 이들은 바로 불가시(不可視)한 일을 보이지 않는 곳에서 묵묵히 해왔던 그녀(女)들이다. 생색나지 않는 자리에서 낮은 수입에도 감사하며 개미처럼 일을 해낸 여성들인 것을 그날의 '아내를 향한 박수가' 증언하고 있다.

이를 가리켜 영국의 작가 버지니아 울프는 "여성들은 수세기 동안 남성의 모습을 본래의 크기보다 두 배로 확대하는 확대경 노릇을 해왔다. … 확대경을 치우면 코카인이 떨어진 마약중독자처럼 죽을지도 모른다. 그러한 환상의 마력으로 인하여 남성들은 늪과 원시림에서 고도의 문명의 탑을 쌓을 수 있었는지도 모른다. 그러나 곧 여성이 진실을 말한다면 거울 속의 남성은 축소될 것이다"라고 꼬집어 말하고 있다.

이렇듯 남성의 번영과 발전은 아내의 희생과 퇴보 위에서 가능했고, 오늘도 역시 마찬가지이다. 엥겔스는 이를 가리켜 "남편은 가정의 부르주아지, 아내는 프롤레타리아"로 갈파했다. '남편을 향한 박수'를 치는 날은 언제나 오려나?! History와 마찬가지로 'Herstory'를 찾아줄 때 남녀는 서로를 향하여 힘찬 박수를 치게 될 것이다.

2. 행복한 여성의 '사추기(思秋期)병'

주부들이 '이름 모를 병'에 시름시름 앓고 있다면 선뜻 믿지 못할 것이다. 더구나 의식주의 문제가 없는 중산층 주부들이 우울증과 불안, 불면증, 무기력증에 시달리고, 심지어 삶의 의욕을 잃어 자살 소동까지 벌인다면, 그래서 병원과 상담실에 그 증상을 호소해 오고 있다는 것이 사실이라면 더욱 의아해할 것이다. 그런데 딱하게도 아내의 이런 증세를 남편은 낌새도 모를뿐더러 사회는 '배부른 탓'이라고 일축해 버린다. 이런 증세는 의사의 청진기에도 엑스레이에도 잡히지 않을뿐더러 의학 사전에도 기록되어 있지 않은 병이므로 진단도 처방도 할 수 없으니 더욱 안타까운 일이다.

그러면 어찌하여 소위 행복의 조건을 갖추었다는 여성들이 '주부병'을 앓는 것인가? 그것은 과연 '배부른 병'인가? 아니면 '자유 갈망병'인가? 그 원인과 처방은 무엇일까?

첫째, 주부병은 한마디로 취업 여성에게는 거의 없다. 살림과 자녀밖에 모르는 알뜰살뜰형 현모양처에게 일어나는 게 특징이다. 둘째, 분주하던 모성 역할이 끝날 즈음인 40대 초반에 온다(현대 여성은 30대에 온다고 호소함). 셋째, 주부병이 심하면 이상 행위, 반사회적 행동이 나타난다(우울증, 히스테리, 가출, 과소비, 자살 등). 왜 그런가?

무엇보다도 여성을 전적으로 모성으로만 규정한 점 때문이다. 남성에게 부성(父性)의 본능만 있는 것이 아니듯이 여성도 모성(母性)으로만 뒤범벅이 된 존재가 분명 아니다. 여성도 남성처럼 개인적·사회적 욕구, 자아실현의 욕구와 본능이 있는 법인데, 이 모든 건강한 욕구가 가족을 돌보는 모성만으로 채워질 수는 없다.

그러면 왜 채워지지 않는가? 모성의 구체적 일이란 어떤 것인가? 해산의 고통 외에 이런 생명을 그리고 남편을 '인간'으로 만들기 위한 모든 수고로움이 포함된다. 지지고 볶고 쓸고 닦고 정돈하는 일, 불결과 먼지와의 싸움인 허드렛일, 네 벽 안에 갇혀서 홀로 하는 일, 위로하고 치유하며 간혹 속을 썩이는 일, 단조로운 사적인 일, 여자 일생 반복되는 이 일에 보수도, 보상도 바라서는 안 된다는 것이다. 그래서 여자 일생이 무급 인생으로 끝나버린다.

오직 자녀 성장과 남편 출세가 그 보답이요 보상이므로 묵묵히 그러나 기쁨을 가지고 하라는 모성지상주의는 여자란 가족을 위해 희생할 때 가장 빛나는 존재라고 추켜 준다.

자, 여기에 주부의 딜레마가 있다. 여기에 여성이 인간성과 모성 사이에서 갈등하고 남모르는 병을 앓게 되는 원인이 있다. 인간적인 질문을 해보자! 어느 누가 보상을 바라지 않고 희생할수록 더욱 기쁨과 보람을 느낄 수 있는가? 그것이 가능한 일인가? 아마도 현실을 초월한 성자(聖者)이든가, 채찍에 길들여진 노예뿐일 것이다. 여성은 성자도, 노예도 아닌 지극히 정상적인 욕구를 가진 보통 인간일 뿐이다.

모든 수고로운 일은 여성에게 맡기고, 모성이라는 '여성 천직', '모성 신성시', '모성의 강함'이라는 이름으로 여성을 착취해선 안 된다. 여성의 시간과 에너지, 서비스의 감성을 맘 놓고 가져다 쓰고, 맘대로 요구하고, 맘대로 부리면서도 보상 제도가 전무한 가부장제 사회가 곧 '주부병'의 근원이 되는 것을 알자! 그런 조건의 생물학적 모성이 여성 억압의 심장부가 되는 것은 자명하다.

모성이나 부성은 천성이 아니라 사회의 필요에 의해 만들어지고 길들여진 역사적 산물이므로 과도하게 강요해선 안 된다. 그것이 자연적인 것이 아니고, 자발적이 아닐 때 여성은 '주부병'으로 항변한다. 이 병은 인간화에의 몸짓일 것이다.

그러면 어떻게 풀까? 두 가지 측면에서 보자.

하나는 사회에서 격무에 시달리는 남편은 가정으로 들어오고, 가정에 갇혀 있던 아내는 사회로 나아감으로써 서로가 두 종류의 일을 함께 지는 사회가 돼야 한다. 그리하여 사회 참여를 통한 자기실현의 기회와 제도가 마련돼야 한다.

둘째는 가사노동에 대한 온 가족원의 공평한 역할 분담이 이루어져야 한다. 이 작업 외에 사회가 함께 따라와 주어야 할 일은 역할 분담에 대한 가치평가의 혁신이 일어나야 한다. 그 누가 하든 간에 모든 노동은 가치 있는 귀중한 일이라는 것을….

3. '살림'과 남성 문명

1) "Woman stop, all stop"

"이 세상에서 밥은 누가 하나?
이 세상에서 청소는 누가 하나?
이 세상에서 빨래는 누가 하나?
그것말고 이 세상의 아이들은 누가 낳나?
그건 그건 남자가 아니야!
그건 그건 여자야! 여자야!"

독일 유치원 아이들이 부르는 〈해방의 노래〉 중 일부이다. 정말 주부가 가사일을 며칠만 몽땅 거절한다면 어떤 일이 벌어질까? 더욱이 여성이 출산을 거부하고 출세를 택한다면? 한마디로 온 세상은 리듬과 질서가 깨어져 단번에 기능이 마비될 것이다.

아빠는 시장바구니를 든 채 쇼핑으로 동분서주하다가 아이들을 데리고 음식점, 세탁소, 탁아소, 학교, 병원 등으로 전전긍긍할 것이다. 사회는 주부 없는 가정을 메우려고 온통 '가사노동' 외에는 딴 일에 몰두할 수가 없을 것이다. 그러니까 주부가 일시에 총파업을 한다면 모든 것은 정지된다는 결론이다. 더구나 '출산 파업'을 하는 날이면 'Woman stop, all stop'일 게 뻔하다.

자, 그러면 한번 물어보자! 주부 파업시 가장 빛나는 게 있다면 뭘까? 그것은 주부의 존재와 가사노동의 소중함일 것이다. 그러면 그동안 주부는 왜 안 보였었나? 주부는 왜 가사일을 '안 하면 보이고, 하면 안 보였던' 역설적인 존재일까? 어디에 무엇이 잘못돼 있길래?

그것은 밖의 일(사회)만 노동이고, 안의 일(가정)은 '일'이 아니라는 통념 때문이다. 그것은 지급할 필요가 없는 여성의 '자연스런 봉사'이므로 주부가 '보이지 않았던' 것이다. 바로 여기에 남성 우대·여성 차별의 이중성의 논리가 숨어 있으며, 근본적으로 남녀가 동반자관계로 풀리지 않는 이유가 있다. 그뿐만 아니라 가사노동과 살림(출산까지)을 깊이 들여다보면 그것이 가정·국가·역사의 번영의 기초이자 토대라는 것을 알 것이다. 그 내용을 살펴보자.

생명 생산·육아·노동력 회복·살림 등의 가사일에는 16개나 되는 역할이 따른다(요리사, 구입자, 관리자 등). 다음은 4인 가족을 위한 독일 주부의 1년간의 노동량이다.

13,000개 접시 닦기	15,000평 마루청소
6,000개 컵과 잔 씻기	1,500번 시트 깔기
3,000개 쟁반 닦기	7,000kg의 식료품 운반하기
18,000개 포크와 나이프 씻기	5,000kg의 집안 물건 나르기

90,000번 빵 썰기   5,000km 집 안에서 걷기

우리도 옛말에 '어머니 하루 살림살이가 도량 80리'라는 말이 있다. 빛도 안 나고, 고무줄처럼 늘어나기만 하는 이 가사일은 매일, 1년, 10년, 일생, 여성 역사 대대로 세습된 대물림 노동이다. 쓸고 닦고 볶고 무치고 부치고 말리고 빨고…, 이것처럼 '시시포스의 형벌'을 닮은 노동도 없다.

그러나 '일 같지도 않은', '자질구레한' 일이 겹겹이 쌓여 비로소 인간은 휴식과 활력을 찾고, 삶이 탄생되는 게 아닌가? 인간은 '살림'의 산물이며, 그것은 바로 세계 건설, 인간 문명을 가능케 한 근원적 노동이요 밑거름 노동이 아니겠는가? 이 일을 몽땅 면제받은 남성들은 그러기에 사회적 업적과 출세를 할 수 있었던 게 아닌가? 여성들이 살림을 몽땅 도맡아줌으로써 남성들은 산업을 일으키고 문명을 꽃피울 수 있었던 게 아닌가? 그럼에도 불구하고 남성을 향한 모욕과 경멸의 대명사로 흔히들 "집에 가서 애나 보시지!"라고 한다. 그걸 우리는 어떻게 봐야 할까?

2) 'History'에서 'Herstory'로

그러면 여성들은 가사노동을 통하여 남성과(가부장제) 가정, 국가, 역사에 얼마 만큼 공헌을 했고 고통을 감수했던가?

① 가사노동시간(量): 한국의 700만 주부는 하루 5,600만, 1년 200억의 가사노동시간을 투여한다. 이는 남성의 사회노동시간과 맞먹는 시간이다. 가정은 "인간됨을 만드는 데 가장 시간을 많이 들이는 거대한 사회공장"(파슨스, 1912년)이며, 생산공장도 이를 능가치 못할 것이다.

② 경제적 가치(質): 4인 가족 한 달 값어치는 90만 원(1992년)으로 측정된다.

1년생 주부	약 1,000만 원
10년생 주부	약 1억 원
30년생 주부	약 3억 원 상당의 노동

식솔을 먹여 살린다는 가장과 더불어 한국의 700만 주부는 한국 사회를 위해 얼마 만큼 공헌을 하는가? 화폐로 환산하면 1년 700조 원이라는 천문학적 수치가 된다. 유엔 북경세계여성대회에서도 국가가 주부에게 진 빚이 110조 달러(31개국)나 된다고 공인한 바 있다.

한국 주부들은 하루 5,600만 시간을 투여하고, 하루 2조 원 상당의 '노동'을 하는데도 주부는 '아무 일도 않고', '논다'로 통용되고 있다. 이 막대한 재화를 전부 합하면 하늘의 절반, 땅의 절반을 여성의 몫으로 줘야 하는데도 여성은 가난하고 무력하다. 그래서 남편에게 의존하고 보호를 받으며 때로는 부당함을 감내해야 한다. 국민총생산(GNP)의 1/4에 해당된다는 그들의 업적은 여성 통장에도, 국고에도, 역사책에도 기록되지 않았다. 그래서 '여성의 역사'(Her-story)는 지금껏 존재하지 않았다.

주부와 모성은 '불가시적 봉사계급'으로 오늘날까지 매우 '민주적인' 방식으로 쓰여지고 있다. 결국 가사노동의 무임노동은 남녀 간의 부위편재 현상을 낳았고, 여성을 의존적인 주부 계급으로 만들었다. 이는 결국 사회에서의 성차별, 정치에서의 배제, 경제에서의 무력한 존재로 만들었고 더 나아가 매매춘의 온상이 되기도 한 것이다.

3) 문제의 해결

그러면 도대체 여성 억압(남성 우대)의 뿌리와 착취의 근원은 무엇일까? 어떤 고리를 건드리면 남녀평등 시대로 진입할 수 있는 건가? 억압의 근원은 자본주의도, 가부장제도, 직장의 저임금도, 매매춘이나 여성교육도 아니다. 그것들은 다만 그 결과로 나타난 현상일 뿐이다.

여성 억압(남성 우대)의 뿌리는 가사노동과 모성에 대한 무제한적인착취 바로 그것이다. 세계 경제 질서에서 아직 규명되지 않은, 그러나세계의 절반을 담당하는 '모성과 주부는 새로운 형태의 경제 집단으로인식되어야 한다.' 북경세계여성대회도 이를 인식하고 남녀평등의 작업은 가사노동에 대한 화폐시도화에서 출발하겠다고 약속하기도 하였다.즉, 가사노동에 대한 사회경제적 인정과 함께 사회화 및 자본화가 필요한것이다.

남녀 간의 진정한 사랑이란 정의에 대한 사랑과 함께 동반되어야 한다. 사랑과 정의는 한 몸이다. 그렇지 못할 때 결혼과 가정은 곧 남녀간의 부당성의 실천장이 될 소지가 많다. 풍요로워야 할 결혼이 아픔과상처로 끝나는 이유가 바로 여기에 있다.

IV. 성 · 사랑 · 결혼

1. 결혼 조건

몇 해 전 봄에 정정하시던 시어머님이 갑자기 돌아가셨을 때 집안의슬픔과 애통함은 말할 것도 없지만, 무엇보다도 걱정이 앞서는 일은 홀로 남으신 아버님의 뒷바라지였다. 자녀들이 많고 하지만 도시 생활에 쫓기는 생활인들이라 느긋하게 돌봐드릴 여유가 없었고 게다가 시골의 전원생활을 고집하시는 아버님을 뫼시러 탈서울을 할 수 없는 게 우리 실정이었다. 우리는 가족회의를 열고, 아버님의 후반기 동반자를 맞아들이기로 결정하였으나 짝 잃은 슬픔에서 헤어나지 못하시는 아버님은 '수절'을 하시겠노라고 단호히 거절하는 것이었다. 주위의 "열 명의 효자보다는 악처가 더 낫다"는 권고도 뿌리치시며…. 그러나 몇 달의 '홀로서기'를 연습해 보신 아버님의 고집은 꺾이기 시작하였다. 독방 신세란 가장 무서운 형벌이라고 선언하셨기 때문에 우리는 못다 한 효도를 하기 위해 효자보다도 더 좋다는 '악처'를 구하기 위해 사방으로 수소문하기 시작하였다.

그러나 상황은 우리의 예상을 뒤엎어 놓았다. 노년기에 접어드는 여성이 거의 재혼을 잘 않는다는 것이 요즈음의 세태라는 것이다. 이유인즉 수십 년의 뒷바라지에서 헤어나 노년기에는 몸을 편히 쉬게 하고 싶은데 또다시 짐을 질 여력이 남지 않았다는 것이고, 두 번째는 밥 문제를 해결하기 어려운 시기에는 결혼이란 때론 호구지책의 한 방편이기도 했으나 지금 의식주를 해결할 수 있는 노년 여성들의 경우에는 단순히 호구를 해결하는 차원이 아니라, 노후를 완전하고 확실하게 보장해 줄 때라야 재혼에 응한다는 것이다. 말하자면 요즈음 말로 집 한 채나 빌딩 하나 정도는 손에 쥐고서 동반자를 구하라는 충고였다.

우리들의 놀람은 말할 수 없이 컸다. 언제 이렇게 야박스러운 교환 시대가 되었나? 언제 이렇게 여자의 값이 폭등되었나? 젊은 여성의 결혼 조건을 보면 여자 값이 폭등한 것도 아닌 것 같다. 여자가 시집 한 번 가려면 요새 말로 열쇠 몇 개, 자동차, 집 등의 혼수를 잔뜩 싣고 가야 한다. 지참금이 적어 구박받고 구타당한다는 슬픈 얘기는 저 멀리 있는 얘기만도 아니다. 우리 주변에 혼수가 적어 부부싸움·시집싸움이 있다는 사건이 심심찮게 들리고 있는 실정이니까.

옛날에는 신랑이 황소 몇 마리를 색시 집에 가지고 와서 신부를 싸안고 갔던 관습도 있었다는데, 어찌 보면 그것이 옳고 정당한 발상인듯 싶다. 이왕 물건과 상품이 오고 간다면 색시 쪽에서 더 받아야 마땅하다. 왜 그런가? 여자는 새 생명을 낳아 대(代)를 잇게 해주고, 핏덩이를 키워 사람으로 만들고, 가난한 살림을 꾸려 재산을 일으키며, 남편과 자녀들 앞바라지, 뒷바라지 다 해서 사회·국가에다 바치므로 여자의 살림 공헌을 계산해 보더라도 여자 값이 금값이라야 마땅하다. 그러나 이런 젊음과 생명의 혼신을 다 바칠 젊은 여성들은 저자세로 시집 문을 두드려야 하고, 노년의 여성은 빌딩으로 모셔 가야 한다는 현실은 뭔가 앞뒤가 안 맞는 소리이다.

이 잘못된 결혼 조건을 고치려면 어찌해야 하는가? 첫째 인간의 행복과 번영을 위해 바친 모든 일(살림)을 '노동'으로 보는 새로운 사고와 가치관을 세워야 하고, 둘째는 아들도 딸도 교환가치로 상품화하는 '결혼시장'을 '사랑의 시장'(?)으로 바꿔야 한다. 그리고 궁극적으로 무엇이 바뀌어야 할까? 결혼의 첫째 조건은 뭐니 뭐니 해도 '무조건적인 사랑'이라야 하겠다.

2. 이중적 성문화

1) 다름의 미학 – 같음의 풍요

태초에 하나님이 남자를 만드시고, 독거하는 남자가 쓸쓸해 보여 여자를 만들어 짝을 채워주셨다. 남자는 여자를 보자마자 첫눈에 반해 큰

소리로 외쳤다.

"당신은 나의 뼈 중의 뼈, 살 중의 살이니, 그대는 나의 것, 나는 그대의
  것, 우리는 한 몸."

하나님은 그의 고백을 듣고 몹시 기뻐하셨다. 그래서 껄껄 웃으셨다. 하나
님은 기분이 좋으셔서 "그대들은 나의 모습 그대로이며 나의 분신이다"
라고 축복을 내리셨다. 그분은 자신의 피조물이 매우 자랑스러우셨다.
　　그러나 오늘날의 남녀의 모습은 어떠한가? 하나님의 손길과 맘길에
서 멀리 떨어져 나온 오늘의 남녀 사이는 '뼈 중 뼈', '살 중 살'의 애틋한
사랑의 관계일까? 아니다. 매우 살벌한 관계로 돌변해버렸다. 그들 사이
에 성차별이 나타나기 시작했다. 성차별을 옹호하는 남성들의 구차한 변
명 몇 가지는 첫째로 여자는 남자의 뼈로 만들었으니 남자에 속한다는
것이다. 둘째, 여자는 후(둘째)에 창조되었으니 좀 못한 존재이며, 셋째로
여자는 육체 덩어리이므로 남자를 유혹하는 악마라는 것이다. 말하자면
여자를 약(弱)하고, 악(惡)하고 열등한 존재로 못박았다. 이 성차별이 수천
년 계속되는 동안 급기야는 여자를 인신매매하는 세상을 만들었고, 하나
님의 모습을 닮았다는 여성을 이토록 괴롭히게 되었다. 이것은 하나님께
향한 오만과 불신, 하나님을 모독하는 일이다. 일종의 죄악이다. 성차별주
의란 남성은 우월하고 여성은 열등하므로 남녀는 질적으로 다르다는 인
식에 근거하고 있다. 그것은 인간의 생각이고 계산일 뿐 하나님께서 만든
남녀는 생리적으로만 다를 뿐이다. 남녀가 '다르기' 때문에 새 생명이 태
어나고, '다르기' 때문에 예술과 사랑이 또한 번영과 환희가 있는 것이다.
'다름'은 축복이며 풍요로움이며 창조 사건이다. 그럼에도 인간 역사에서
'다름'(성, 피부, 나이, 출신, 계급)은 가난 · 예속 · 봉사 · 부당함 · 착취를 가져

오는 차별적 조건이 되었다. 마침내 자연적·생리적 '다름'(차이)은 사회경제적 '차별'로 떨어졌으며, (남녀 간의) 정치적 지배·복종(예속)의 원인이 되어버렸다. 다름의 비극은 때로는 어떻게 전제되는가?

2) 인신매매

어린 시절에 화롯가에 앉아서 들었던 옛 얘기 중 지금도 잊히지 않는 무서운 이야기가 있다. 사람들이 밤중에 집을 나갔다가 호랑이나 여우에 물려 다시는 집에 돌아올 수 없었다는 이야기였다.

그러나 이 동물 공포증은 그 후 과학의 발전으로 쉽게 극복되어 다행한 일이다. 그 대신 사람공포증으로 대치되어 전시나 계엄령하에 또는 인종차별주의가 심한 미국 같은 나라에서는 특히 밤의 외출에 대해 '목숨을 걸고'라는 말이 나올 정도이다. 그런데 요즘 한국 사회가 바로 그 지경이 되어가고 있다. 오늘의 현실은 여자들이 밤을 나다니기가 겁나는 세상이 되어버렸다. 길거리에 다니는 여자들을 밤낮 가리지 않고 잡아다 파는 세상이 되어버렸으니 이 어찌 된 일인가?

백인이 흑인에게 극심한 인종차별을 하더니 급기야는 흑인이 총을 갖고 덤벼드는 무서운 미국 사회가 되었다면, 성차별주의가 극심한 이 사회에는 왜 여자들이 '반란'을 일으키지 못하고 도리어 남성들이 포악해져 가는 세태를 봐야 할까? 무엇이 잘못되어 그럴까? 살맛 나는 세상을 만들려면 어떻게 해야 할까?

3) 여성의 정절과 남성의 외도

인간 간의 갈등과 비극은 소유의 역사에서 비롯된다. 즉, 물질을 소유한 자가 이념을 창출하고, 여성의 성을 소유하였다. 애초에 땅을 가진 자가 자본을 소유하였고, 그 자본을 후세에게 물려주기 위해서 자식이 필요하였다. 완력이 약한 여성은 남자의 소유를 이어줄 자식을 낳을 수 있는 존재로 전락하였다. 남자는 자본을 소유함으로써 여성도 소유하였다. 여성의 성은 가진 자의 손안에서 사유화되었고 향유되었다. 그것이 가부장제 법칙이다.

그러나 자신이 만들어놓은 규범인 일부일처제(monogamy)는 자신들에게 해당되지 않는다. 여기서 이중 성도덕이 탄생된다. 여자를 순결(정절)이라는 고삐로 묶고, 남자 자신에게는 자유방임의 '외도'를 허용하는 것이다. 이 성도덕은 순결 상실녀에게는 결혼을 못 하게 하고, 오직 순결한 여성, 즉 정절을 지킨 여성들만이 '정숙한 아내'로 불렸다. 결혼 외에 딴 생활 방편이 존재하지 않았던 전통사회에서는 순결 상실녀는 호구지책을 마련하기 위하여 매음(賣淫) 남성들에게 성을 팔아서 생존을 유지해 갈 수밖에 없었다. 여성 순결(정절) 상실은 바로 남성 순결(정절) 파괴로 인하여 일어남에도 불구하고 오늘날까지 순결 상실을 여성에게만 문제로 삼는 것은 무슨 까닭일까? 그것은 '정절(순결)의 아내'와 '타락한 창녀'를 동시에 향유하고자 하는 남성의 이중성 때문이다. 이것이 바로 아내와 정부를 한 품에 안은 가부장들의 진면목이요, 가부장제 결혼의 본질이다. 그러므로 아내와 창녀(정부)의 공존은 가부장제 결혼을 버티고 있는 두 축이다.

그러므로 일부일처제가 여성 결혼 방식이라면, 남성 결혼 제도는 혼외정사와 매매음을 만끽하는 '일부다처제'(polygamy)라고나 할까? '다처'(多妻)의 대용품은 사회마다 그 사회의 남성 성문화(性文化)와 경제 제도에 따라 여러 형태로 나타난다. 이른바 기생, 창녀, 첩, 정부, 현지처, 호스티스, 준매매춘 등등이다.

이처럼 남녀의 '다름'은 성차별을 낳았고, 성문화의 이중성을 낳았다. 이 이중성은 타락을 초래했고, 또 다른 병을 불러일으켰다. '죽음에 이르게 하는 병' 에이즈(AIDS)가 그것이다. 그러나 불행하게도 가진 자, 누리는 자(대개 남성들)는 자신들의 현재 상태가 '자연적'인 것으로 착각한다. 더구나 돈으로 무엇이나 살 수 있고 할 수 있는 화폐경제 사회는 여자도, 성(性)도, 쾌락도, 매매의 상품으로 만들어 가고 있다. 소위 '성산업' (sex-industry)의 등장이 그것이다. 혹자는 이런 현대 사회현실을 비평하여 현대 문명의 중심 개념은 더 이상 신도, 노동도, 사랑도 아닌 쾌락이라고 간파하기도 하였다.

4) 소비 과시·쾌락 지향의 풍조와 매매음

현대 문화 사회에서 성(性)은 신(神)으로부터 물려받은 성(聖)스러움이나 신비감을 점차로 상실해 가고 있다. 성은 사고팔 수 있는 상품으로 취급되어가고 있다. 구체적으로는 돈 가진 남성이 여성의 성(sex)을 사고(買), 여성은 자기의 성(sex)을 남성에게 파는(賣) 매매품(賣買品)의 형태를 띠고 있다. 이러한 성의 매매·수탈 구조는 산업화와 함께 기업화되어가고 사회적·국제적으로 확산되고 있으며, 그 양상도 일상화·다양화되어가고 있다.

매매음은 성을 사는 남성들과 성을 파는 여성, 즉 수요 공급이 있음으로써 가능하게 된다. 그리고 그 수요 공급을 중간에서 매개하는 사람들(인신매매단)에 의해서 그야말로 성을 상품으로 한 산업구조가 형성되는 것이다. 이 세 부류를 나눠 문제점을 살펴본다.

(1) 매매음 수요자로서이 남성들

남성들의 여가 문화에조차 성과 쾌락이 일상화되고 있다. 목욕탕, 이발소, 음식과 차를 마시는 데에서조차 퇴폐 행위나 매매음을 손쉽게 접할 수 있다.

그뿐만 아니라 남성들의(공식) 기업 문화에도 향락과 퇴폐가 침투해 있다. 외국 상인을 접대하고, 사업을 추진시키고 협상하는 데 술과 여자를 윤활유로 쓰지 않으면 일이 성사가 안 된다는 것이다.

전통사회에서의 매매음은 배고픔과 가난으로부터의 탈출이었고, 사회의 일부 한량(남자)들의 오락적인 추구에 그쳤으나 오늘날 현대 산업사회에서 매매춘은 상대적 빈곤 외에 소비 과시적인 쾌락 지향성에서 출발한다. 그것은 일부의 남성들에게 한정된 문제가 아니다. 전 사회가 쾌락을 향해서 대행진하는 듯한 인상을 준다. 그리하여 현대 산업사회는 소돔과 고모라성을 방불케 한다. 지역적으로도 일부 지역에만 한정된 것이 아닌 전국적으로 확산일로에 있다. 심지어 주택가에까지 침투해있다. 이것은 사회의 만연한 성적 탈선 현상을 말해준다.

이러한 어른들의 문란한 성문화는 자연스럽게 청소년들에게 영향을 끼친다. 그러므로 청소년의 성범죄 비행의 책임은 전적으로 그 부모들(특히 아버지들)에게 있다. 일설에 의하면 100만 명의 매춘·준매춘 여성들이 있다 하는데 이중 반만 매춘 행위를 한다 하더라도 하룻밤에 한국 남성들 50여만 명이 성적 탈선이나 '외도'를 한다는 계산이 나온다. 이 가상적 수치만 보더라도 대단한 사회문제라 하지 않을 수 없다. 남녀의 성적 탈선에서 더욱 문제가 되는 것은 돈의 낭비이다. 화대(팁)가 하룻밤에 몇 만 원에서 기백만 원까지도 한다는 보고가 있다. 한 통계는 한 해 화대값만으로 5,000억 원이 낭비된다고 한다.

(2) 매매음 공급자로서의 여성들

저(차별)임금, 장기간 실업에 시달리는 여성들에게 한 달 기백만 원의 고소득을 보장한다는 구인 광고는 크나큰 유혹이다. 그들은 제 발로 걸어 들어가 요정, 살롱, 카페, 사우나 등 밤 산업의 '꽃'으로 고용된다. 그들이 주로 하는 일은 (술)접대이나 술 접대가 끝난 다음 그 손님들에게 성을 제공함으로써 수입을 올린다. 이런 일은 도시의 익명성 속에서 노출되지 않은 채 앞으로 계속 확산될 가능성이 높다.

순결이 여자로서의 최고의 도덕적 가치가 되었던 전통사회에서는 순결 상실이 여자로 하여금 자포자기하게 하여 창녀가 되게끔 강요하였다. 그러나 현대 산업사회에서는 더 많은 돈을 벌기 위해서 이런 길을 선택하고 있는 것이다. 비합법적이고 존경받지는 못하나 상대적으로 높은 소득을 올릴 수 있는 직업을 선호하는 경향이 매춘 여성들에게서 나타난다고 연구서는 지적하고 있다. 그러나 여자들의 자발적인 공급만으로는 요사이 급격히 늘어난 남성 수요를 감당할 수 없기 때문에 급기야는 인신매매를 통해 부족을 메우려 한다.

(3) 수요자(男)에게 여자를 공급하는 운반책: 인신매매단

인신매매단의 이러한 비인간적인 행태는 금전만능주의, 물질주의에서 그 원인을 찾아볼 수 있다. 즉, 한탕해서 거액의 돈을 만져볼 수 있기 때문이다. 땀과 노동의 대가가 정당하게 치러지는 사회가 된다면 인신매매단도 격감될 것이다.

그러나 이들에게만 책임을 물을 수는 없다. 돈만 주면 성을 즐길 수 있다고 생각하는 남성들의 가치관이 변화되어야 한다. 유흥업소에 가서 성적 탈선 행위를 벌이거나 외도하는 우리 남성들이 없다면(적다면), 몸을 파는 여성도, 길거리에서 잡아다 인신매매하는 운반책도 없어질(적어

진) 것이기 때문이다. 문제의 열쇠는 윤빈책이나 여성들이 아니라 우선 남성과 성산업을 유도하는 국가에게 책임이 있다.

5) 이중적 성문화를 극복하는 방안

이러한 문제를 해결하기 위해 다음과 같은 일들이 행해져야 한다.

(1) 여성을 위해 할 일
자존심을 가질 수 있는 직업과 보수를 제공한다.
성(性)과 계급에 의한 소득의 격차를 줄인다.
자신을 지키기 위한 호신술을 (미용체조 대신) 배운다.

(2) 남성을 위해 할 일
유흥업소에서의 로비와 '정치'를 중단한다.
남녀(부부)가 함께하는 오락·여가 문화를 개발한다.
인신매매단의 사진을 매스컴에 공개한다.

(3) 준강간(매매음)을 반대하는 5계명
성(sex)을 상품화하지 말 것.
외도(外道)는 외도(外盜, 도둑)이며 만악의 근원이다.
순결의 동등성·성평등 교육을 실시한다.
성(sex)과 폭력을 숭배하지 않는다.
성은 창조, 예술 행위에만 쓴다.

3. 향락 비용을 인간복지 비용으로

현대의 문명 세태를 한 문명비평가는 다음과 같이 직고 있다. "의식주의 기본생활이 해결되면, 인류는 문화의 발전보다는 언제나 쾌락을 탐하곤 했다"라고. 이는 쾌락주의에 젖어 들어가는 우리 세태를 대변해 주는 말인 듯싶다.

보릿고개 시대인 1960년대 60불의 GNP에서 오늘날은 거의 100배가 되는 물질문명을 이룩하였다지만, 정신문명은 어느 수준에 와 있는가? 물질의 발전만큼 정신문명도 100배나 좋아지고 인간다워졌는가?

오랫동안 사회문제로서 지적되어온 향락산업과 성문화의 퇴폐성을 다시 들춰내고자 하는 것은 오늘날 만연되어가고 있는 정신문화의 낙후성, 아니 무엇보다도 도덕 재무장이 더 긴급히 요청되는 시기이기 때문이다. 계속해서 적신호를 보내고 있는 향락 퇴폐 문화 하나만 예를 들어보자.

매년 증가하여 1990년도에는 45만 개의 향락 시설이 전국 방방곡곡에 거미줄처럼 퍼져 있다. 일명 '디까룸'(디스코텍, 까페, 룸사롱)은 젊은이까지 애용하고 있다. 여기에 종사하는 여성들이 약 120만 명에 이른다는 비공식 통계도 있다. 일종의 '산업 기생들'인 셈이다. 그런데 문제를 한층 더 파보자. 결코 명예롭지 못한 이 직종에 한국의 젊은 여성이 기백만 명 몰리는 이유는 무엇일까? 그리고 이 백여만 명의 여성들의 고객은 누구일까? 방탕한 외국 남성들만은 아닐 것이다. 그 고객이란 다름 아닌 건전한 대한민국의 남성들, 즉 성실한 우리들의 남편과 사랑하는 아들, 연인들이 아닐까?

이러한 퇴폐와 매매음(賣買淫)은 남성들의 사적인 여가에서뿐 아니라 공적 생활장에서도 손쉽게 접근할 수 있도록 구조화되어 있다. 기업체에서의 접대 비용의 관행화가 그것이고 또한 "최소의 노력(비용)으로 최대의 스트레스를 풀어 준다"는 성, 즉 성의 상품화와 매매음을 통해 부를 축적하는 재벌과 국가 구조가 그것이다.

그리고 이를 묵인하고 허용하는 정부 당국, 즉 남성 고객·퇴폐업자· 기업체·정부 등이 한 팀이 되어 여성의 성을 통해 각각의 이윤을 챙기고 있는 것은 아닐까? 남성 고객은 성을 즐기고, 업자는 돈을 벌고, 기업체는 생산량을 올리며, 정부는 '성의 정치'를 통해 우민정치를 하고…. 이와 같이 여성과 여성의 성을 핵으로 하여 돌아가는 성산업과 정치들의 모순과 비인간성을 이제는 바로잡아야 할 때이다. 이와 같이 여성의 성(性)이 무너질 때, 여성만이 비인간화되는 것은 아니다. 여기에 동참하는 남성 고객의 인간성의 타락은 물론 가정 해체, 청소년의 범죄 증가, 나아가 지역사회 해체의 위기까지 몰고 올 수도 있다.

그러나 무엇보다도 향락산업에 낭비되는 재화의 규모는 엄청난 것이다. 서울 YMCA 자료에 의하면 향락업소의 매출액이 1년에 4조 원이 넘으며(1988) 이는 GNP의 6퍼센트에 해당된다는데, 남한의 군사비와 맞먹는다는 것이다. 그리고 국세청에 신고 된 화대비만도 무려 900억 원이나 된다는 것이다.

그런데 우리 사회가 처한 사회환경을 한번 둘러보자. 우리들의 살림이 나아졌다고는 하지만 아직도 점심을 굶는 어린이들이 수십만을 헤아리고, 소년소녀가장들의 충격적 삶이 심심치 않게 신문에 보도되는 형편이다. 버려진 아이들을 키울 수가 없어 아직도 1년에 수십만 명의 양육을 외국 가정에 의뢰하는 실정이다. 서울만 해도 인구의 1/4이 달동네에서 어려운 삶을 산다. 장애자 1백만 명을 위한 변변한 시설도, 오갈 데 없는 노인들을 위한 양로원 시설조차 매우 빈약하다.

자녀들을 맡길 데가 없는 취업모들이 아이들을 방에 가둔 채 밥벌이 길을 떠났다가 아이들이 타죽은 사건은 아직도 우리 뇌리에 생생하다.

1백만 명의 아이들이 탁아소가 필요한데 10만 명도 수용 못하는 시설을 갖고 복지사회라며 구호만 요란하다.

군사비와 향락 비용의 질빈민 줄여도 노인들의 한숨과 소년소녀가장들의 눈물은 기쁨으로 변할 터인데, 이 나라는 "가난은 나라도 구제 못한다"는 태도로 일관하고 있다. 예를 들어 화대비 6,900억 원으로 10억짜리 고아원을 690개나 지을 수 있다. '비자금' 5천억으로는 근사한 양로원을 500개나 세울 수 있다.

이제는 아비의 방탕비와 국가의 흥청망청 비용 그리고 군사 비용을 사람을 살려내는 곳을 위해 전환할 수는 없을까? 인간을 살리는 복지사업을 과감하게 실행하지 않으면, 인간성의 타락은 우리 내부의 붕괴부터 일게 할 것이다. 이제 새로운 정부가 갖춰야 할 첫 조건은 향락산업과 군사 비용을 과감하게 삭감하는 일이다. 그러려면 거듭난 인간성과 용기가 요구된다.

여기 향락과 퇴폐의 늪에 빠져 있는 이 세태를 향하여 신의 꾸짖는 음성이 들린다. "누가 나의 성스런 은밀한 장소를 무덤으로 만드는가? 그자는 화 있을진저!"

V. 한 페미니스트의 체험적 고백

1. 왜 나는 페미니스트가 되었나?

매일 아침 신문을 읽을 때마다 우리 주변에서 일어나는 갖가지 억압, 폭력, 살상(전쟁)을 접하며 나는 더욱더 페미니스트가 되어가고 있음을 고백한다.

내가 페미니스트가 된 첫째 이유는 여성에 대한 이 시회의 이중싱·허위성·잔인성 때문이다. 여성의 순결(정절)을 고집·찬양하면서 한편으로는 타락한 여자를 필요로 하는 이중성을 견딜 수 없었던 것이다. 또한 여자가 현모양처로만 태어났다고 부추기는 허위성을 믿을 수 없었다. 그리고 여자를 매질하고 겁탈하는 잔인성을 묵과할 수 없었기 때문이다. 이러한 왜곡된 관계에서는 여남(女男)의 성실성은 타락되고, 그리하여 진정한 만남은 없어져 서로가 영원히 홀로일 수밖에 없는 관계가 안타까워서 운동에 참여했다.

내가 페미니스트가 된 둘째 이유는 인류 역사가 사랑의 잠재력보다는 학살의 잠재력을 더 키워온 데 있다. 인류는 무고한 전쟁을 통해 얼마나 많은 생명들을 없앴는가? 4천만 명을 살상케 한 세계대전이 어제 일인데 인류는 쌀과 사랑을 만드는 일보다 무기 만드는 일에 또다시 열중하고 있다.

무기 전쟁만큼 치열해진 것이 요즘 부정 축재, 전직 대통령의 비자금 5천억 원 은폐 등과 같은 돈 전쟁이다. 물질 추구를 위해 수단 방법을 가리지 않는 현대인은 생명은 물론 자연까지 파괴하고 있다. 자연에까지 난도질을 함으로써 생태계가 반란을 일으켜 생명을 위태롭게 하지 않는가. 이는 문명의 대실패 징후이다. 인류는 여성을 소유하는 식으로 자연을 소유하려 했으니 두 가지 모두에 실패했다. 여남의 불화를 화해로 만드는 길이 곧 자연과의 관계를 화해로 회복하는 첩경이 아닐까?

그러면 도대체 길이 있을까? 길은 있다. 모성의 길이다. 기존의 병든 문명을 치유할 커다란 잠재력을 바로 여성이 가지고 있는 것이다. 그것은 모성적 체험과 지혜 그리고 꿈꾸는 이상이 있기 때문이다. 그것은 주변부에 있는 자가 체제의 병을 고칠 힘을 갖고 있다는, 즉 재활의 힘을 항시 주변에서 나온다는 역사의 교훈이 이를 말해준다.

생명의 탄생을 경험하고 사람을 길러내는 여성들이 공유하는 이상향은 약자와 힘없는 이를 더 귀히 보살피는 일이며, 생산과 성취보다는 인간관계의 질(質)을 더욱 높이 사는 사회, 국방비가 교육비로 쓰여지고 거대한 조직이 작은 단위로 분해되어 사랑과 정의와 평화가 서로 입을 맞추는 사회, 인류를 구제할 페미니즘(feminism)이 도래하는 사회이다. (새) 모성이 뭉치면 생명과 사랑을 낳고, 새 세상도 만든다.

남자가 모여서 지배를 낳고
지배가 모여서 전쟁을 낳고
전쟁이 모여서 폭력세상 낳았지

여자가 뭉치면 무엇이 되나
여자가 뭉치면 사랑이 된다네

모든 여자는 생명을 낳네
모든 생명은 평화를 낳네
모든 평화는 해방을 낳네
모든 해방은 살림을 낳네
모든 살림은 평등을 낳네
모든 평등을 행복을 낳네

여자가 뭉치면 무엇이 되나
여자가 뭉치면 새 세상 된다네

_ 고정희, <여자가 뭉치면 사랑을 낳네>

2. 내 친구 걸인과 창녀

내 친구 중에는 걸인과 창녀가 있다. 몇 해 전 소외된 사람들의 빈곤상을 조사·면담하던 중 사귀게 된 사람들이다. 그 사람들의 진실성과 인간성 앞에 서면 나의 허위의식과 기회주의적 비겁성이 여지없이 노출된다.

30여 년간을 길에서 구걸하며 살아온 걸인 총각은 어린 시절 집에서 내쫓긴 선천성 뇌성마비 환자이다. 그는 정확히 듣고 생각하긴 해도 그 것을 타인에게 전달하는 것이 거의 불가능하기 때문에 구걸 외에는 어떤 다른 일을 할 수 없다. 그는 음식점 문 안으로 들어서기도 전에 쫓겨난다. 이번에는 구걸이 아니라 당당한 손님으로 화폐를 지불한다고 해도 모든 식당이 그에겐 영업 사절이다. 그도 그럴 것이 온몸이 떨리고 뒤틀려 수저를 든다 해도 입에 들어가는 것보다 떨어뜨리는 게 더 많아 주위를 지저분하게 만들어 영업에 지장을 준다는 것이다.

이토록 문전박대를 당하여 서럽고 배고픈 그가 예수의 기적을 염원하면서 성경 한 권을 다 외우기도 한다. 성당 주변을 떠나본 적이 없는 신실한 신앙인이기도 하다. 그러나 그 신앙심이 육체의 허기증을 채워주진 못한다. 그뿐 아니라 장가드는 일이란 상상도 못해 볼 일이다.

자신을 향해 문을 꼭꼭 닫은 지상에서 그가 갈 곳이라곤 오직 창녀촌뿐이었다. 돈을 내놓으면 나를 내쫓지는 않겠지. 그는 창녀촌에 와서 음식을 주문했다. 그리고 주문 한 가지를 더 했다. 먹여달라고. 돈이면 독도 마다않는다는 한 여인이 밥 한 상을 차려왔다(큰돈을 받고). 그리고 먹여주기 시작하였다. 걸인은 눈이 동그래졌다. 그리고 나를 내쫓지 않고 영접해준 저 여인이야말로 천사가 아닐까 생각했다.

"다당시인이바로처천사아야"(당신은 천사).

창녀는 깜짝 놀랐다.

'뭇 남성의 천대, 사회의 냉대만 받떤 내가 천사라니.'

그러나 걸인은 우겼다. 일생 처음 듣는 이 고상한 말에 창녀는 감격했다. 진심은 눈물이 되어 흘렀다. 그들은 서로 고백하였다.

"당신은 나의 천사, 나는 당신의 천사, 이 세상이 뭐라든……."

둘은 성당에서 혼인식을 올렸다. 4백여 명의 하객의 눈물과 축하 속에서 그들은 지금 계절 장사를 한다(냉차, 군밤). 그들을 거듭나게 한 것은 무엇일까? 걸인을 구한 건 사회복지정책도 자선도 아닌 창녀였다. 창녀를 구한 건 성직자도, 윤락방지법도, 상담자도 아닌 걸인이었다.

3. 해가 밝은가, 달이 밝은가

얼마 전 부부 모임에서 우연히 남녀 문제로 열띤 토론을 한 적이 있었다. 남녀에 대한 우열론의 논쟁은 사회기여도로까지 확대 토론되기에 이르렀다. 즉, 여성은 살림하고 소비만 하는 존재일 뿐 식솔을 먹여 살리고, 회사를 일으키며, 국가를 위해 목숨까지 바치는 건 여자가 아니라 남자이므로 공헌 제일인자는 남자라는 논리였다. 갑론을박으로 우리의 논쟁이 미궁으로 빠져들 때, 한 노(老)부인의 엉뚱한 질문은 우리에게 시각의 지평선을 열어주었다. 즉, "해와 달 중(中) 어느 것이 더 밝은가?"라는 질문이었다. 상식 밖의 질문에 의아해하면서 우리는 지극히 상식적인 답변인 "물론 해가 더 밝다"라고 했다. 5남매를 양육했다는 그 부인은 고개를 가로저으며 거꾸로 되묻기를 "엄청나게 더 밝온 것은 해가 아니라 달"이라고 주장하는 것이 아닌가. 그 이유가 정말 그럴듯했다. "해는 홀로 빛나기 위해 창공에 있는 수억의 별들을 모두 삼키지만, 달은 하늘의 수억 수천의 별들을 빛나게 해주기 위해 자신을 감추는 그 위대한 힘으로 해서 더 밝다"는 것이었다. 이 역설적인 말에 우리는 모두 감탄했다. 이 논리는 곧 남녀의 관계로 비약되어 자기 홀로 빛나는(發光) 해인 남성보다는 타인을 빛내주는 달인 여성이 '더 밝고', '더 위대'하며, 따라서 공헌도도 '더 높은' 것이 아니냐고 모든 부인들은 함성(?)을 질렀다.

그런데 타인을 삼키는 해인 남성은 인류 역사에서 해(害)를 많이 남겼으므로(전쟁, 폭력, 독재, 강간 등) 이제는 그 기(氣)가 실(失)해야겠고, 현대 문명에서 더욱 필요로 하는 것은 남을 삼키는 해보다는 달의 원리 같은 것, 이타주의 같은 것이 역사를 이끌어가는 주된 가치로 전환되어야 한다는 결론에 그 모임은 동의했다.

이 역설은 오랫동안 나에게 신선한 충격으로 남아 있었다. 참으로 타인을 삼키고 제거해 버림으로써 빛을 발하는 태양을 닮은 사람들이 달을 닮은 사람들 위에 군림해 온 것이 우리의 인류 역사가 아닐까? 그 군림자들이란 누구일까? 그들은 제 피부색만 고집하는 인종주의자, 자국의 영토와 세력을 넓혀가는 제국주의자, 다국적 기업가들, 화폐와 물질로 타인을 삼켜가는 자본주의, 폭력을 휘두르는 독재자들, 인간 모두가 향유해야 할 땅과 집, 밥과 지식을 홀로 독점한 기득권자, 장애자와 어린이 · 노인을 배제시키는 자들, 남성 쇼비니스트, 아내를 구타하는 가정폭력자들이 이에 속한다. 군림자들은 그들의 기득권을 고수하기 위해 권위적 · 공격적 · 편협적 '졸부'가 될 수밖에 없는 것일까?

더 좋은 것, 더 많은 것, 더 큰 것은 내가 독점하여 타인 위에 군림해야 한다는 인간의 탐욕은 이제 만인을 살리는 달에게서 그 어떤 교훈을 배워야 할 것이다.

밝은 달이여, 영원하시라!

4. 달동네에 공부방을

내가 서울 미아리 달동네에 들어가 공부방을 만든 것은 지금부터 10여 년 전(1985) 구라파에서 장기 유학 생활을 마치고 귀국한 직후, 그러니까 한국의 실정을 전혀 모르던 때였다.

달동네를 조사한답시고 마을 유지께 신고식이라는 것을 올렸다. 그러나 그 유지는 묻는 말에 대꾸도 않고 딴청을 피우는 것이었다. "당신 집에 수세식 변소 있나? 안방 같은 부엌도? 침대도 있겠구먼!" 아파트에 기본조건이라 나는 "네, 네" 하며 있다고 긍정하였다. 그러자 "아파트에 사는 부자는 달동네 가난한 이들을 조사할 기본 자격이 없다"고 하며 나를 보기 좋게 거절했다. 나는 예수 앞에 끌려 나온 죄인 심정이 되어 되물었다. "그러면 어찌하면 저는 구원(자격)을 얻겠습니까?" 그분 대답은 간단했다. "빈손 들고 들어와 일주일간 살아 남아보라! 그러면 조사할 자격이 있다." 말하자면 배고프면 남의 집 기웃거리다 얻어먹고, 잘 방 없으니까 남의 집 처마에서라도 재워달라고 애원할 것이며, 너무 힘들면 좌절하고 한탄하다 세상을 향해 주먹질도 하고…. 그러니까 입으로만이 아니라 온몸으로 가난한 사람이 되어 보면 가난한 이들을 무조건 게으르다, 무식하다, 범죄적이다, 팔자다라고 간단히 정죄하지는 못할 것이라는 게 그 유지의 철학이었다.

방귀깨나 뀐다고 한 내 자만의 코는 납작해졌다. 그렇다! 그들을 가난하게 만든 것은 그들의 게으름도, 우둔함도, 문맹이나 팔자가 아니라 전적으로 국가 정책의 실책이 낳은 부산물일 뿐이다. 편견과 오만으로 그들을 매도히여 내 배만 불리는 조사 연구는 더 이상 그만하자! 그 후 나는 그 마을을 조사하는 몇 달 동안을 어떻게 하면 내가 그 빚을 갚을 수 있나 고심하였다. 그러던 중 가난한 어머니의 한(恨)을 풀어낸 한 소녀의 시를 발견하였다. 제목은 〈울 엄마 이름은 걱정〉이다.

울 엄마 이름은 걱정
여름에는 물 걱정
겨울에는 연탄 걱정
일년 내내 쌀 걱정
낮이면 살 걱정
밤이면 애들 걱정
밤낮으로 걱정걱정

울 엄마 이름은 걱정이구요
울 아빠 이름은 주정이래요
내 이름은 눈물과 한숨이지요

달동네 엄마들의 걱정은 하루, 한 계절, 한 해를 어떻게 무사히 넘기는가였다. 이 걱정을 풀어줄 사람은 남편도, 나라도 아닌 미래의 아이들이었다. 그러나 엄마들은 그 애들을 내팽개치고 일을 나가야만 한다. 여기에서 아이들의 가출, 퇴학, 싸움질, 범죄가 많아지고, 그러면 어미의 걱정과 주름은 깊어지고 득남했다는 기쁨은 어느새 짐으로 변하고 사춘기가 되면 배반으로 끝난다. 그러면 어미의 한숨으로 마을은 가라앉는다.

이런 안타까운 현실을 목격한 나는 돈도, 빽도, 조직도 없는 보통 사람으로서 할 수 있는 최소한의 일이 무얼까 고심하다가 찾아낸 것이 '공부방' 아이디어였다. 쌈짓돈을 긁어모아 나와 주부 7명은 방 한 칸을 마련하여 사회 사업하는 전도사와 보모를 모셔 와 문을 열었다. '산돌'(Living Stone)이라 명명하여 두어 명으로 시작한 것이 이제는 마을의 상담소, 쉼터, 아지트로 발전하고, 지금까지 청소년이 700여 명이나 거쳐 나갔다. 십여 명의 대학생 봉사자와 백여 명의 주부들이 자원봉사, 후원 회원으로 뛴다. 그들은 사회로 진출하여 열심히 힘차게 일하며, 이제는 자신들이 '마을을 걱정하는 모임'도 만들어 후배를 상담하기에 이르렀다.

변한 것은 이것만이 아니다. 낙제하던 애가 중간 성적으로, 가출 소년이 모범생으로, 본드 흡입, 싸움질, 범죄에 물들었던 청소년들이 맘을 잡고 건실한 청년으로 거듭나고 있다. 어미의 주름살이 펴지고, 마을의 걱정이 줄어들었다. 이것이 달동네 공부방의 효시이자 좋은 모델 케이스가 되어 현재 전국에 150여 개, 서울만도 60여 군데에 공부방이 있다. 사회 숙녀로 변모한 공부방 출신 소녀들이 지금은 마을 어린이방을 만들어 아기들을 돌보는 일로 마을을 위해 일을 하고 있다. 한 달에 천여 원 내는 회원을 기백 명 모으면 '마을 공부방' 만드는 일은 누구나 손쉽게 시작할 수 있는 일로서 권장하고자 한다. 예를 들어 학교, 교회, 주부 모임 등에서 할 만한 일이다.

이제는 방범대, 형무소, 최루탄, 총알 등을 만드는 대신에 아이들을 살리는 공부방, 탁아소 등 생산적이고 창조적인 시설을 만드는 일을 해야 한다. 이제는 발상의 전환, 생명을 제일로 치는 신(新)사고가 절실히 요청되는 때이다.

서영훈, 신사회공동선운동연합편, 『새시대의 사회윤리』(1995)에 실린 글, "남녀 생활과 윤리"

3장

가사노동과 여성 해방의 과제

여성의 가사노동과 사회직 지위

I. 서론

여성의 지위 향상과 여성 해방운동에 있어 가사노동이 본격적으로 논의되기 시작한 것은 한국에서는 1970년대 들어와서이다. 따라서 가사노동의 문제는 학술적으로나 운동으로서 아직 체계가 잡힌 이론이 되지 못하고 있는 실정이다. 그러나 가사노동이 여성의 사회적 위치에 결정적인 영향을 주는 요인으로 지적한 사상가들은 이미 구라파의 초기 여성운동기부터 있어 왔다.

가령 존 스튜어트 밀(John S. Mill)만 하더라도 "가사노동이란 여성의 능력과 집중력을 수천 갈래로 분산시키는 노동이고, 남성의 노동은 그것을 모아 예술 과학 등을 창조하는 노동이다. 그리하여 창조적이고 집중적인 일을 할 수 없게 되는 여성은 자연히 남성에 비하여 의존적이고 예속적이게 된다"[1]고 갈파하였다.

한편 1905년 캐터 쉬르마허(Käthe Schirmacher)는 가정에서뿐 아니라

---

1 J.S. Mill, *Die Hörigkeit der Frau,* ed. H. Schröder (Frankfust, 1976).

직장과 사회에서의 여성의 지위가 열등하며 차별적인 이유는 바로 가사노동의 가치가 낮게 평가되는 데에 기인한다고 주장했다.[2]

인류 최초의 불평등이 성역할 분담으로 인한 남녀 간의 불평등이었다고 주장한 잉겔스(Friedrich Engels)도 "여성이 사적인 가사노동에 얽매여 사회적인 생산노동으로부터 제외되어 있는 한, 여성 해방과 남녀평등은 불가능하다. 여성 해방이란 여성이 대규모로 사회적 직업 노동에 참여할 수 있게 될 때만 그리고 가사노동의 의무가 최소한도로 축소된 때에만 가능하게 될 것이다"고 주장하였다.[3]

그러나 지금까지 여성의 차별적인 지위와 열등감을 논해 온 여성 운동가들은 여성이 낮은 지위를 가사노동의 문제에까지 연결시키는 작업을 해 놓지는 못하였다. 요컨대 삼권(교육권, 참정권, 노동권)의 획득이야말로 여성 지위 향상에 결정적 요소라고 믿어 왔으며, 이러한 생각이 18세기 말 이래 200년간 여성 운동사에 근간이 되었던 이념이자 전략이었다고 할 수 있다.

그러나 과연 오늘날의 여성들이 이 삼권을 누리게 되었다고 해서 여성의 차별적이고 열등한 지위는 남성만큼 동등하게 되었으며, 인간적인 것으로 바뀌었다고 할 수 있는가? 이 삼권만으로 여성을 해방시키기에 충분한 권리인가?

이 점에 대해 여성 해방론은 여성 억압과 차별의 원인을 보다 근원적으로 들여다보아야 하며, 삼권의 형식적 권리와 평등으로는 충분치 못한바 실질적 평등을 저해하는 요인이 무엇인가를 찾아야 함이 더욱 중요하

---

2 K. Schirmacher, *Die Frauenarbeit in Hause, ihre oekonomische, rechtliche und soziale ueeruiong* (1905, 1979).

3 F. Engels, *The Origin of the Family , Private Property and the State* (1884), Marx-Engels Selected Works II (London), 225.

나는 사실을 깨닫게 되었나. 동등한 교육 수준과 사회 참여의 기회에도 불구하고 왜 여성은 계속 남성보다 사회적·경제적·법적으로 열등한 지위에 처해야 하는가? 이 성차별주의(sexism)는 서구자본주의 사회뿐 아니라 사회주의 사회에서도 여전히 문제로 남아 있다.

여성 해방론자들은 여성 문제의 핵심이 여성의 예속과 억압을 근본 구조로 하는 가부장제와 그 문화에 있다고 본다. 다시 말하면 형식적으로 동등한 권리를 향유함에도 불구하고 여성을 계속 열등한 존재로 머물게 하는 근본적인 요인은 여성을 '여성적', '모성적', '주부적'으로 묶어 두려는 가부장제적 가족 제도와 그 역할에서 찾을 수 있다. 줄리에 미첼(Juliet Mitchell)은 이를 여성 특유의 상황, 즉 여성의 가사노동과 출산(모성성), 양육, 성관계 및 생산에서 그 요인을 찾고 있다. 이런 요인들은 사실 인간 생활에서 너무나도 자연스럽고 당연한 상황이었기 때문에 이제까지 문제 삼지 않은 성역(聖域)으로서 이에 대한 회의나 반론은 터부시되어 왔다. 역사적으로 보아도 비로소 최근에 이르러서야 여성 문제의 핵심적 요소가 여성의 '자연적인', '사적인' 가사노동(출산, 육아, 살림)에 은폐되어 있다는 사실을 인식하였다. 특히 1970년대 이후의 여성 해방론은 여성의 차별과 억압의 원인을 교육이나 경제·정치와 같은 사회제도 속에서만 보는 것으로는 불충분하며, 그 제도 속에 동화되어 있는 성차별주의를 불식할 때라야, 즉 더 나아가 성역할을 철폐할 때라야 여성의 완전한 해방과 평등은 비로소 가능한 것이라고 주장하고 있다.

그리고 여성의 평등은 "동일 노동, 동일 임금, 동일 직종(더 나아가 동일 권위)"에서 비롯된다고 본 여성 해방운동에 의해 가사노동이 바로 여성의 차별 임금과 저임금 따라서 사회적 열등성의 핵심이 된다는 것이 확인되었다. 왜냐하면 직업 노동에서의 여성의 차별 임금은 여성의 가정적 역할과 가사노동에 의해 야기되었고, 정당화되기 때문이다.

이에 따라 가사노동의 문제는 1970년대 이후 여성 해방 사상과 논쟁에서 중요한 의미를 갖게 되어 이를 어떻게 규정하느냐에 따라 방향과 전략이 달라지리만큼 핵심적 문제가 되고 있다.

이제까지 사회주의적 여성 운동에 의해서도 가정에서의 여성의 역할과 위치는 경제외(外)적인 요인으로서 무시되거나 사소한 개인 문제로 인식되어 왔다. 그렇지만 여성의 차별과 억압의 한 주요 원인을 가사노동 구조 속에서 보고자 하는 필자는 가사노동의 문제가 경제외적인 요인과 경제적 요인을 함께 가지고 있다고 생각한다. 왜냐하면 경제적 요소만 가지고도 해결 안 되는 여성 '특유'의 문제와 상황이 있다는 것과 경제외적 요소인 가정 내의 여성 역할이 바로 경제적 요인과 관련되어 양자가 상호 보완되지 않으면 안 된다는 것을 인식하게 되기 때문이다. 그러므로 가사노동이 여성의 사회적 차별과 열등한 지위의 근원적 요인이 된다고 주장하고자 한다. 그 이유는 가사노동이 사회 속에서 불가시적 노동으로 존재하고, 따라서 경제적으로는 무가치적 노동으로 규정된다는 데에 바로 여성의 열등적 지위가 유래된다고 본다. 이러한 관념은 가사노동에 대한 그릇된 관념만으로 그치지 않고, 가정주부들에게 노동시장에서의 차별과 불이익을 초래케 한다. 즉, 노동시장에서의 여성에 대한 저임금과 차별은 가사노동에 대한 잘못된 인식에 기인한다. 바꾸어 말하면 여성 차별과 억압의 악순환을 야기시키는 한 고리가 바로 여성을 가사노동에만 얽매이게 하는 가부장적 문화 이데올로기와 경제 제도에 있다고 보아야 할 것이다.

여성의 역사는 바로 가사노동의 역사라 해도 과언이 아니다. 가사노동이 '불가시'하였기 때문에 여성이 은폐된 존재일 수밖에 없었고, 가사노동이 '무가치'한 것이었기 때문에 여성은 '무가치'한 존재로 살아올 수밖에 없었다.

그렇다면 여성의 인간화와 평등화를 위해서는 여성을 존재론적, 기치론적으로 억압해온 근원인 가사노동의 문제를 해결하는 것부터 시작되어야 하지 않을까? 결국 가사노동을 '보이게끔'해 주며, '가치 있는 것'으로 규정하도록 만드는 것이 우선적인 작업이 되어야 할 것이다.

이 논문에서 필자는 ① 여성 해방론의 입장에서 가사노동의 의미와 성격을 밝히고, ② 가사노동에 대한 그릇된 관념으로 인한 억압적이고 차별적인 상황이 어떻게 여성의 직장노동을 저(차별)임금으로 만드는가 살피며, ③ 이에 대한 잘못된 관념과 가사노동이 어떻게 여성의 의식을 형성하며, 심리적 갈등 요인이 되는지 알아본다. ④ 마지막으로 복지사회를 향한 남녀의 진정한 해방과 평등을 위해 가사노동은 어떻게 개선되어야 하는가를 살펴보고자 한다.

II. 가사노동의 생산성과 경제적 가치

1. 노동 개념의 새로운 정의

이 세상에서 가정을 떠나서 생존할 자는 아무도 없을 것이다. 가정에서 제공되는 물질적 정서적 안정과 위로가 없다면 인간은 어찌 되었을까? 가정의 역할이 인간 존립의 기본조건임에도 불구하고, 그것이 언제 어떻게 누구의 손에 의해 수행되는지는 무관심해 왔으며, 학문의 연구 대상도 되어 본 일이 없었다. 인간이 마치 공기를 마시는 것처럼 가정에서 먹고 쉬는 일이야말로 '자연스러운' 일이요, 여성의 '당연한' 기능 정도로 생각되었던 것이다. 그러나 '당연한' 그것은 여성들의 노동의 결과이다. 즉, 요리, 청소, 빨래, 물품 구입, 정돈, 양육 그리고 출산이라는 노동을 통하여 창조된 결실이다. 이 결실을 밑거름으로 비로소 삶이 출발된다.

혹자는 이를 "살림"(죽임의 반대)으로 표현하면서 살림 안에는 생명을 낳는 출신자, 기르는 양육자, 감싸는 보호자, 가르치는 교육자, 식구를 질긴 동아리로 만드는 매개자, 온 가족의 위안자, 마음의 안식처가 되는 수렴자 등으로 포괄시키고 있다.[4]

가족원의 삶의 기반이 되어 주는 살림·가사일은 더 나아가서 사회의 모든 생산 활동의 전제 조건이 되는 것이다. 그러나 이 전제된 노동은 여성 모두가 담당해 온 사회에서 '보이지 않는' 노동이(었)다. 그리하여 여성 자신이나 사회의 경제 이론 역시 그것을 '노동'이나 '생산적'인 개념으로 파악하고 있지 않다. 이는 "집에서 논다" 혹은 "쉰다"는 주부의 대답에서 명백해진다. 이를 '놀고먹는 일' 정도로 여기는 것이 통념이다. 그러면 이처럼 가사노동을 '일 같지 않은 일'이라는 개념과 가치 규정은 어디서 근거한 것일까? 세 가지로 요약된다. 즉, ① 그것은 여성에게는 '자연스러운' 천직이어서 힘도 노고도 안 든다는 것, ② 그것은 사적(私的)이며, 개인적인 봉사(service)이므로 화폐가치로 환산될 수 없다는 것, ③ 그것 자체로써 상품을 생산하지 못하므로 교환가치, 사용 가치를 내지 못한다는 생각에 근거한다.

이러한 규정은 남성의 직업 노동만이 '노동'이고 '생산적'이라는 선입견과 편견에서 비롯된 '가부장적 생산 양식'의 오류라고 슈뢰더(H. Schroeder)는 지적한다.[5] 이어 여성이 생산하는 모든 것(인간과 살림)을 '무가치한 것'으로 규정하여 이것마저 가부장제가 소유하는 방식이라는 것이다.

---

4 김지하, "보고싶은 여장부," 「샘이 깊은 물」 (1984), 46.

5 H. Schroeder, "Zn einer polotischer oekonomie des Houses," *Frauen arbeitshaefte* (Berlin, 1977), 108-1183.

그녀는 가사노동을 새로운 관점에서 규정한 바 ① 인간 생산, ② 사녀 양육, ③ 노동력 재생산, ④ 삶 전체를 생산하는 "살림"으로 집약한다.[6] 그러나 전통적인 경제이론에 입각한 '생산적 노동'이란 우선 상품성을 가져야 하며, 교환가치, 사용 가치, 잉여가치를 가져와야 한다. 가사노동에 대한 이 두 가지 상반된 개념에 대한 논쟁이 서구 여성 해방론자들의 핫이슈(hot issue)로 등장하고 있다.

2. 가사노동의 '생산성'에 관한 논쟁

1) 생산적 노동으로서의 가사노동

벤스톤(M. Benston)에 의하면[7] 가사노동은 자본주의의 경제적 변혁에서 제외되어 전(前)자본주의적 단계에 머물러 있는 유일한 형태의 노동이다. 상품생산에 기초를 둔 사회에서는 가사노동은 매매되지 않으며, 시장 형성도 불가능하므로 '실질 노동'으로 파악되지 않는다.

그러나 그것은 가족원이 필요로 하는 '사용 가치'의 생산을 담당하는 노동이고, 자녀 양육을 포함한 가사노동은 사회적으로도 필요한 거대한 분량의 '생산'을 구성한다고 주장하고 있다.

코스타(M. D. Costa)[8]도 상품생산만이 아니라 노동력을 (재)생산하는

---

6 비키(Veronica Beechey)도 가사노동은 ① 생식적 인간(인간 생산, 성욕 조절, 자녀 양육), ② 일상적 재생산(사용가치무의 재생산과 소비 행위)으로 규정했다(*Women and Pproduction*, 1978).

7 M. Benston, "The political Economic of womens Liberation," *Women in a man-made world* (1972), 312-314.

8 M. D. Costa, "Die Frauen and die Umsturz der Gesellshaft," *Die Macht der Frauen and der umstusz der Patriarchat* (Berlin, 1973), 27-66.

작업도 하나의 '생산적'인 일이며, 그것은 결국 사용 가치뿐 아니라 잉여 가치까지를 불러오는 근원이라고 공박한다. 아울러 가사일은 '필요 불가 결한 노동'이며, 노동시간으로 보아도 임금노동을 상회하기 때문에 이는 '생산적'이며 '노동' 범주에 속한다는 것이다.

세콤(W. Secombe)[9]은 가사노동은 '비생산적인' 노동일 수 있으나 소모된 노동력을 '재생된 노동력'으로 전환시키는 데 필요한 노동이 곧 가사노동이고, 이는 '노동력'이라는 상품의 생산에 기여하기 때문에 가치를 생산한다고 주장한다.

이처럼 여러 학자들은 임금노동을 가능케 하며, 상품생산노동에 공헌하여 마침내는 교환가치, 잉여가치를 가져오게 하는 역할을 함으로써 '생산적' 노동이라는 새로운 개념으로 볼 수 있다는 것이다.

2) 필수적이나 비생산적 노동으로서의 가사노동

쿨슨(M. Conlson)은 가사노동이 소비를 위한 사용 가치를 생산하는 노동일을 교환가치에 그 목적을 두는 것이 아니기 때문에 가사일은 필요노동이나 '비생산적'인 것으로 규정한다.

모든 노동이 상품화하려면 사용 가치와 교환가치를 지녀야 하며, 그러할 때 '생산적'인 것이라고 주장한 멘델(E. mendel)은 가사노동은 오직 가족의 사적인 소비를 위해 만들어지기 때문에 가사노동은 오직 사용 가치만 창출할 뿐 교환가치는 없다고 말한다. 고도의 자본주의 상품생산 사회에서 아직도 사용 가치로만 남아 있는 것은 자급자족적 농산물 생산과 가사노동뿐이라고 지적한다. 이 두 가지는 사용 가치만을 생산하고

---

9 W. Secombe, *Die Internationale* 7 (1975), 11-42.

교환가치를 생산하지 못하므로 상품화할 수 없고, 따라서 화폐가치가 없으므로 가치로서도 성립되지 않는다는 것, 상품화되지 않는 노동은 교환 잉여가치를 창출해 내지 못하기 때문에 가사노동은 '생산적'인 범주에서 제외된다는 것이다.

그의 자본주의적 생산 양식의 이론 안에서는 새로운 노동 개념의 가사노동을 수용하지 못하고 있다.

3) 임금노동과 상이하나 보완적인 노동으로서의 가사노동

남성이 주도하는 사회생산노동(임금노동)과 여성이 주도하는 가사살림노동은 서로 다른 차원의 형태를 지닌 노동이나 이 두 노동이 함께 공존할 때라야 서로가 완전한 노동이라 할 수 있을 것이다.

오스트너(I. Ostner)[10]는 두 노동은 서로가 다른 차원의 노동일지라도 서로 보완 보충되어야 하는 노동이며, 이 두 개의 노동은 하나가 없으면 다른 하나는 성립될 수 없는 "상호 보충적 노동"이라고 리레스[11]도 주장한다.

그녀는 이어서 사회임금노동은 무수히 많은 상호 보충적 노동의 보완 관계에서 그 기능이 유지되는데, 가사노동은 그런 노동 중의 하나이다. 그런 상호 보충적 노동이란 가사노동의 기능처럼 소모된 노동력을 재생·회복시키는 이른바 원기 원상 복귀의 직종인데, 여기에는 ① 인간

---

10 I. Ostner, *Berry & Hausarbeit* (Frankfust, 1978), 11.

11 D. Lieres, "Woman sir Lohn fuer die Arbeit an den kindern fordern," *Frauen & Muetter* (Berlin, 1978), 79. 즉, 어떤 재화를 한 용도에 사용되는 비용이 차선의 다른 용도에 쓰이지 못함으로써 상실한(기회를 놓쳐버린) 편익 같다는 것을 의미한다. 이기영, "가사노동의 경제적 의의와 평가에 관한 소고," 「고대사대논집」 제7집 (1982), 210.

노동력의 재생에 관여된 노동(의료행위, 심리상담, 신체단련사, 종업원), ② 질서 확립(경찰, 행정, 사법권), ③ 수선, 시설의 설치이다. 이런 노동은 가사노동처럼 직접 상품생산은 하지 않으나 소모된 노동력을 재생시켜 주는 일을 한다는 점에서 같고, 가정을 떠나 공공장소에서 사회의 공인을 대상으로 한다는 점만이 다를 뿐이라는 것이다.

다음은 주부들이 수행하는 가사노동이 공공장소에서 공인들을 대상으로 할 때 노동·생산 가치화하는 경우이다.

(1) 부모가 탁아소에서 아이들을 돌보면 부모는 월급을 받고, 사회적 성과를 올린다(GNP). 그러나 집에서 어머니가 자신의 아이를 양육하면 아무것도 인정되지 않는다.

(2) 가족이 밖에서 외식(外食)을 하면 요리사와 식당 종업원들은 임금을 받고, 사회적 성과를 올린다. 그러나 집에서 주부가 식사를 준비하면 주부의 수고는 계산되지 않는다.

(3) 청소부가 타인의 집을 청소하면 임금을 받고, 사회적 성과를 올린다. 그러나 주부가 자기 집을 청소하면 아무것도 인정되지 않는다.

(4) 간호원이 환자를 간호하면 간호원은 월급을 받고, 사회적 성과를 올린다. 그러나 어머니가 집에서 환자를 간호하면 아무것도 인정되지 않는다.

혹자는 또한 가사노동의 가치를 "기회비용원칙"(Opportunitaets-Kostenprinzip)에 따라 평가할 수 있다고 주장한다.

이와 같이 같은 노동일지라도 대상과 장소가 사적 혹은 공적인가에 따라 사회적 노동으로서의 경제적 가치가 결정된다. 단순히 가정에서의 사적인 이유때문에 그 가치를 인정받지 못한다면, 이때 '사적인 것은 정치적인 일'이다. 왜냐하면 여성의 사적인 일은 결국 양성 사이의 부와 힘의 편중을 야기하여 양성 관계가 구조적 주종 관계로 낙착되기 때문이다.

결국은 '사적인 일'로 취급된 가사노동이 국민총생산에도 제외됨으로써 여성에게는 경제적 무능력, 남성에게는 의존과 예속의 결과를 가져와 여성의 정치적 무력(無力)을 유발시키는 요인이 되었다. 이를 가리켜 로보담(S. Rowbotham)은 "여성 특유의 무력함을 결정짓는 결정적 요소는 여성의 일일 공적인 생산으로부터 배제되었다는 사실"이라고 지적한 바 있다.

앞에서 살펴본 바와 같이 가사노동은 사회생산노동의 전제 노동이며, 상호 보완적인 따라서 생산노동임에도 가부장제, 자본주의적 생산양식에서 배제시킴으로써 여성을 경제적으로 무능력한 존재 따라서 예속적 존재로 규정하였다. 그러나 이제는 미시적인 노동관이나 생산관에서 어떤 일이건 인간의 행복과 번영에 공헌한 것이라면 '노동'이며 생산이라는 새로운 개념을 발전시켜야 할 때이다.

3. 가사노동의 시간과 가치(量과 質)

그러면 구체적으로 주부의 가사노동과 모성의 육아 노동에 투여되는 시간은 어떠하며, 어느 만큼의 가치가 있는 것인가 알아본다. 이를 측정하기 위하여 가사노동의 영역을 정하면 다섯 가지로 분류된다.[12]

1) 육체노동의 일: 요리, 세탁, 청소, 설거지, 쇼핑, 뒷바라지 등 허드렛일과 막노동.

---

12 이는 Ostner, Oakley, Kittler, W-Graaf의 개념을 필자가 종합 분류한 것이다.

2) 교육-인간관계의 일: 자녀교육 및 학습 돕기, 친척 관계 유지 및 통신.

3) 비서적인 일: 내조, 뒷바라지, 섬기기.

4) 가정 경영의 일: 행정 처리, 은행, 구청, 세금 관계일.

5) 성적 노동: 성적 욕구의 상호 만족, 심신의 안정도모.

이상의 다섯 가지 상이한 성격의 노동은 모든 여성이 어머니, 아내, 주부, 며느리, 할머니, 애인, 누이로서의 역할을 통해 수행하는 일이다. 특히 가정 경영이 관계되는 여러 행정적 일과 복잡한 인간관계를 관리하는 일은 매우 중요한데 이런 역할을 맡는 주부를 "조직공학자"(System engineer)라고 지칭하기도 한다.

이런 가사일은 여성에게 육체적, 정신적, 감성적 그리고 성적 노동까지 다양성과 전체성, 세심성을 요구한다. 부단히 생기는 가족원의 생리적, 정서적, 심리적, 육체적 요구사항과 시시각각으로 변하는 그 요구들에 따라 민감하게 반응하고 또한 즉각 대령해야 하는 주부는 인간의 삶 전 영역에 관계되는 노동을 한다. 가족원의 끊임없는 욕구가 바로 주부의 가사노동의 구조를 결정한다.[13]

그런데 이 일에 투자되는 주부의 가사노동시간은 얼마나 될까? "가정은 인간됨을 만들어내는 데 가장 시간을 많이 들이는 거대한 사회의 공장"이라고 파슨스(T. Parsons)는 이미 1912년에 갈파한 적이 있다. 뵈고친스키(W. Wygodzinsky)[14]는 "그 시간으로 말하자면, 한 국가에서 가장

13 S. Rowbotham, "A woman sork in never done," *Women's Consciousness, Men's World* (London, 1975), 72.

14 W. Wygodzinsley, "Die Hausfran und die Volkswirtschaft," *Hausarbeit*, J. Kittles (Muenchen, 1916), 41.

큰 산업에서 소모되는 시간과 맞먹으며, 가장 많은 시간의 소비치"임을 지적하였다.

예로서 서독을 들어보자.[15] 남성이 1년간에 수행하는 총 노동시간은 380억 시간, 여성은 170억 시간, 따라서 독일 사회 상품생산노동에 투여된 시간이 550억 시간이 된다. 반면 가사노동에 투여된 시간이 무려 530억 시간인데, 이것이 바로 380억 남성 노동시간을 가능케 했던 가사노동시간이다. 그러나 남녀 노동시간의 비율로 계산한다면 380억 시간(男): 700억 시간(女). 여자는 남자의 거의 두 배에 가까운 노동을 한다.

스웨덴의 경우[16] 남녀의 상품생산 노동시간은 1년에 12억 9천만 시간에 비해 가사노동시간은 두 배나 되는 23억 4천만 시간으로 나타난다. 한국의 주부들의 가사노동시간은 어떠할까? 한국 주부들의 하루 평균 가사노동시간은 4인의 가정인 경우 7시간 48분으로 통계가 나와 있다.[17] 1984년도 소위 '비경제'활동 여성 인구(전국) 약 750만 명을 주부 인구로 계산하여 1년의 총 가사노동의 시간을 환산하였다. 그 결과 한국 주부의 총 가사노동시간(750만 명×8시간×365일)이 220억 시간이고, 반면에 남성의 상품생산 노동시간 역시 220억 시간(890만×8시간×310일)이 나왔다. 남녀 각각의 220억 시간은 상호 보완적인 노동임에도 절반인 220억 시간은 은폐시켜 왔던 것이다. 그뿐만 아니라 여성이 가정과 국가를 위하여 투자된 시간은 도합 415억 시간(가사노동+취업 노동)이라는 사실은 이것은 220억 시간(男)의 두 배가 된다는 사실이다. 말하자면 여성은 남성보다

---

15 Lieres, 앞의 책, 75.

16 Scott, 앞의 책, 105.

17 보건사회부(1980.12), 부녀복지 장기계획 수립을 위한 기초자료 조사연구, 이만옥교수는 "도시가정 주부의 작업량에 관한 조사연구"에서 평일 7시간 12분, 일요일 10시간 8분으로 측정하였다(「여성문제 연구」 8집 [효성여대, 1979], 171).

두 배나 더 '노동'을 한다는 사실이다.

이 사실은 UN 여성위원회에서도 이미 밝힌 바 있다. "세계 총 노동인구의 1/3이 여성 노동인구, 세계 총 노동시간의 2/3가 여성, 그러나 소득은 남성의 1/2, 자산은 오직 1/2이다"(가사노동시간은 여기서 제외된 것임). 이를 뒤집어 말하면 남성은 총 노동시간의 3할밖에 안 하면서 세계소득의 90%, 세계 자산의 99%나 점유한다고 할 수 있다.

그러면 가사노동은 얼마나 가치가 있는 것일까? 가사노동의 가치평가의 객관화는 간단하지가 않다. 대체로 가사노동에 소비한 시간을 기초로 하는 방법과 그 일 자체의 가치나 수행자의 능력이 기초로 하는 방법에 따른다. 가사노동에 소비한 시간량에 상응하는 임금을 적용시킨 조거(W. Gauger)[18]에 의하면 1967년 주부들의 경제적 기여도는 2,040억 달러에 이르렀다. 갈브레이드(John Kenveth Galbraith)는 1년 한 주부의 가사노동을 약 2만 5,000달러로 환산했다. 한편 독일에서는 [19]월 1,900DM(약 50만 원)으로 일본에서는 월 65만 원, 한국에서도 약 45만 원으로 추산한다.

이런 가사노동의 가치가 비가치화되고 부불됨으로써 일어나는 여성의 불이익과 손실 그리고 불평등은 다음과 같다.

가사노동의 가치가 국가 경제에서 제외됨으로써 GNP는 국가 절반 생산을 계산하지 않는 절반의 GNP이며, 따라서 여성은 국가발전의 불참여라는 국민 간의 중대한 선입견이 빚어진다. 그뿐만 아니라 화폐경제 질서에서 비화폐권으로 밀려난 여성들의 소외감, 자기 비하, 열등감은 국민 화합, 남녀 화합에서도 장애 요소로 지적되어야 한다. 이를 좀 더

---

18 W. Gauger, "'Haushold work' can we add it to the GNP?," *Tonsnal of Home Economics* (1973.10), 125.

19 한 법정판례도 35세 교통사고로 사망한 주부에게 30년×월 19.00DM을 지급하라는 판례도 있었다(*Frankfust Allgemeiner Zeitung* 1979년 10월 10일자).

수치하해 보면 5년 주부생은 약 2,700만 원, 10년 주부생은 5,400만 원, 40년의 일생주부생은 2억 2천만 원어치의 가사노동(출산은 제외)을 수행하였고, 국고에 묵힌 채 이를 지불받지 못하고 있다.

　이 현상을 가리켜 갈브레이드는 여성을 "불가시적 봉사계급"이라 꼬집으면서 이런 방법으로 봉사한 여성들은 "경제적 성취의 실적으로 보면 첫째 순위다. 사회적으로 가장 낮은 일을 하는 머슴, 노비는 전 근대적 사회에서 일부 소수 특정인에 의해 이용되고 착취되었다. 그러나 오늘날까지 그 잔재가 주부 계급에 그대로 남아 있다. 뒷바라지와 봉사하는 여성들은 오늘날 매우 민주적인 방식으로 거의 모든 남성 집단에 의해 마음대로 그 노동력이 쓰이고 처분되고 있다"고 하였다. 그리하여 여성의 노동력을 자본주의의 경제 질서 구조 안에서 파악한 급진적 해방론자들은 다음과 같은 시각을 제공해 준다. 즉, 바로 주부에게 돌아오지 않는 가사노동의 가치가 기업가와 자본가의 자산을 증식시키고 잉여가치를 축적케 하는 '자본주의의 노른자' 역할을 하고 있음을 지적한다.[20] 베를호프[21]는 세계자본주의 경제의 가치 증식에 있어 핵심적 역할을 하고 있는 가사노동자들이야말로(농부와 함께) 거시적 안목으로 보면 "세계 주부"(world-housewife)의 역할을 한다고 분석한다. 주부의 부불노동의 유형은 사회의 모든 노동이 본받는 기초 모델이 되었는데, 사회에서의 저(차별)임금은 주부의 가사노동에서 그 형태를 따온 것이다. 요약하면 가부장제적 자본주의 생산 경제 이론을 가사노동에 대한 '무가치론'을 창출하여 주부와 모성이라는 '불가시적 봉사 계급'을 만들었고, 곧 가부장들과 자본가의 부(富)를 증식시킨 핵심적 역할로 고정시켰다. 그리고 가

---

20 Costa, 앞의 책, 37.

21 C. Werlhof, *Die Frau, die letzte Kolonie* (Hamburg, 1983), 23.

사노동의 착취 위에서 세워진 부와 번영은 또 다른 모형의 억압 구조를 사회임금노동에서 재현시키면서 이를 합리화하였던 것이다.

그러므로 남녀의 성역할 분담을 통하여 이분화된 부불 가사노동(女)과 지불 임금노동(男)은 남녀 간의 불평등, 사회의 불평등을 조장하는 원초적 원인이므로 '일'에 대한 새로운 개념 설정이 시급히 재조정되어야 할 것이다.

III. 가사노동이 노동시장에서 여성의 지위에 미치는 영향

여성의 가사노동에 대한 가치평가는 사회의 노동시장에서의 여성의 지위에 그대로 반영된다. 즉, 가사노동은 '부불'이며 '무가치'라는 통념과 여성의 주 임무는 오직 가정이라는 선입견은 노동시장에서의 여성의 고용, 임금, 승진, 직종 선택에 있어서 불리하게 작용한다.

이렇듯 가사노동은 여성의 사회적 지위를 결정하는 요인이 되고, 그 역으로 사회적 지위가 또한 여성의 가정 내에서의 위치를 결정짓는 요소가 되기도 한다. 그리하여 양자는 상호영향을 주고받는다.

그러면 구체적으로 노동시장에서의 여성 지위는 어떠하며, 가사노동은 그 지위에 어떤 영향을 미치는가? 노동시장에서의 성(性)은 차별과 소외 현상을 일으키는 직립적 요인이다. 즉, 남녀 성별 분업에 따라 여성의 자리는 사회가 아닌 가정이라는 데서 여성 차별 대우는 정당화되어 왔다. 여성=가정(가사살림)이라는 통념은 노동시장에서의 역할, 고용, 직종, 승진, 임금 등에도 반영되는 것을 보더라도 알 수 있다. 여성에게 기대되는 역할이 전통적 가사, 육아, 서비스직 역할의 범주의 속하며, 그리하여 여성의 노동을 가사노동의 연장 정도로 보는 사회에서의 '주부적' 노동은 평가 절하를 당할 수밖에 없게 된다. 그뿐만 아니라 실질적으로 가사와 직장이라는 이중 삼중의 짐을 함께 진 취업 주부는 가사의 짐에서 해방된 홀가분한 취업 남성과의 경쟁에서 그 업적을 장기적으로 겨룰 수 없는 것은 무리가 아니다. 그를 통해 쌓이는 것은 힘겨운 살림-직장 사이에서의 갈등이고, 직업의식의 약화가 초래되기 쉽다.

이처럼 가사노동의 무보수와 차별적 저임금은 결국 이중 역할이라는 짐을 여성에게 지게 하였고, 이 점이 바로 여성을 노동시장에서 도태케 하는 원인으로도 작용한다. 이러한 이중적 착취의 구조는 특히 가난한 여성에게 일종의 함정을 제공한다. 그것이 결과적으로 매춘 여성의 발생을 일어나게 한다. 요컨대 여성의 억압과 모순의 근원은 가족 내에 있기보다는 가족과 가족을 둘러싸고 있는 경제구조와 노동시장의 조건에 놓여있다.

1. 여성 노동에 대한 '성감가'(性減價) 현상

노동시장에서의 남녀의 성(gender)은 사회경제적 차별의 근원이 되고 있다. 단지 "성이 다르다"는 한 작은 생물학적 요인으로 인해 여성에게는 근거 없는 경제적 차별이 강요되어 고용기회부터 박탈되고, 임금, 승진, 퇴직 등에 이르기까지 불리한 조건이 되는 반면에 남성의 성(性)은 그 자체 하나만으로도 유리한 조건이 된다.

그리하여 노동시장에서는 인간의 능력보다는 흔히 성(性)이 우선적으로 작용하여 남녀에게 서로 상반된 현상을 일으키는 바 성이 남성에게는 유리한 조건이 되어 '성수당'(Geschlechtzuchlag)을 가져오는 데 반해 여성에게는 도리어 '성감가'(Geschlechtsabzug) 현상을 일으킨다.[22]

남성의 성수당이란 남성이란 성으로 인해 여성에게는 없는 특권을 부여받는 것이다. 즉, 남성은 고용과 직종의 제한 철폐, 더 높은 급여, 더 빠른 승진 등의 특별 대우의 결과로 직업적 능력 면에서 여성보다 우월하게 평가되며, 그 위에서 사회적 권위로 여성을 압도한다. 특히 임금 면에서 가족 수당까지 지원을 받게 되는 남성들은 따라서 가족(女)에 대해 지배·보호의 위치에 서게 되며, 이로 인해 여성·아내의 순종과 예속성을 보장받게 된다. 남성에 대한 제도적인 지원과 장치와 문화적 힘이 남성에 대한 여성의 뒷바라지를 보증받게 하는 힘인 것이다.

그러한 반면에 여성의 '성감가' 현상이란 노동시장에서의 여러 형태의 차별을 말한다. 고용평등원칙에 위배되는 고용기회 불평등, 승진에서의 제약, 임금 구조에서의 차별, 퇴직의 불평등(조기정년제)을 말한다. 또한 경기 변동에 따라서는 "제일 먼저 해고되고, 가장 늦게 고용되는" 열등 자원으로서의 대우를 받는다. 그러면 잠시 노동시장에서의 차별 현상을 열거해 보자.

노동부의 "성별임금실태에 관한 조사"23에 의하면 전 산업에서 여성 취업자의 평균소득은 15만 3,475원으로 남성 취업자(33만 9664원) 소득의 45.2% 수준으로 그 절반에도 못 미치는 실정이다. 가장 낮은 임금의 직종에서는 임금과 근로시간과는 오히려 역비례 관계로까지 일어나고 있다. 여성 근로자의 노동시간 주당(52.9시간)은 남성(51.2시간)보다도 장시간인 것이다(세계 제1위 장시간). 이를 두고 남성이 6시간 노동할 때 여성은 11시간 노동해야 비로소 동일 임금을 받게 되는 실정이라고 미국 맨해탄 은행의 동일 임금에 대한 한 조사(남성 1일=여성 3일 노동)는 논평한 적이 있다. 그러나 고급 기술과 지성, 전문성을 겨루는 전문 직종이라 하더라

---

22 K. Schirmacher, "Wie and in welchem Masse lasst sick die Wertung der Frauenarbeit steigern?" *Frauenarbeit und Beruf,* Hrsg. G. Brinker-Gabler (Fraukfust, 1979), 189.
23 노동부, "직종별 임금실태조사 보고서"(1983).

두 성차별이 사라졌다고 볼 수는 없디. 악사의 경우 남싱 소득의 70% 선에 만족해야 한다. 서구에서도 "동일 노동에 대한 동일 임금 그리고 동일 기회"가 여성 운동의 쟁점이 되고 있는 점으로 보아 경제적 평등은 아직 요원한 일 같다.

이런 성감가 현상은 임금 차등에서만 아니라 '병역필'의 남성을 선호 한다던가, 여성은 결혼·임신의 조기퇴직, 조기정년제가 내규(內規)로서 규정되어 취업 여성을 도중하차로 내모는 현상을 일으키기도 한다. 그러 면 여성에 대한 이 비합리적 차별 대우의 근거는 무엇인가?

그것은 가사노동과 모성 역할이 여성의 일차적 역할이며 의무라고 보는 데 기인한다. 그리하여 노동시장에서의 여성은 가계 보조적인 부차 적 노동력(Secondary worlser)[24]으로 취급되어 불평등 임금 구조는 합리 화된다. 반면에 남성은 식솔을 먹여 살려야 하는 '가장'(家長), '빵(밥)벌이 꾼'(Bread Winner)으로서의 역할이 일차적 의무로 규정되기에 이로 인한 근거 없는 우대와 혜택이 돌아간다.

이의 기능을 더욱 조장하고 지원하는 것이 남녀의 성역할 교육인 것 이다. 여성 교육의 중점과 핵심을 이루는 것이 후에 맡게 될 사회노동을 위한 기술이나 전문지식이 아니라 가사노동을 위한 욕아 내조, 즉 살림 교육 이른바 '알뜰 주부'가 여성 교육의 진수를 이룬다. 직업 전선에서 요구되는 실천력, 용기, 사명감, 결단력 등이 아니라 다소곳하고 온순하 며 헌신 양보하는 성품으로, 보조하고 위로하며 수동적인 역할로 교육되 어 결국 직업에서 보조직의 적격자로 키워진다. 이리하여 가정(남편)을 내조하기 위한 '알뜰 주부적 교육'은 직장에서 상관을 보조하기 위한 '살

---

24 V. Beechy, "Woman and production," *Feminism and Materialism,* ed. Kuhn Wolpe (London, 1978), 157-197.

뜰 비서적 교육'으로 대용되기도 한다. 말하자면 주부적 성품의 회화 (Hausewifization)라 할 것이다.

가정용으로 키워진 주부적 성품이 여성을 가정과 사회에서 가장 편리하고 값싸게 아무 때나 이용할 수 있는 '열등 자원'으로 만듦으로써 경제적인 효율성을 높인다. 이러한 풍부한 주부 노동력은 주부 값을 낮출 뿐만 아니라 노동자의 저임금을 유지시키며 위협하는 역할을 한다. 이로 인해 마침내 자본가 기업가는 이중의 이득과 혜택을 보게 되며, 지배와 통제는 강화된다. 여기서 자본가(기업가)가 1인의 봉급으로 2인을 고용하는 이윤의 정책을 쓰게 된다. 이로 인해 여성에게는 하나의 상전 (가장)이 둘의 상전(기업가 고용주)으로 증가한 셈이다. 이것이 바로 주부와 모성의 곤핍의 근거인 것이다.

2. 이중 역할(가사, 임금노동)의 부담과 갈등

노동시장에서 성차별은 여성이 가정과 직장의 역할을 동시에 짊어지기 때문에 생긴다. 우선 이중 역할부담은 한 개인의 시간과 역량을 양분함으로써 어느 한 분야에 투자되어야 할 개인의 시간과 역량을 절감시킨다. 그러므로 직업 세계에 모든 시간과 정력을 투자하는 남성 직업인과의 경쟁에서 이러한 이중 역할 담당자(女)는 남성과의 경쟁 시 자연히 뒤지게 되고, 장기적으로 볼 때 직업 세계로부터의 도태나 탈락되기 쉬운 조건이 된다. 직장 생활에서의 도중 탈락자는 임신·육아·살림을 도맡아야 하는 주부 아내, 모성인 여성들뿐이다. 즉, 남성들이 지지 않는 짐, 남성들의 몫(가사일)까지 겹으로 져야 하기 때문에 짐은 더욱 무겁다. 그런데 여성에게 직업 생활을 가능케 해주는 것은 남성의 경우처럼 내조를 받을 수 있을 때인데, 이때마저도 여성들(어머니, 여자 친척, 파출부, 탁아

소득)의 도움일 뿐이다. 그러니까 여성에게는 여성의 사회활동을 위한 '아내의 내조'가 없기 때문에 사회활동의 참여와 지속이 어렵다는 말이다. 이는 사회 참여 조건의 불평등이다. 마치 남녀 두 사람의 경주에서 홀홀단신으로 뛰는 남성에 비해 여자는 가능한 모든 장애물을 이고, 지고, 안고 뛰는 격이다. 즉, 남성의 가사노동의 짐에서 벗어났을 뿐 아니라 더 나아가 자신의 노동력조차도 자신이 재생시키지 않고서도 노동시장에서 자신의 전부를 투여할 수 있다. 이렇듯 이중 삼중으로 탈진된 여성과 가정에서 에너지 충전이 완료된 남성과의 경쟁을 겨룰만한 여성이란 아마도 초인 여성(Super Woman)일 뿐이다.

이렇듯 "시시한 일"이라고 평가되는 가사노동이야말로 남성이 자신의 일에 전력투구함으로써 눈에 보이지 않는 경제적 물질적 기반을 이루는 것이다.[25] 또한 가사노동의 역할과 이중 부담은 직업 세계에서의 여성의 진취성을 약화시키기도 한다. 기동성(mobility)과 융통성(flexibility)이 절대 요구되는 직업 세계에서 이중의 짐을 멘 여성에게는 이를 기대할 수 없으므로 기업 경영인들이 주부를 기피하는 원인이 되기도 한다. 이런 상황은 가정과 직장 간의 우선권(priority)의 문제와 결부된다. 예를 들면 가정에 무슨 일이 생겼을 때 직장을 결근하는 것은 남자가 아니라 여자 측이다. 이는 여성의 본업은 가정이라는 통념 때문이다. 그리하여 가부장제 가치관이나 사회제도는 여성의 취업을 지지해 주기보다는 '현모양처'상을 유지시키도록 기능하고 있다. 그러므로 현실적으로 볼 때 여성이 적극적인 직업과 능력을 갖고 직업을 지속시킨다는 것은 아직까지는 개인의 희생적인 노력과 굳은 각오 없이는 불가능한 취업 구조인 것이다.

여기에 바로 현대 여성들의 고민과 갈등이 도사리고 있다. 즉, 현대교

---

25 R. Ruether/손승희 역, 『새여성, 새세계』(현대사상사, 1980).

육을 통해 사회 참여적 욕구와 의식을 가졌으면서도 사회구조와 제도는 전통적 그대로인 채이다. 이중의 짐과 역할에서 현대 여성들이 갈등과 자기 분열을 경험하게 되는데 이것은 전통과 현대 사이에서 불분명한 자기 역할을 찾지 못하고 있고, 가정과 사회의 필요에 따라 임의로 사용되고 착취되고 있기 때문이다.

요약하면 이중 역할의 짐이란 여성 억압의 중심적 근원이 된다. 가정에서는 무보수, 사회에서는 차별(저)임금 대우, 그것도 '성'(gender)을 이유로 각종 제약과 불이익이 따른다. 가정에서의 무보수노동으로 인하여 이중의 노동과 역할이 발생하는 것이다. 따라서 임금노동에서의 차별대우는 가사노동의 지불화와 이중 역할이 지양될 때만이 그 개선이 가능할 것이다.

3. 무보수노동 · 차별 임금 · 절반(저)임금: 매매춘[26]의 발생

우리는 자신이 수행하는 노동과 그 보수에 의해 인간의 사회적 지위가 결정되는 화폐 중심적 자본주의사회에 살고 있다. 그런데 부불 가사노동이나 저(차별)임금 밖엔 어떤 다른 선택권이 없는 사회에서 여성의 사회적 지위는 낮을 수밖에 없다. 그리하여 그 노동을 통한 자립도, 인간적 존엄성도 지키는 것은 매우 힘든 일이다. 다시 말하면 불평등한 남성 중심적 결혼 제도와 차별적인 노동시장 외에 다른 선택권(atematines)이 주어지지 않을 때 여성의 성(性)은 본의와 다르게 생존의 도구로서 전락하게 될 수도 있는 것이다.

---

26 '매매춘'(買賣春)은 몸을 파는 여성, 몸을 사는 남성이라는 상호적인 의미에서 사용하였다. '매춘'에서 → '매매춘'이라는 통합적인 의미로 쓸 때라야 비로소 정확한 개념이 되겠다.

이미 지저한 대로 여성의 노동력의 교환가치가 그녀 생계비 이하로 지불될 때 가난에 고통당하는 여성은 그 성(性)과 육체를 교환가치물로서 인육 시장에 내놓도록 강요당하는 처지에 놓인다. 이렇듯 여성의 가사노동에 대한 '무가치성'(wertlosigkeit)이 마침내 이중 역할의 짐을 낳았고, 이중 노동에서 오는 저임금이나 실업의 가난을 극복하는 수단으로 매춘(賣春)이나 성적 서비스(sex-service)로 가난을 극복하려고 시도하게 된다. 결국은 부불노동이 매춘의 온상이 될 수도 있다. 이 온상을 촉진시키는 요인으로서 경제적 요인 외의 여성 교육의 영향 또한 무시할 수가 없을 것이다. 여성에게 적극적 노동관이나 자율적, 자존심 갖는 교육이라기보다는 남성만 바라보고 남성 위해 무엇이나 희생하는 희생적, 수동적, 의존적 여성을 키워내는 교육을 말한다.

요약하면 가사노동의 무가치성은 남녀 간의 부(富)의 편재 현상을 낳았고, 가부장제와 자본가에로의 부(富)의 집중은 경제적으로 '무력한' 여성을 낳았으며, 그 결과 성(性)을 교환가치물로 사용하는 몸 파는 매춘, 기생 등 섹스업(sexjob)이 성행케 되었다.

그러면 이런 여성 억압과 착취의 뿌리는 무엇인가? "… 그것은 자본주의도, 가부장제나 저임금도, 직장에서의 차별대우나 매춘도 그리고 성차별주의적 여성 교육도 아니다. 다만 그 결과로 나타난 현상일 뿐이다. 여성 억압의 참 뿌리는 가사노동과 모성에 대한 무제한적인 착취 바로 그것이다"라고 슈뢰더[27]는 결론을 맺고 있다.

---

27 H. Schroeder, 앞의 책, 18.

IV. 가사노동이 여성의 의식에 미치는 영향

인간의 의식은 노동조건에 의해 형성된다. 따라서 여성의 의식 역시 노동조건인 가사노동의 조건과 환경에 의해 영향을 받는다고 할 수 있다. 여기서는 가사노동을 통해 나타나는 자아상과 갈등은 어떤 것인가 그리고 여성의 자아실현과는 어떤 문제가 있는가 살펴본다.

1. 주부 신화의 허구성

여성에게는 가정을, 남성에게는 세상을 할당한 성별 노동 분업은 인간의 역사에서 가장 오래된 분업이었다. 가부장제 사회는 남녀의 생물학적인 차이를 들어 그것은 '자연적인' 분업이며, 따라서 보편적 진리라고 규정하였다. 그리하여 '여성성'(feminity)이 '가정적 성품'(domesticity)으로 동일시되는 가부장제 사회에서는 여성의 본질은 '어머니-주부-아내'의 역할이라고 교육이 되어 왔고, 이 역할은 오늘까지 이상형으로 내면화되어 왔다. 그러나 이런 류의 대입은 남성에게 일어나지 않아 남성을 부(夫)나 부(父)라는 생물학적인 역할보다는 사회적 역할이 강조·기대되어 왔다. 이러한 성별 노동 분업은 여성의 지고의 행복과 사명이 오직 여성만이 가사 담당이라는 '주부 신화'와 오직 여성만이 자녀 양육에 최적자라는 '모성 신화'를 창출하기에 이른 것이다.[28]

그러면 주부-모성 신화의 실체는 무엇인가? 그 신화에는 오직 자녀와 남편 그리고 집만이 존재한다. 그 집안에는 여성에게는 "인류를 요약

---

28 A. Oakley, "Myth of Women's place," *Woman's Work* (New York: Pantheon Books, 1977), 156.

하고 있는 남편과 미래 전체의 축소판인 아이들"이 있다.[29] 그녀의 사명은 가족에게 심신의 휴식처를 제공하고 정서를 안정시키며, 외부에서 받은 상처를 치유하고, 남성의 성적 욕구를 충족시키기 위한 멋진 "모조품 에덴"[30]을 조형하는 일에 있다. 남성에게는 '쉼터'가 되는 집은 여성의 일터가 되며, 여성의 노동력과 신경과 시간 전부를 요구하는 전일노동업(fulltime job)이며, 그것은 여성 일생동안, 여성 대대로 여성을 종신제 '집사람'으로 묶어둔다. '집사람'은 가족원의 이익과 평안과 번영에 쓰여지고, 나아가 전사회의 이익에까지 사용된다.[31] 이러할 때 주부의 지위는 봉사자와 예속자의 지위를 인정함으로써만 존재가 인정되는 처지라면, 거기에는 오직 타인을 위한 희생과 봉사 외에 여성 자신의 자아실현의 가능성은 존재하지 않는 것이다. 자아를 상실한 이타주의 삶이 일방적일 때 그것은 갈등과 문제성을 일으키기 마련이다. 이것이 곧 주부병이다. 즉, 적극적인 모성의 역할이 끝날 즈음 그녀는 여성 실존에 대해 회의적이 되어 결국 병명도 알 수 없고, 따라서 처방도 할 수 없는 병에 걸린다고 호소되기도 한다. 이것이 바로 1970년대 미국과 구라파에 주부 운동에 도화선이 되었던 '주부병'이기도 하였다.

이러한 주부-모성 신화는 실제로 여성을 남성과 가정에 더욱 예속시키고 또한 열등감과 주부병을 갖게 하는 은폐된 도구적 역할을 한다고 볼 수 있다. 아무리 모성 찬양 소리가 높을 때 일지라도 주부-모성은 봉사와 예속의 자리에 있음으로써 타인의 번영의 도구(수단)일 뿐이다.

---

29 시몬느 보봐르/조홍식 역, 『제2의 성』 (을유문화사, 1977).

30 Ruether, 앞의 책.

31 Werlhof, 앞의 책, 122.

2. '시시포스 노동'과 주부 의식

가사노동이란 여성의 능력과 집중력을 분산시키는 성질의 것이고, 남성의 일이란 능력과 집중을 요하는 성질의 것(결국 창조적 생산을 할 수 있는 것)임을 영국의 경제학자 밀(J.S. Mill)이 이미 150여 년 전에 지적한 바 있다. 십여 개나 되는 역할을 맡는 주부는 500여 개나 되는 가정 살림 품목을 모조리 다 관장하고 있어야 한다. 주부의 신경과 에너지가 수십, 수백(혹은 수천)의 갈래로 쪼개져 있어 결국 여성은 주의가 산만하여 집중력도 없고, 정신적 노동·학문·예술을 창조하지도, 사회노동에도 적합하지도 못하다고 사회에서는 단정해버린다. 그러나 이렇게 "자질구레하고", "일 같지 않으며", "쓸고 닦고 지지고 볶는 일"들[32]이 겹겹이 쌓여 인간은 비로소 휴식을 누리는 게 아닌가?

좀 더 구체적으로 가사노동 내용을 열거해 본다. 독일의 4인 가족을 위한 1년간 주부의 가사노동 내용은 다음과 같다.

1,300개의 접시 닦기, 3,000개의 사발 닦기.
18,000개의 포크와 나이프 씻기, 80,000번의 빵 썰기.
6,000개의 컵과 잔 씻기, 30,000㎡의 마루 청소하기(15,000평)
1,500번의 침대 시트 갈기, 7,000kg의 식료품 운반하기.
5,000kg의 집 안에서 물건 나르기, 5,000kan의 집 안에서 걷기.

위에 열거된 노동 분량에는 임신, 출산, 수유, 육아, 자녀교육, 남편 서비스 등은 제외된 것이다. 한국의 주부의 가사노동량은 조사된 것이 없으

---

32 주부들의 인터뷰에서 인용하였다.

'해도 안 보이고 안 하면 보이는' 가사노동, 일주일 분의 가사노동을 한눈에 보이도록 진열한 사진 (출처: 미국 「life」지, 1949)

나 옛말에 "어머니 하루 살림살이가 도량(道量) 80리"라는 말은 이에 유사한 비유가 될 것이다.

이처럼 "고무줄처럼 늘어나는 일", "하면 안 보이고, 안 하면 보이는" 가사일은 품목은 복잡하게 많으나 매우 단조롭고 반복적이며, 네 벽 안에 격리된 일, 누가 안 알아주는 일이 주부에게는 매일, 1년, 10년, 여성 일생 반복되는 일이다. 보봐르[33]는 가사노동의 이런 성격을 들어 "시시포스(Sisyphus)의 노동"으로 비유한다. "가정주부의 일만큼 시시포스의 형벌을 닮은 것도 없다. 날이면 날마다 그릇을 닦고, 과거의 먼지를 털고 속옷을 꿰매야 한다. 이런 것들은 내일 또 더러워질 것이고 먼지가 앉을

---

33 보봐르, 앞의 책, 505. 시시포스란 희랍신화의 인물로, 코린토스의 왕으로서 제우스 신을 속인 죄로 사후 지옥에서 바위를 산정에 끌어올리면 다시 산 밑으로 굴러 떨어져 이를 한 없이 되풀이하는 미래 영겁의 형벌을 받았다.

것이며 또 터질 것이다. 이렇듯 주부는 한 곳에서 제자리걸음을 하며, 정열을 소모하고 있다." 이 가사 일은 성취되자마자 소모되고 파괴되며 또한 더러워지는 생리를 갖고 있다. 주부는 '순간의 완성'을 위하여 하루 종일 전력투구를 한다. 그녀들이 직면하는 상황은 항상 불결, 먼지, 때, 무질서이며 이에 대해 공격하고 싸우는 주부는 "자질구레하고, 왜소하며 작은 일에도 놀라는 신경질적인 사람이 된다." 주부는 좀 더 좋은 세계를 건설하는 데 참여하지 못하고 사물의 부정적인 양상밖에는 파악치 못하게 된다.

주부는 가족들의 작은 움직임과 숨결마저도 질서를 깨뜨리는 위협으로 느끼게 되어 아이들의 자유분방한 놀이를 제한하는 것이다. 이런 노동조건은 주부에게 자기 체념과 무감각의 심리 상태를 요구하거나 혹은 청결의 취미를 강요당하든가 아니면 자학적 심성 혹은 '소인적' 안목을 습득하게 한다. 여성 일생동안 피할 수 없는 이 상황에서 주부는 설명할 수 없는 짜증과 우울증 그리고 무력감을 갖게 된다. 이것이 바로 '주부병'(Housewife Syndrome)을 만드는 환경 요인의 하나이다. 이러한 주부의 갈등과 불만을 소비와 사치로 풀도록 끊임없이 자본주의는 유혹한다.

3. 물신숭배주의

주거와 음식과 보살핌은 삶에 절대적으로 필요한 것이기는 해도 삶의 목적은 아니다. 삶에 필요한 수단에 불과한 물건에 주부는 매달려 있다. 자녀와 남편이 그녀의 삶의 내용이어야 함에도 불구하고 주부에게는 물질(건)을 다루는 것이 삶의 목적처럼 되어버렸다. 주부가 새벽부터 밤까지 서 있는 것은 육아나 교육 때문이 아니라 바로 물질을 다루는 가사노동 때문이다. 주부의 보살핌은 자녀와 남편의 물질적 욕구의 뒤를 따른 일이다. 그것에 맹목적으로 사로잡혀 있게 되면 "남편을 위해 밥이 있는지, 밥을 위해 남편이 존재하는지"[34] 혼동하게 된다. 즉, 주객이 전도되는 현상을 경험하게 된다.

이런 현상은 주부와 남편(자녀)과의 관계에 의문을 제기한다. 주부란 결국 남편과 자녀를 위해 필요한 식료품을 구입하고 요리하는 '추상적 도구'로 전락할 수 있으며, 이때 여성은 남성이 아닌 '주방과 결혼'한 것이 되고, 남성은 한 여성이 아닌 '주부(食母)와 결혼'한 결과가 되기 쉽다. 사랑의 관계가 우선이어야 할 남녀의 결합은 주방 중심적으로 될 때 양자의 관계는 상호 소외되고, 타락되기 쉽다고 질만은 지적하고 있다.[35] 이때 가족원에 의해 소모되어야 할 물질에 매달린 주부는 하나의 인격으로서보다는 가사노동과 뒷바라지의 기능인으로서 우선하게 된다. 이때 주부에게는 자아에 대한 감각보다는 기능인에 대한 감각이 더욱 발달되는 것이다. 결국 주부의 삶의 내용은 남편과 자녀를 위한 물건의 숭배(Kult)일 뿐으로 주부는 "물신숭배주의"(Fetishism)에 빠지기 쉽다. 이것이 바로 가사노동이 여성에게 제공하는 함정이기도 하다.

4. '현모양처'상 — 개인적·사회적·정치적 무력증

사실상 주부-모성은 자녀들의 수많은 욕구 중 일부만을 충족시켜줄 뿐이다. 그것은 무엇보다도 생리적 욕구, 물질적 뒷바라지이다. 자녀가

---

34 K. Schrader-Klebert, "Die kultur Revolution the Frau," *Frau, Familie, Gesellschaft* (Frankfust, 1974), 28 (손덕수 역, 미간행).

35 C. P. Gilmann, "여성과 경제," 미리암 슈네어 편/강기원 역, 『여성의 권리』 (문학과 지성사, 1981), 250-260. ① 인류는 비전문가인 주부에게 요리를 맡김으로써 건강식에 실패하였고, ② 여성은 오직 남성의 '몸종'으로 전락된다.

배고플까 봐, 남편이 불편을 느낄까 봐, 살림의 리듬이 깨어질까 봐 늘 불안하고 안절부절이다. 주부는 가족원의 욕구에 따라 움직이다가 나중에는 자기 자신의 불안을 뒤쫓게 되고 만다.[36] 가족의 욕구에 따라 자신을 몰두할 때 주부는 그제야 안심하고, '행복'해하지만, 주부는 거기에도 존재하지 않는다.[37] 주부란 결국 자신의 '불안'과 '죄책감'으로 인해 전전긍긍하며 시달리게 되는데, 이 현상은 모든 계층의 주부가 시달리게 되는 공통된 현상이다. 그리하여 자연히 가정 외에는 사회에 대한 관심도, 접촉도 없게 되고 또한 이를 원치 않게 된다. 이 불안 때문에 자신의 이해 관심이나 자아실현의 문제는 소홀하게 된다. 가족을 위한 희생정신이나 이타주의를 통하여 '자기 긍정'을 할 수밖에 없는 여성은 예속자의 지위를 인정함으로써만 자신의 존재를 발견한다.[38]

이런 주부모성상이 여성 자신과 자녀에게 어떻게 반영되고 있을까?

가사노동에 대한 주부의 만족도는 학력이 높을수록 그리고 전문직에 종사하는 여성일수록 낮게 나타났다. 자아실현을 위해 사회활동을 원하고 있으며(86.3%), "집에서는 퇴보되어 가는 자신을 발견한다"고 고백하고 있다.[39]

---

36 Protokolle der Toechtern ueder inre Muetter: Frauen & Muetter, 47.
37 앞의 책, 49.
38 보봐르, 앞의 책, 515.
39 김미숙, "산업 사회에서 도시 주부의 역할에 대한 태도 연구," 이화여자대학교 석사학위 논문, 1981.

학력과 가사노동 만족도

학력	%	인원
무학	62	2
국졸	51	19
중퇴, 중졸	47	53
고퇴, 고졸	44	132
대퇴, 대졸	38	136
대학원	37	7

직업 종류와 가사노동 만족도

직업종류	%	인원
전문직	29.2	29
행정관리직	42.7	6
사무직	41.7	63
판매직	39.9	21
서비스직	36.8	4
생산6직	48.8	15

이화여대(420명)에서의 조사 결과는 약 70%의 학생이 "어머니 희생에는 감사하지만, 결코 어머니같이 되고 싶지 않다"고 거부 반응을 보였고, 그중에는 어머니를 "지나친 희생", "물질적 만족으로 족한 존재", "자신을 상실한 존재" 등으로 비판하고 있다.

보봐르는 이를 아이러니컬하게 분석한다. "여자는 스스로 먹이가 됨으로써 얻는다. 자기 권리는 포기함으로써 자신을 '해방'시키고, 세계를 단념함으로써 다른 세계를 얻는다. … 그러나 그것은 봉사에 의해서만 규정되는 신분이요, 예속에 의해서만 지위가 승인되는 자리"라고 지적한다.[40] 가족을 "사랑하기 때문에, 노동으로서 이를 보이고, 노동으로써 사랑을 표시하는"[41]가사노동이야말로 여성에게 자신을 포기하기를 요구한다. 그러나 상실된 자아와 자율적이 되려는 인간 본능 사이에서 여성은 자신과 투쟁하면서 끊임없이 갈등과 모순을 겪게 된다. 미사여구로 장식된 현모양처상이란 바로 여성 소외적인, 즉 희생적 어머니, 순종적인 아내, 인종의 주부 등 삼대의 미덕을 한 몸에 지닌 전통적인 상을 그 내용으로 한다. 1920년대 신여성도 거부한[42] 이 여성상은 70년이 지난 오늘날까지도 이상적 여성상으로 칭송되고 있다.

그러면 가부장제 사회가 이처럼 열광해 온 '현모양처'상의 사회적

기타	39.8	15
	39.0	1
무응답	52.3	14

40 보봐르, 앞의 책, 515.

41 G. Bock & B. Duden, "Zur Entstehung der Hausarbeit in Kapitalismus," *Frauen & Wissenschaft* (Berlin, 1976), 121.

42 무의미하고, 철저하지 못한 '현모양처'라는 기계를 만들지 않고, 독립적 인격으로, 사회와 민족을 위하여 유용하고 인격적인 교육을 시켜달라고 호소한 바 있다. "여자교육론," 「여자계」(女子界) (1918).

기능은 무엇인가? 첫째로 '현모양처'라는 미명하에 여성이 순치되고 여성 해방 의식은 소멸되며, 대신 노예근성이 주입된다.[43] 둘째로 가족의 안락과 번영을 위하여 자신의 모든 것을 '공짜'로, 부불노동력으로서 투신하는 '현모양처'야 말로 복지사회의 초석의 기능을 하며, 셋째로 '현모양처'상은 가족이기주의(내 것, 내 자식, 내 남편)의 온상이 되며, 사회에 대한 무관심과 소외, 몰정치화를 초래케 한다. 즉, 가족-이기성과 사회-폐쇄성, 정치-무관심을 통해 여성의 사회 참여나 사회정치 통제력은 행사치 못하게 된다.

국가와 남성(가족)의 번영과 발전의 기초가 된 여성들의 노동은 더 이상 묵과할 수는 없는 일이다. 여성이 공짜 일을 하면 할수록 국가와 가부장들을 부를 축적하게 될 것이고, 여성은 더욱 더 빈(貧)하고 의존적으로 될 것이기 때문이다. 공짜 일이 주체자로서, 가부장의 부속물로서, 성욕의 대상으로써 규정되는 여성의 가정적 역할 그리고 노동시장에서의 여러 불합리한 차별적 대우는 가사노동의 지불화(혹은 사회화)의 작업이 선행될 때라야 점차 지양될 것으로 본다.

V. 결론과 대책: 가사노동과 여성복지와의 관계

가사노동에 대한 불가시성(不可見性)은 가사노동에의 무가치성(無價値性)을 낳았고, 이것이 바로 여성이 역사적으로 사회적으로 '안 보이고', '별 볼 일 없는' 존재로 살아오게 된 이유이기도 하다. 또한 사회경제적으로 불가시한 가사노동(살림) 속에 여성들의 공헌과 업적이 은폐되어

---

43 한완상, "여성과 사회의식," 「세계여성의 해 기념자료」 (한국여성협회, 1975).

아무도 기록을 하지 않음으로써 여성 역사(Herstory)가 존재할 수 없었던 이유이기도 하다. 이와 같이 부불노동만이 전담된 여성의 사회노동이란 오직 저(차별)임금이 우선적으로 배당된 사회에서는 여성은 아무리 노동을 몇 배로 해내도 '노동'이나 '생산 가치적'으로 간주해 주지 않음으로써 화폐 경제권, 더 나아가 권력에서 배제될 수밖에 없으며, 따라서 화폐 경제권(권력)을 장악한 남성에게 의존하고 예속된 처지로 전락할 수밖에 없는 것이다. 그와 더불어 여성에게 부과되는 현모양처 이데올로기에 의해 여성의 예속성과 봉사적 지위는 여성의 '자연적인' 역할로 인식케 하였다.

이러한 가사노동의 경제적 문화적 환경과 조건에서 여성의 사회적 미성숙과 정치적 무력감은 형성되며, 따라서 여성 해방 의식은 소멸될 수밖에 없으며 오직 여성을 가족이기주의의 전형으로 만들어 버린다. 이러한 역사적 경제적 문화적 조건에서 여성과 그 노동은 무제한적으로 착취되어 왔으며, 그 기반 위에서 구축된 것이 가부장제적(자본주의적) 복지사회의 물적 기반이라고 할 수 있다. 그러므로 작금의 복지사회란 엄밀히 분석하면 여성과 여성 노동에 정당한 지불 없이 수행된 여성 억압과 착취를 그 기반으로 하고 있다고 해야 옳을 것이다. 여성의 비복지(非福祉) 위에서 사회의 복지가 출발되고 번영된 것이라면 그것은 완전한 복지가 아닐뿐더러 재구성이 요구되는 것이다.

그러면 우리는 여성의 복지적 측면에서 가사노동을 어떻게 재구성하고 평가해야 할 것인가? 그것은 가사노동의 지불화와 사회화 그리고 가정과 사회에서의 성역할 분담 철폐를 과감히 시도하는 데서 그 출발점을 삼을 수 있을 것이다.

1) 가사노동은 '생산적'이고 '공적인' 노동으로 재규정하여 지불되거

나 사회화시켜야 한다.

2) 가정과 사회에서 성차별적 역할 분담은 지양되어야 하며, 성별에 따른 역할 분담이 아닌 각자 능력과 취향에 다른 분업이 있어야 한다.

3) 남녀 교육은 성차별적 교육에서 전인적(全人的) 교육으로 전환되어야 한다.

4) 인간에게 행복과 번영을 가져다 주는 모든 일은 '노동'으로 규정되어야 하며, GNP가 아니라 GNH(Gross National Happiness), 즉 '생산'보다는 '행복'의 중요성이 강조되어야 한다.

그리고 가사노동과 성역할 분담의 전면 개편은 다음과 같은 사회의 변혁을 가져올 것이다.

1) 억압되고 하찮게 여겨졌던 일에 대한 새로운 의미가 살아나고, 따라서 과소평가된(모든) 인간에 대한 중요성이 되살아난다.

2) 노동시장의 구조가 변화되어 근거 없는 남녀 차별은 약화될 것이고, 여성 '특유적' 억압이나 '보호'는 그 정당성을 상실할 것이다. 남성우위의 위계질서적 사고는 약화될 것이다.

3) 여성은 가정과 취업이라는 이중 역할의 짐에서 벗어날 수 있으며 양자택일적인 갈등은 해소된다.

4) 가부장제적인 결혼과 가정에서의 여성 예속은 그 종말을 고할 것이다. 그러나 무엇보다도 '살림' 문화의 주체자인 여성이 '가시적'으로 될 때 생명 문화의 중요성은 점차 인식될 것이다.

이화여대출판부, 『한국 여성 과잉』, 여성학 교재 1985에 수록된 글

성차별 인식과 여성 해방의 철학

I. 머리말

성차별(sexism)이란 생물학적인 성을 기초로 하여 여성(남성) 집단이나 여(남)성 개인에 대해 사회적으로 부과된 편견이나 차별을 뜻한다.[1] 즉, 타고난 성이 다르다는 이유로 남녀 간에 우열의 가치를 부여하여 차별하는 것이다.

이러한 성차별은 가부장제 사회가 존립해온 이래로 여성에 대한 가장 오래된 인간 억압 형태이다. 아이는 성장해서 어른이 되고, 빈자는 부자도 되어 계급차별은 약화되기도 하지만, 여자는 남자가 될 수 없는 한 평생 '여자'로서 차별을 받는다. 이는 나이, 계급, 인종에 관계 없이 여자라면 차별을 하는 시공을 초월한 역사적 원리[2]라는 점에서 여성에게는 카스트적(caste)인 성격을 갖는다.

여성에 대한 차별 인식은 정치 문화 사회의 각 제도와 행위 양식 속

---

1 L. Schneider, C.W. Stephanm, *Human Responses to Social Problems* (Illi : Dorsey Press, 1981), 34f.

2 게이트 밀레트, 『성의 정치학』, 정의숙·조정호 공역 (서울 : 현대사상사, 1976).

에 존재하고 있으며, 이로 인해 여성은 경제적으로나 정서적으로 보다 많은 희생과 대가를 치르고 있다.

이러한 생물학적인 '작은 차이'는 여성에게는 정치경제 사회적인 '큰 차별'로 둔갑하고 여성을 '2등 계급 인간' 혹은 사회의 주변적 존재로 만드는 원인이 되고 있다. 이 성차별은 또한 가부장 사회를 존속시키는 이데올로기와 기제(mechnismen)로서 작용하여 남성우월주의-여성열등주의의 악순환을 잇는 고리이기도 하다. 그리하여 남녀의 우열주의가 핵심이 된 성차별이란 가부장제의 또 다른 이름이기도 하다.

오늘날 성차별을 사회문제로서 인식하여 거론하기 시작한 것은 서구 사회에서의 반전운동과 함께 1975년 '세계여성의 해'의 설정을 전후로 해서부터이다. 인류는 여성을 성차별, 남성을 우대하는 것은 인류 모두의 평화 평등 발전에 크나큰 걸림돌이라 규정하게 되었고, 그로부터 성차별의 극복을 위한 연구와 대책이 논의되기 시작하였다.

그러면 서구에서의 성차별의 사회적 역사적 원인은 어디에 있었으며, 그것은 역사를 통해 어떻게 심화 · 변명 · 변천되어 갔으며, 그것을 극복하려는 노력은 어떠하였는가? 성 억압에 대한 인식은 언제부터 어떤 동기로 나오게 되었는가? 이를 극복하기 위한 사상적 이론적 시도는 어떠하였는가? 서양 문화 속에 통합된 성차별을 분석하기 위하여 다음 네 가지 단원으로 나눠 설명한다.

① 신화 종교 철학에 나타난 성차별 속에서 여성 억압의 근원은? ② 여성 억압과 차별을 인식해내고 극복하기 위한 고전적 이론은 어떠한가? ③ '여성적' 이념은 가정과 사회제도 속에서 어떻게 실천되고 평가되었으며 여성의 사회적 실적은 무엇인가? ④ 현대 여성 해방론에서의 차별에 대한 인식과 해결을 시도하는 대안책 등을 다루어 보았다.

II. 신화 종교 철학에서의 왜곡된 성차별 인식

1. 고대 철학의 이원론과 신화 속에 나타난 여성 열등론

인류 간의 가장 오래된 억압은 성 억압이었으며, 인권 시대로 불리우는 오늘날까지 내려오는 해묵은 갈등이다. 성 억압은 고대 중세를 통해 더욱 심화되었고, 현대로 오며 남성의 계몽·자유 의식만큼 시대의 필요에 따라 성 억압은 완화되었다.

그러면 무엇이 그토록 오랫동안 성 억압을 가능케 하였을까? 여성학 학자들은 세 가지 요인으로 설명하고 있다. 즉, ① 여(女)성의 생물학적 보편성, ② '여성성'이라는 이데올로기, ③ 여(女)성의 경제적 예속 관계, 다른 말로 환원한다면 신체적으로 연약한 여성은 출산을 해야 하기 때문에 지적·경제적 결핍이 불가피하고, 이것이 곧 여성 해방의 저해 요인이라는 것이다. 문제의 근원을 캐어 보려면 거슬러 올라가 인간 창조의 원인론적인 질문을 하지 않으면 안 된다. 우주의 원리와 남녀 창조가 어떻게 시작되었는가 하는 물음이다. 최초의 상태인 옛것은 모두 '자연스러운 것'이고, '옳은 것'이라는 생각이다. 원인 분석 작업은 매우 방대하다. 본 연구는 고대 중세 근세를 통한 종교 철학적인 측면에서 남녀의 관계를 약술하고자 한다.

동양에서는 우주와 인간의 근본 원리를 음양론으로 보았고, 서양에서는 이원론(dualism)으로 보았다. 즉, 빛-어둠, 정신-물질, 강함-약함 등으로 규정하여 전자는 남성으로 대비하여 긍정적인 것, 후자는 여성으로 대비하여 부정적인 것으로 상징화하였다.

고대(古代) 수학자 피타고라스(Pythagoras) 역시 "질서와 광명과 남자를 창조한 선(善)의 원리와 혼돈과 암흑과 여자를 창조한 악(惡)의 원리가

있다"고 주장하였다.[3]

　이렇듯 고대사회에서는 여성은 육체적인 것으로 대표되어 세속·불결 (죄)악으로 연결되었고, 남성은 육체를 가졌음에도 정신세계와 동일시되어 우월하고 선한 존재로 여겨졌다. 이와 같은 "남성-우월, 여성-열등" 사상은 희랍의 플라톤(Platon)과 유대 남성들의 유명한 기도문 속에서도 잘 나타나 있다. 즉, 자신을 노예가 아니라 자유인으로, 여자가 아니라 남자로 태어나게 해주신 신(神)의 은혜에 감사한다는 것이다.[4] 자유로운 희랍, 남성에 대칭되게 여성을 자연적으로 노예성을 지닌 인간으로 본 아리스토텔레스(Aristoteles)도 이성의 대표자이며 자유로운 인간인 남성이 여자 노예 야만인으로 대표되는 "육체적" 인간을 다스려야 한다고 주장하였다.[5] 여성을 "질적(質的)인 어떤 결여 때문에 여성"이라고 본 그의 수태론에는 이미 그의 지적(知的)인 결핍과 무지가 엿보인다. 그는 남자의 정자(精子) 속에는 이미 극미인(極微人: 완전 형태를 갖춘 아주 미세한 인간)이 들어 있는 것으로 착각하였고, 여자의 기능이란 오직 이 극미인을 보자기(자궁)로 감싸 성장케 할 뿐, 여성의 절대적 기능을 망각한, 즉 남성 반쪽이 완전 창조자라는 이론을 설파했다. 고대사회에서는 여성의 생물학적인 특수성은 몰이해되어 여성은 부수적 보조적 비본질적 인간으로 규정되었다. 즉, 남자만이 인간생성에 주체적 능동자, 핵근(核根) 성분의 소유자, 수여자라는 것이었다.

　남성 유아독존인 사고는 서양 언어(영어, 불어, 독어 등)에 잘 드러나 있다. 예를 들면 인간은 남성(human=man)과 동일어로 쓰이고 있는 것만 보아도 알 수 있다. 이와 같이 여성 열등론은 신화종교 철학사상 속에

---

3 보봐르,『제 2의 성』, 12.
4 같은 글, 22.
5 류터,『새여성 새세계』, 30.

용화되어서 역사와 문화는 온통 성차별적으로 채색되어 갔다. "남성은 역사를 만든다. 그 역사란 바로 여자"라는 니체의 말처럼 여자는 가부장제 신화종교 법률에서 '가공'되어 갔다. 남성들의 지배욕을 그대로 반영하는 곳이 신화종교라고 한다면 인간 의식 형성에 막강한 영향력을 행사하고 있는 기독교의 창조설은 분석되어야 할 것이다.

이 신화에서도 여성의 생물학적인 차이와 특수성이 여성의 지적 · 도덕적 결핍, 출산의 기능과 연결되어 여성은 열등한 것, 부정적인 것, 악한 것으로 서술되어 진다. 우리에게 익숙한 신화의 핵심을 분석해 보면,

남성(아담) 창조 이후 두 번째로 만들어진 여성(이브)은 남자의 "여분의 뼈"로서 남성을 돕는 배필로서 만들어졌다. 단순한 육욕의 덩어리인 그녀는 열등성으로 인해 파충류(뱀)의 감언에 유혹되어 선악과를 따먹음으로써 남자를 향한 유혹자, 하나님을 향한 최초의 반란자, 인류 전체를 타락시킨 대표자로서 정죄 당한다. 여성은 인간사에 조화와 질서와 행복에 대한 원수로 여겨지고 있다. 그리하여 출산의 고통(저주)을 감내하고, 남편을 섬겨야 한다는 여자에 대한 처벌은 본질상 더 정치적이며 여자의 종속적 지위를 합리화시킨 멋진 각색이었다.[6]

여기서도 역시 인류의 전형은 남자이고, 여자는 남성(性)의 속성으로 묘사되었다. 여자는 여자 자체로서가 아니라 남자와의 관계에서, 즉 상대적인 관계, 우열의 관계로서 왜곡시켰다. 이것이 곧 여성 인간성의 왜곡이다. 이는 두 가지 기능을 한다. ① 남성의 정체적인 인류의 표준이라

---

6 밀레트, 앞의 글, 105; 로즈마리 류터, 『성차별과 신학』, 안상님 역 (서울: 대한기독교출판사, 1985), 180.

는 점, ② 여성의 노예적 역할을 정당화 시킨다는 점이다.[7] 다른 한편으로는 신화종교에서 거듭 반복되는 모성만은 신성시된다는 이율배반적인 관점이 있다. 여성 인격이 아니라 모성만이 신성시된다고 할 때, 모성 역시 가부장제를 존속시켜주는 수단 도구일 뿐이다.[8] 왜냐면 여성의 모든 재능과 인격이 자궁을 위해 퇴화되어야 한다면, 모성은 여성의 자아실현에 걸림돌이 될 수밖에 없기 때문이다.

그러나 무엇보다도 가부장제의 결정적인 오류와 실수는 출산을 저주와 연결시켰다는 점이다. 인류 역사와 문명 그리고 번영을 가능케 한 시발점이란 여성의 인간 생명의 분만을 고려하지 않고는 불가능한 것이 아닌가? 그러나 출산과 육아가 곧 여성 삶 자체였고, 인류에 대한 최선 최대의 공헌이었음에도 출산을 저주와 연결시키는 의도는 도대체 무엇이었을까? 여성=모성=출산(자궁)=저주라는 도식의 이념이란 여성 경시라는 차원을 넘는 인간 생명 경시 사상의 출발점이기도 하다.

양성의 조화를 겨냥했던 '성의 차이'가 성의 차별, 인간 차별 사상으로 전락되어 남녀 관계는 주종 관계가 자연적인 것처럼 되어갔다. 남녀 우열-주종 관계에서 남성은 그 자신이 '주인'(하나님)이 되어 여자 위에 군림하는 남성전제주의의 역사를 엮어 나갔다. 밀(J.S. Mill)은 사회의 모든 억압 형태는 이러한 남녀관계에서 그 모델을 모방해갔다고 경계하면서 "남성의 이기적 성벽, 자기 숭배, 우월 의식 등은 이런 성차별주의에서 그 근원이 배태 육성되었다. 그리고 모든 억압 형태의 심리적 기반이 되었다"고 경고하고 있다.[9]

---

7 류터, 『성차별과 신학』, 177

8 장상, "여성신학과 창조신앙의 의의," 『한국 여성신학의 과제』, 한국여신학자협의회 편 (서울: 한국여신학자협의회, 1983), 44.

9 J.S. Mill, *The Subjection of Women* (1989); 윤후정, "여성문제의 본질과 방향," 『여성

류터(R. Ruether) 역시 인종차별주의, 계급주의, 식민주의 등은 이원론과 남녀의 성관계에서 본떠서 만든 것이라고 역설한다.[10]

2. 중세신학의 성 억압과 여성혐오주의

여성은 "약(弱)·악(惡)·열등"하다는 가부장제 신화와 성차별주의는 중세의 교부들에 의해 전수되고 심화되었다. 이들 역시 육체와 정신의 이원론 악마와 천사의 이원론에서 여성의 본질을 여전히 부정적인 측면에 놓고 이론화하고 체계화해나갔다.

중세기 철학사상의 금자탑을 이루었다는 아퀴나스는 성서적인 성 개념을 벗어나지 못한 채로 "여자는 우발적인 존재, 불완전한 남자"라고 피력하였고, 종교개혁자 루터 역시 "여성은 약한 그릇이자 애기 낳는 도구"라고 혹평을 서슴지 않았다.

남성과 여성이 영혼과 육체의 이분법으로 표현한 교부들의 인간학에서 여자는 지배하는 정신에게 복종하는 육체(아내)가 되든지 아니면 이성의 지배에 대해 반항하는 감각적인 육체(창녀)가 되든지 어느 한쪽에 죄를 정죄하는 식으로 여자를 정의한다.[11]

육체의 원리를 본질적으로 악마적인 것으로 본 중세 사상에서는 "여성이란 불가피한 유혹이며, 우정의 적이며, 이상한 재앙이며, 집안의 위험물이고, 외양만 그럴듯한 자연의 악(惡)"이라 규정한다.

중세에 있어서 여자에 대한 적의가 최고도에 달했던 것은 15~17세기에 있었던 마녀학살이었다. 300년간 마녀로서 희생된 여자의 수가 유럽

학』(서울: 이대출판부, 1980), 51.

10 로즈마리 류터(1869), 앞의 글, 16.

11 같은 글, 33.

에서만도 무려 100만[12]에 이르고 있다.[13]

그러면 마법의 근원은 어디에 있었는가? 여기서도 인용되는 것은 창조 이야기와 여성의 원죄에 대한 신화이다.[14] 즉, 하나님이 애초에 여자를 만들 때 어떤 결함이 있었다. 왜냐하면 '구부러진 갈비뼈'로 만들었고… 그런 결함으로 여자는 불완전하기에 남을 속인다. … 여자는 육체적으로 정신적으로도 연약하기 때문에 또한 마법에 쉽게 홀린다. 마법은 여성의 열등한 '본성'과 밀접하게 연관되어 있다. 여성(Feminus)이라는 원어가 바로 신앙의 결여에서 유래된 것으로 보아도 알 수 있다.

마녀의 특징은 여성의 열등성 외에도 여성의 자립성도 여기에 추가된다. 즉, 마녀란 남성 권위에 잘 복종하지 않는 중년 이상의 과부, 독신녀들이었고, 병 고치는 사람 신파들로서 명망이 높은 여성들이었다. 이들은 중세 전통이 요구하는 전형적 여성상에서 이탈된 '자율성'을 가진 여성들이었다. 경제적 정치적 자율성(autonany)이란 언제나 가부장들에게는 위협적인 것이었다. 남성군대를 이끌고 전쟁에서 승리하여 돌아왔던 여장부 잔다크를 '마녀'로밖에 이해할 수 없었던 그 당시 그녀를 화형(火刑)에 처했던 사실이 이를 증명하고 있다.

여성에 대한 적대감이 '집단적 편집병'(파라노이아, 反유태주의 등)으로 돌변한 시기가 중세의 대흉년, 흑사병, 종교전쟁 등 혼란의 시기[15]에 있었던 점으로 보아 다음과 같은 사실을 추측해 볼 수 있다. 즉, 지배자들은 기성 사회질서와 신앙에 위배되는 자들을 '악'의 세력이라고 못박는다는 점, 악의 세력은 성적 반항을 통해 사회를 교란 시킨다는 점, 그리하여

---

12 같은 글, 33.
13 같은 글, 36.
14 같은 글, 182.
15 더 자세한 것은 같은 글, 182-184 참조.

그들은 시대적 위기는 악의 세력을 제거시킴으로써 신의 창조 질서를 회복시킨다는 신념을 가지고 있다는 점 등이다.

중세의 '마녀'들은 그 당시 사회의 위기를 넘기게 한 시대의 속죄양이었다. 그녀들은 유대인과 함께 수세기 동안 과대 망상적 기독교(문화)와 미신의 놀음에 바쳐진 희생물이었다.16(이것은 이후에 식민주의가 대두되면서부터 흑인, 식민지 국가, 제삼세계인들이 지배자들의 과대망상에 희생되는 새로운 모델로 이어진다.) 성을 매개로 한 양성 간의 차별, 억압, 갈등, 여성혐오(misogyny) 사상은 마침내 '성의 전쟁'(sex war)으로 그 모양새는 바뀌어졌다. 이는 가부장제 사회와 종교의 이해관계에 맞아떨어진 '성의 정치'의 산물이었던 것이다.

3. 근세 철학자들의 여성 열등론

근세 철학자들(피히테, 니체, 쇼펜하우어 등)의 남녀론이란 역시 고대의 영육 이원론적인 관점이나 기독교적인 출산 개념에 근거를 두고 있다. 남녀평등론에 반대하는 두 개의 사상은 전통을 고수함으로써 여성에 대한 남성의 우위를 주장하는 입장(피히테)과 여성에 대한 남성의 지배가 바로 자연의 섭리라는 자연주의의 입장이다(니체, 쇼펜하우어). 이때 자연의 섭리란 인간 이성을 따르라는 것이고, 인간 이성이란 곧 남성의 이성을 의미하였다.

피히테(Fichte)는 남녀가 동등권을 가지고 있지만 성의 근본적인 목표인 출산에 있어서는 남성이 능동적인 생산원칙(an active generative principle)의 역할을 하며, 여성이 수동적인 수임자(a passive receptable)의 역할을 한

---

16 같은 글, 154.

다는 아리스토텔레스의 견해를 지지했다.[17] 여성의 수동성이란 비본질적, 비합리적이므로 열등한 것이라는 것이다.

자연주의자들도 여성은 주로 종족의 번식을 위해 존재하며, 그 이외의 것을 위해서는 존재하지 않는다는 견해에 동의하면서 남성에 대한 여성 열등성은 자연의 섭리라고 주장한다. 루소 역시 그의 자연론에서 남녀가 인간이라는 점에서는 동등하나 성(性)적 측면에서는 동등하지 않다고 역설하면서 여자가 남자를 위해 사는 것이 자연의 법칙이며, 붓을 든 지성녀는 가정과 세계의 재앙이며, 악이라고 규정했다. 이 '자연의 악'이 조소 거리로 탈바꿈함으로써 쇼펜하우어는 여성들이 "저렇듯 왜소하고 어깨가 좁고 엉덩이는 넓고, 다리는 짧은 종족"이라며 인류의 절반이 절망적이고 열등하고 추하다고 단언했던 것이다. 성혐오주의자 니체는 매로 길들여야 하는 여자는 위험한 놀이 대상이라고 분노했다.[18] 대부분의 철학자들은 그들이 글을 쓸 당시의 토착적인 관습을 정당화하는 데 만족했었다.

가부장제 전통의 중심에는 성이란 여성과 동일시되고 그 성은 본질적으로 생식하는 것과 성애의 성취를 목표로 한다고 본다. 그러나 그것은 욕정의 충동, 감정적, 즉 이성의 세계에 속하지 않는 것이므로 억제 · 배제 · 추방되어야 한다고 보는 데서 여성 억압의 응어리는 풀어지지 않았다고 본다.

17 J.G. Fichte, "Fundamental Principle of the Rights of the Family" (1975), 황필호, 『철학적 여성학』 (서울: 종로서적, 1986), 183에서 재인용.

18 Demosthenes Savramis, *Das sogenannte Schwache Geschlecht* (München, 1972), 128.

III. 가부장 사회에서의 성차별 원인과 구조

오랜 여성 역사의 암흑기를 거쳐 비로소 1960년대에서야 여성 억압에 대한 각성이 서구 사회에 줄기차게 일어날 수 있었던 시대적 원인이라도 있었는가?

미국을 중심으로 유럽에 번졌던 정치적 반문화적 운동(반전·평화 운동, 인종차별 철폐, 반권위주의 운동)의 힘을 입어 여성들은 자신들의 억압과 차별을 인식할 수 있게 되었다.[19] 그뿐만 아니라 풍요로운 선진 자본주의 국가에서 여성(흑인처럼)만이 겪어야 하는 궁핍과 국가가 제공하는 호조건 속에서도 여성만이(학생들처럼) 겪어야 하는 정신적 감정적 비하[20]를 발견하게 된 원인도 들 수 있다.

이 여성 운동에는 대학생(女)과 중산층 기혼부인이 주류를 이루었는데, 그녀들은 여성의 주체성 회복과 여성문화혁명이 그 핵심 내용이었다. 즉, 성역할 철폐를 통한 인간화와 여성의 자아동일성[21]을 회복하기 위해서는 전통적인 여성상과 역할이 자연스러운 것까지 몽땅 의심을 해봐야 한다는 것이다. 남녀 간의 조화를 남녀 간의 차별로서 분석해낸 그들은 억압이란 개념을 발전시키고, 여성 집단 전체의 해방을, 신체적·정치적·경제적·영혼적·전면적 해방과 자유를 요구했다.

여성 억압과 착취는 사회 일부분에만 있는 것이 아니라 사회 전반에 걸쳐 경제구조와 문화, 이념 가족 구조, 일과 가정의 이등법 등등에 꽉 짜여 있으며, 여성의 착취 위에서 남성 사회는 번영과 유지가 가능했다

---

19 R. 베이커 & F. 엘리스톤/이일환 역, 『철학과 성』 (서울: 홍성신서, 1982), 13.
20 더 자세한 것은 J. 미첼/이형랑·김상희 공역, 『여성해방의 논리』 (서울: 광민사, 1980), 11-36 참조.
21 같은 글, 13.

고 보았다. 이에 여성(남성) 문제를 고발하는 이론서가 쏟아져 나왔는데, 예를 들면 일명 주부병(housewife syndrome)을 고발한 프리단(B. Friedan), 여성 억압의 핵심은 자궁이라고 역설한 파이어스톤(S. Firestone), 생산과 재생산의 가치가 은폐된 데 여성 억압이 있다고 갈파한 미첼(J. Mitchell) 등을 들 수 있다. 그리고 여성을 에워싼 가부장제 사회가 바로 여성 억압의 근원이라고 환기시킨 밀레트(K .Millett) 공헌 역시 지대하다고 하겠다.

1. 남성 중심의 성차별적 분업

우리가 사는 사회와 역사는 철저히 남성 중심의 가부장제 사회이다. 가부장제란 문자 그대로 부(父)의 권력 혹은 남성들 간의 위계 관계이다. 즉, 군대, 산업, 경찰, 행정, 정치, 경제 등 사회 내의 모든 권력의 통로는 전적으로 남성의 손에 장악되어 있고, 여성은 그런 남성에 의해 지배되는 사회이다. 남성이 여성의 해야 할 일과 해서는 안 될 일이 무엇인가를 결정하고, 언제나 어디서나 여성은 남성을 보조해야 하고, 남성에게 즐거움을 줘야 한다는 이데올로기가 지배하는 정치 체계이다.[22]

가부장제 사회는 성별 분업으로 남녀를 분리시켰다. 즉, 여성에게는 가정, 남성에게는 세계를 할당시킨 분업은 역사에서 가장 오래된 인간 최초의 분업이다. 가부장제 사회는 남녀의 생물학적인 차이를 들어 그것은 '자연적인' 생업이며, 따라서 보편적 진리라고 규정하였다. 그리하여 '여성성'(feminity)이 가정적 성품(domesticity)으로 동일시되는 가부장제

---

22 H. Hartman, (The Unhappy Marriage of Marxism and Feminism) "Toward's a more Progressive Union," *Women and Revolution*, ed. L. Sargent (Boston, 1981), 51-76; A. Rich, *Of Woman Born, Motherhood as Experience and Institution* (1976), 57; 밀레트, 『성의 정치학』, 52.

사회에서는 여성의 본질이 어머니-아내-주부로 고정되었고, 여성들은 이러한 이상적 여성상에 따라 교육되었다.[23] 반면 남성의 본질에 대해서는 아버지-남편이라는 역할보다는 오직 사회적 역할만을 강조 기대했다.

가부장제 사회는 양성을 '여성적'기질(순종, 감성, 수동적, 희생 등)과 '남성적'기질(공격성, 야망, 적극성 등)을 고정시켜 놓고, 여기에서의 일탈 행위를 비정상 혹은 바람직하지 않은 것으로 규정했다. 이는 여성을 가부장제 규율에 종속시키기 위해 사용한 수단이라 할 수 있다. 그러나 이를 억압이나 종속화라는 사실을 인식하지 못하게 한 것은 사랑이라는 것과 남녀 성관계를 신비화·이상화·미화시킨 기제인 것이다.[24]

남녀 간의 성역할과 기질은 자본주의 사회에서의 직장과 노동 현장에 그대로 적용되어 나타난다. 대체로 전체 노동력의 1/3 이상이 여성 노동력임에도 불구하고 고용과 승진의 기회에서 월급에서 차별되며, 보조직에 종사하는 경우가 대부분이다.[25] 그리하여 가장 낮은 임금을 받고 가장 늦게 고용 승진되며, 가장 먼저 해고되고, 가장 많이 일하는 여성들은 사회경제 질서에 맨 하위를 차지한다. 왜냐하면 이들은 경제적 업무 실적에 따라 대우받지 못하고, 다만 하나의 성(sex) 상태로서 대우받기 때문이다.[26]

그러므로 여기에서 여성이 남성보다 더 많이 일한다는 사실이 은폐될 수 있었다. 여성 자신도 직장서 일할 때 사회적 존재라기보다는 가정적 존재로서의 의식이 더 강하며, 자신이 가계 주도적 소득자라는 의식

23 Oakely, "Myth of Womens Place," 156.

24 S. Firestone, *The Dialetic of Sex* (N.Y.: Botam Books, 1970), 126.

25 미첼, 『여성해방의 논리』, 129; P. 스트럴 & A. 재거, 『여성 해방의 이론 체계』 (서울: 풀빛, 1983), 339; 이화여대 한국여성연구소, 『여성사회철학』 (서울: 이화여대 출판부, 1987), 54-67.

26 스트럴 &재거, 『여성 해방의 이론 체계』, Emma Goldman의 격언에서 인용, 357.

이 약하게 된다. 여기서 다음과 같은 도식을 끌어낼 수 있는데, 즉 양성 간의 성별 노동 분업은 남성의 우월성을 보장한다. 왜냐하면 거기에서 여성의 낮은 교육과 노동시장에서의 낮은 임금이 일어나기 때문이다. 낮은 임금과 노동시장에서의 차별은 남성에 대한 여성의 의존성을 높이며, 결국에는 작업을 포기하고 결혼으로 도피하도록 자극한다.[27]

또한 가사노동을 떠맡은 기혼 취업 여성들은 이중 역할로 인해서 사회 진출에 장애가 되는 반면에 남성들은 고소득(부양자 역할)과 가사 의무에서의 해방을 통해 이득을 취한다. 그러므로 가정적 의무는 노동시장에서 기혼 취업 여성의 지위를 약화시킨다고 할 수 있다(이중 역할 그리고 유동성과 이동성의 결핍). 그러므로 가정 내에서의 성별 분업은 노동시장에서 남녀 간의 위계질서를 구축하며, 그 역으로도 성립이 된다 하겠다. 여성에게 동등한 기회를 보장하기 위해서는 노동과 가정의 구조적 변화는 불가피한 일이다.[28]

가부장제의 토대는 위에서 설명한 것처럼 남성이 성별 노동 분업을 통해 문화적 심리적 사회적 우월성과 이득을 얻고 있으며, 이것은 곧 경제적 이득과 직결되는 것으로 보여진다. 즉, 가부장제의 기반이 물질적 조건에 기초하고 있음은 여러 이론들에서 반증되고 있다.[29]

여성 역할을 가정에 묶어두고 사(私)적 영역으로, 남성을 공(公)적 영역으로 구분 지었던 공사의 이분법은 또한 여성 억압적이라 할 수 있겠다. 왜냐하면 여성의 가정적 역할은 사적 영역(여성-가족-생물학-자연)이라 하여 보다 낮은 수준의 질서(가치)와 연결시키고 있는 반면 남성은 공적

---

27 Brinker-Gabler, *Frauenarbeit und Beruf*, 13.

28 같은 글, 13.

29 Firestone, *The Dialectic of Sex*에서 마르크스와 엥겔스의 "가족사유재산 그리고 국가의 기원"을 참조. 앞의 글, 126.

영역(법, 종교, 정치 등)과 보다 높은 수준의 질서(가치)와 연결하여 양쪽을 우열의 가치로 보기 때문이다.[30] 이 연결 체계 관계가 해체될 때까지 보편적인 여성 억압의 상태는 계속될 것으로 추측된다.

그러므로 성별 노동 분업을 통한 역할과 양성의 기질의 분화는 본질적으로 양성 간의 권력의 분화라고 볼 수 있다. 왜 서구 여성들이 여성적 기질을 거부하고, 가정보다는 사회 참여를 통해 해방을 추구하려는지 그 이유가 여기 있다. 여기서 여성 억압의 핵심적 실체가 무엇인지 서서히 드러나는 것을 보게 된다.

2. 가사노동의 평가 절하

사회발전의 초기 단계에 있어서 여성이 사회적 생산과정에서 제외되었던 원인은 여성의 자연성, 즉 육체적 연약성과 자녀 출산에 두었었다. 즉, 모성적 역할→가족→생산과 공공생활로부터의 소외→성적 불평등이라는 인과적 사슬이 형성된다. 이러한 일련의 논리 전개의 핵을 이루는 것은 가족의 개념이다.[31] 진실로 가족이란 무엇이며, 여성의 역할은 무엇인가를 묻게 되면 문제는 전혀 새로운 면모로 부각된다.

전 인류 역사를 통해서 어느 사회를 막론하고 가정 내에서 여성의 역할이 출산, 자녀 양육, 성(性)관계, 생산이라는 상이한 네 가지 구조에 걸쳐 있다는 것을 미첼은 지적하고 있다. 이것이 바로 은폐되어 왔던

---

30 Sherry Ortner, "Is female to male as nature is to culture?" *Woman, Culture, and Society*, eds. Michelle Zimbalist Rosaldo & Louise Lamphere (Redwood City : Stanford University Press, 1974), 97-87. Ortner는 여성의 실제적 조건과 기능, 사회적 역할, 정신 구조 등으로 인해 여성은 남성에 비해 자연과 보다 밀접한 관계에 있다고 본다.

31 미첼, 앞의 글, 110.

여성이 처한 상황의 핵심적 구조들이다.[32] 이들이 구체적으로 결합함으로써 여성의 지위를 '복합적 통일체'로 만든다. 이미 위에서 수차례 지적한 대로 여성의 역할과 기능은 가부장제 이념과 자본주의적 경제 개념에 의해서 출산은 자연적 기능으로, 역할은 사적(私的)이거나 보조적으로, 노동은 서비스 정도로 격하(格下)되고, 여성의 인간적 측면과 노동력 전체는 집단 평가 절하되어 '제이 계급 인간'으로 형성되었다고 할 수 있다.

그러나 이를 여성 해방적 관점이라는 새로운 각도에서 분석해 봄으로써 여성 억압의 핵심적 부분이 바로 여성 해방의 구심적으로 전환될 수도 있는 가능성을 발견하는 것이다.

생산 · 가사일: 성(性)의 생물학적 차이와 이를 기반으로 이루어진 성별 분업은 필연적이라 하겠고, 여성을 해부학적으로 볼 때 작다거나 근육의 힘이 약하다는 사실 때문에 '노동인구'로 간주되지 않았던 것도 사실이다. 그리하여 남성은 정복하고 창조하는 반면 여성은 집안일이나 미천한 잡일을 맡은 것으로 역할이 규정되었다. 그러나 여성이 소위 육체적으로 나약하다 해서 일 자체를 하지 않은 역사는 결코 없었다. 문제가 되는 것은 노동, 일의 형태이며 그에 대한 가치 부여이다. 여성의 일이란 가사노동, 육아, 재생산이다. 그것을 생산적 노동량으로 환산한다면 놀랄 만한 결과가 나온다.[33]

실제로 가사노동을 화폐가치로 환산한 영국의 예를 보면 그 양은 GNP의 약 33~46%까지로 추산되었다.[34] 그리하여 서구 여성들은 이를 "세계의 부엌"(The global kitchens)이라고 명명했다. 파슨스(T. Parsons)도

---

32 같은 글, 103.
33 손덕수, "가사노동과 여성의 사회적 지위," 『한국여성과 일』 (서울: 이대 출판부, 1985), 263.
34 김혜경, "가사노동 이론에 관한 연구" (이화여대 석사학위논문, 1985), 12.

"가정은 인간됨을 만들어내는 데 가장 시간을 많이 들이는 거대한 사회의 공장"이라 표현했고,[35] "자본재와 원료 그리고 노동을 결합시켜 생산하는 곳"으로 재평가되고 있다.[36]

	여성의 가사노동시간	사회생산 노동시간
스웨덴	23억 4천만 시간	12억 9천만 시간
독일	530억 시간	170억 시간

그럼에도 불구하고 가정에서의 재생산(가사일)이 은폐되어 비가치화되고 부불됨으로써 일어나는 부당함과 손실은 개인과 국가에 각각 다음과 같이 나타난다. 여성은 '일'을 하지 않는다는 인식에 따라 가사노동이 불가시되어(역으로도 가능함) 여성의 낮은 사회적 지위는 정당화된다. 따라서 여성 업적이 국가 경제(GNP)에서 제외됨으로써 사회경제발전의 불참이라는 중대한 선입견이 빚어진다. 이는 여성 착취를 정당화시켜주는 근본적 요인이 되기도 한다.

류터는 여성의 겹겹이 쌓인 노동 위에 남성 권력과 창조가 가능했던 것이 아니냐고 반문하면서 다음과 같이 기록하고 있다. "그녀의 노동은 그의(his) 것이다. … '그'를 위하여 밭을 갈고 옷감을 짜며 그녀의 등불은 밤새도록 꺼지지 않는다. 그녀의 노동은 '그'를 자유롭게 해주고, 그가 전쟁과 정치 등의 중대한 활동을 할 수 있게 해준다. 그는 사회적으로 알려져야 하고, 그녀의 공적은 알려져서도 보여져서도 안 된다. 그가 저녁에 돌아왔을 때 음식과 옷과 잠자리 등이 미리 준비 정돈되어 있어야 한다. 이렇게 해서 그녀의 역사는 강탈당한다. 그녀는 아무것도 한 것이 없다고 한다. 우리가 책 속에서 읽고 있는 모든 것들이 '그'의 업적이며

---

35 손덕수, 앞의 글, 262. 파슨스(T. Parsons)의 말을 인용.
36 김혜경, 앞의 글, 15.

법률도, 권력도, 전쟁도 다 그의 것이다. 그는 여자의 고통스런 노역을 등에 업은 성취자이다. 여성 노동의 이러한 피라미드 위에 남성 엘리트의 집행부가 우뚝 솟아 있다. 그들은 마치 광대하고도 보이지 않는 저장소의 조화된 힘으로부터 나오는 초인간적 지혜 및 확대된 권력의 담당자로서 전해진다. 그들은 그 피라미드 위에 군림하여 명령하고 선고하며 결정한다. … 그러나 그를 그 위치까지 끌어올렸던 바로 그 여자들은 아무것도 한 것이 없다. 그녀들의 수고하는 손과 잔등이들이 그를 역사의 인물로 끌어 올려주었지만… 그녀들은 보이지 않으며 침묵할 뿐이다. 어떠한 기록들도 그들의 경험을 증언해 주지 않는다."[37]

오늘날 여성 해방론자들이 각별히 주의를 집중시키고 있는 문제는 가사의 경제적 기능에 대한 새로운 분석이다. 여성을 '최후의 프롤레타리아'(최후의 노예)라고 부르는 것은 바로 이 점에 관련된 것이다. 가사에 종사하는 여성의 무보수노동력은 인정도 계산도 되지 않고 있으나 실제로 그러한 여성의 노동력이 다른 모든 형태의 일을 할 수 있게 하는 시간과 원동력을 얻게 하는 물리적 기반이 되는 것이다.[38]

출산·육아: 여성의 출산은 인간과 사회 존립을 유지시키기에 없어서는 아니 될 기본요인임에도 불구하고 그리고 생물학적 여성(남성)이 지닌 육체적 실체가 가부장제 사회의 물질적 기반임에도 불구하고, 그것이 언제 어디서 누구의 손에 의해 수행되는지 사회는 무관심한 채로 학문에서조차 그것의 경제적 사회적 의미가 무엇인지 연구의 대상으로 취급하지도 않았다. 인간이 숨 쉬는 것처럼 자연이 존재하는 것처럼 자연스러운 일로 당연한 여성의 기능 정도로 취급했다. 그것은 여성을 자연

---

37 류터, 『성차별과 신학』, 282.
38 류터, 『새여성, 새세계』, 234.

에다, 남성을 문화에다 대비시켜 왔던 가부장제 이원론적 사고방식에 연유한다.[39] 여성의 출산(육아)이 여성 억압(동시에 힘의 근원임)의 핵심 구조를 형성한다는 것을 입증하기 위한 접근 방법으로 다음과 같은 물음을 던질 수 있다. 즉, 여성이 출산을 일단 중지한다면 세계는 어떤 변화를 가져올까? 아마도 가사노동도 사회생산노동도 세계 문명건설도 중단될 것이다. 그러므로 여성의 출산과 육아는 가부장제 사회와 세계 경제의 근원적 요인이요 전제조건임을 발견하게 된다.

베를호프(Claudia Werlhof)는 그리하여 사회의 맨 아래에 놓인 이 기초를 들여다보아야 그 위에 쌓여진 사회노동과 부(富)를 객관적으로 파악할 수 있다고 지적하였고,[40] 여성이 담당한 출산 · 육아 · 가사노동이야말로 가부장들과 기업가들의 잉여가치를 축적케 한 '자본주의의 노른자'라고 밝혀냈다.[41] 그러나 가부장제적 자본주의 경제이론에 의해 무가치적으로 규정되어 주부와 모성은 '불가시적 봉사계급'이 되어 오늘날까지 매우 민주적인 방식으로 모든 남성 집단에 의해 착취되고 있다.[42] 이제는 인간복지에 대한 공헌도에 따라 측정되는 새로운 일의 개념과 가치를 설정해야 할 것이다. 그것은 GNP가 목적이 아니라 GNH(H=행복)가 주가 되는 사회여야 할 것이다.

3. 물질생산(남)의 중시와 생명 생산(女)의 경시

앞에서 시사한 것처럼 역사적으로 보면 인간의 생활은 물질(상품생

---

39 Sherry Ortner의 글.

40 C. von Werlhof, *Die Frau, die letzte Kolonie*.

41 M. Dalla Costa, *Die Macht der Frauen und der Umsturtz der Gesellschaft* (Berlin, 1973), 73.

42 J.K. Galbraith, *Economics and the Public Purpose* (Boston, 1973).

산)[43] 외에 생명 생산이라는 기본적인 요인이 가미되어 유지될 수 있음을 알았다.[44] 인류 역사는 종족을 보존시키는 일(생산)이라는 두 가지 노동을 통해 발전해 왔다. 이러한 두 가지 일 가운데 생명 생산의 부담은 생물학적 구조에 따라 여성이 짊어지게 되었고 그 때문에 생활 자료(상품) 생산에서는 남성이 훨씬 많은 힘을 들이게 되었다. 생산력이 낮은 단계에서는 이 생물학적 차이가 사회(경제)적 차별로 나타나지 않았지만, 인류사의 어느 발전 단계에서 생명 생산에 대한 물질(상품)생산이 결정적 우위에 놓이게 되는 상황이 되어[45] 상품생산에 보다 많은 노력을 기울인 남성은 그의 성과인 생산과 생산수단을 점유하였고, 더 나아가 여성의 생산물인 자녀와 노동력까지 빼앗았다. 자녀(子)는 부계 혈통을 잇는 자로서 부(父)의 성(姓)을 따랐고, 가(家)의 재산 역시 부(父)에게 귀속되었던 것이다. 생명 생산의 결과(物)를 다 빼앗긴 여성들은 남성에게 의존되어 호구지책을 해결할 수밖에 없었고, 남성은 여성의 생활을 보장해주면서 상속인을 낳아주는 수단이며 성행위인 대상인 여성 전체를 소유하게 되었다.

이런 과정을 거쳐 "뼈 중의 뼈요, 살 중의 살인" 이브의 후예들은 남성의 정욕받이로, 싸구려 노동력으로, 애 낳는 기계로 전락되고 만 것이다. 다시 강조하건대 핵심은 성에 의해 분리된 노동의 대립에 있다. 남성이 수행하는 상품생산 활동에는 높은 가치를 부여하고, 여성이 수행하는 생명 생산 활동에는 하등의 가치를 부여하지 않는 데서 여성 차별은 제거되지 않은 채 계속되고 있다. 결국은 물질(상품) 생산이 생명 생산보다 더 우위에 놓일 때 여성의 생명뿐 아니라 남성, 더 나아가 인간

---

43 Marx and Engels, *Deutsche Ideologie.*
44 즉 의식주의 대상과 거기에 필요한 도구의 생산.
45 엥겔스는 이 시기를 목축이라는 사회적 분업이 성립한 단계라고 한다.

경시 사상이 나오며 여기서 물질제일주의, 업적지향주의가 파생된다. 그러므로 물질(商品)생산과 생명 생산 사이의 갈등을 풀 때 생명이 존중되는 사회에 더 가까워지고 남녀 갈등도 풀릴 것이다. 바꾸어 말하면 물질 생산 만능주의에서 인간 생활 중심주의로 사회생활이 전환되어야 한다. 출산이 상품생산에 의해 좌우되지도 않고 여성의 자유의지로 결정되어야 하며, 이를 위해서는 최대 이윤을 추구하는 구조가 변화되어야 할 것이다.[46]

IV. 사회사상가들의 성차별 인식과 해방론

근세에 들어와서 여성 억압과 성(性)차별에 대한 공공연한 항의가 집단적으로 일어난 것은 프랑스 혁명을 계기로 해서이다. 모든 인간은 평등하고 자유롭다라는 인권선언에 영향을 받아 여성들은 여권 선언을 할 수 있는 용기와 격려를 받았던 것이다.

여성의 열등성은 교육을 통해서 극복될 수 있다고 한 월스톤 크라프트(1792), 이중적 결혼 제도가 여성을 억압한다고 비판한 독일의 경찰 출신 히펠(1791)이 있으며, 여성을 제외한 프랑스 인권선언에 항의하여 "여성도 사람이다"라고 선언했다가 처형당한 올림프 드 구쥬 여사(1791)가 있다.[47] 이들은 여성 암흑 역사의 여명기를 알리는 종소리였다. 여성도

---

46 水田珠枝/김은희 역, 『여성해방사상의 흐름』 (서울: 백산서당, 1983), 191.
47 M. Wollstoncraft(1792), 『여권옹호』; T.G. Hippell(1791), 『결혼의 제도에 관해』에서 이성과 자연의 이름으로 여성을 노예화시키는 결혼 제도는 종식되어야 한다고 주장했다. Olympe de Gouges(1971)가 유언으로 남긴 "여성이 단두대에 오를 권리가 있다면, 연단 위에도 오를 권리가 있어야 한다"는 말은 유명하다.

사람이라고 하였지만, 인간이 되기 위한 구체적인 내용은 각양각색이었다. 그 내용은 여성도 남성과 똑같이 교육을 받아 이성적인 인간이 되어야 한다는 주장에서부터 남성과 같은 노동자로 혹은 여성참정권을 획득하고, 연애 · 성(性)의 자유를 부르짖는 평등론을 펴기도 하였다. 이것이 당시로서는 혁명적 주장이었다.

그러나 여성 해방의 가장 어려운 점은 단순한 평등론만으로는 해방이 실현되지 않는다는 데 있다. 우선 생물학적으로 기능이 다른 여성이 남성과 똑같이 될 수도 없으며 설령 '똑같은' 사람이 된다 할지라도 그것은 해방이 아니다. 왜냐하면 남성은 여성을 억압함으로써 자기의 해방을 구축하였고, 현실사회는 그런 남성이 주체가 되어 구성되었기 때문에 사회 전체의 해방을 의미하는 것은 아니다.[48] 여성들은 해방의 필요성을 자각했으나 무엇이 진정한 해방인지 갈피를 잡지 못하였다. 그뿐만 아니라 남성과 달리 해방을 쟁취할 경제적 능력, 조직, 힘 등도 없었다.

여성 문제에는 남성 노동자와 똑같은 문제가 있고 여성만의 고유한 문제, 즉 여성의 성(性) · 모성 · 가정이란 문제가 있다. 여성을 억압하고 있는 현실적 조건이 무엇인가에 따라 여성 해방의 처방이 달라진다. 다음은 세 가지 자연적, 법적, 사회 계급적 불평등의 측면으로 대별(大別)하여 그 이론을 약술한다.

1. 프로이드의 생물학적 불평등론

사회에서의 여성의 지위가 특정한 생물학적 필연성과 부합되는 것이

---

48 현장을 근거로 한 한 남녀의 동질론과 현상을 전제로 한 한 남녀의 이질론에 대한 논쟁이 필요하다.

라고 주장함으로써 여성이 처해 있는 현 상황을 옹호하는 대표적인 인물로서는 프로이트(Freud)를 들 수 있다. 그는 남녀의 생물학적 차이가 여성에게는 열등감을 갖게 하고 남성을 뛰어난 존재로 되게 한다고 주장했다. 그리하여 여성의 열등성은 여성의 해부학적 구조에 있다는 말(anatomy is destiny)을 만들어 내었다. 여성은 일생 '남성성기 흠모증'(penis envy)에 걸려 있는데, 그 거세 수치를 은폐하고 남성을 모방하기 위해 여성은 지적 활동 등을 열심히 한다는 것이다.

천재 프로이트[49]는 여기서 원인과 결과를 혼동하고 있다. 즉, 남자를 우월하게 만든 것은 남자의 생물학적인 조건의 남근 자체가 아니라 그편에 더 가치를 부여하는 사회적 경제적 특권에 의해서였다. 그와 마찬가지로 여자의 열등성은 여자의 생물학적 조건이 아니라 그것에 더 낮은 가치를 부여하는 가부장제 사회의 소산인 것이다. 사회는 남근을 가진 사람만을 따로 떼어 더 좋은 교육과 기회 부여 및 대우를 했기 때문에 더 나은 결과를 남자들이 낼 여건이 되었을 뿐인 것이다. 그렇지 못한 여자들의 교육과 노동 대우가 낮기 때문에 그 결과가 낮은 듯이 보이는 것뿐이다.

성(性)은 인종의 피부처럼 불면인 것이다. 프로이트는 여자의 열등성을 생물학적이라는 불변의 법칙에 얽어매고는 정신분석이라는 과학의 옷을 입혀 여성의 열등성을 생물학적 자연적인 조건으로 못박아 놓음으로써 여성 억압에 공헌을 하였다. 이러한 그의 이론과 사상은 서양 사회와 학문에 막대한 영향을 미쳤으며, 20세기 전반에 여성 전진 행로에 제동을 걸기도 했다. 그의 반(反)여성론에도 불구하고 그의 공로가 있다

---

49 프로이트(Freud)는 30년간 여성의 임상심리상담을 통해 여성의 성(性)심리 이론을 정립했다. 그러나 말년에 가서 여성이 진정 무엇을 원하는지 알 수가 없으니 후배들은 이점을 더 연구해 주기 바란다는 그의 의문을 사신(私信)에서 밝히고 있다.

면 여성도 성적 욕구가 있다는 새로운 이론을 과학의 이름으로 반전시킨 그 당시의 공로는 한편 여성 해방 사상에 커다란 의미를 가져다주었다.

2. 밀의 가부장 사회적 성차별론

남녀 사이에 존재하는 우열성, 정신적 차이는 자연적인 조건이 아니라 교육, 환경, 관습에서 나오는 결과이므로 교육을 잘 시키고 일할 권리를 주면 법적인 지원을 통해 남녀 차별을 없앨 수 있다는 주장이다. 여기에 대표적인 사람으로는 밀(J.S.Mill)과 프리단(B. Friedan)이 있다. 밀은 여성이 열등하고 차별되는 것은 남성의 '강자의 법칙'(the law of the strongest)에 의해서이며, 그것이 실천되는 곳이 가정과 결혼 제도라고 비판한다. 여성은 남성 독재 안에서 사는 첫째이며 마지막이고, 지금까지 계속되는 장기간의 가정적 노예이다.[50]

그럼에도 불구하고 자신이 노예인 줄도 모르는 노예인 것은 강요로서 길든 것이 아니라 자발적으로 감정적으로까지 길들어 있기 때문에 모른다는 것이다. 오늘날의 노예로 된 여성의 모습은 강자의 인위적인 억압과 교육의 산물이지 그것은 자연의 결과는 아니다. 그런데도 인간은 인간의 자연적인 본성이 무엇인지도 모르면서 자연법칙을 완전히 이해하고 있는 듯 착각한다. 자연에 근거한 모든 차별론은 인위적인 것이라고 그는 통렬히 비판했다. 그리고 그는 한 성이 다른 성에 법적으로 종속되어 있는 관계는 시민사회의 원리에 대한 위반이며, 인류 진보에 커다란 장애라고 말하면서 만약 여성이 정치적 법적으로 남성과 동등한 권리는 갖게 된다면 인류 최초의 불평등은 제거될 것이고, 억압되었던 여성

50밀레트, 『성의 정치학』, 189.

의 잠재력은 사회발전에 공헌할 것으로 내다봤다.[51]

그는 단순히 법률상의 불평등, 편견으로 인한 불평등을 제거하면 가정 내의 남녀평등이 이루어질 수 있다고 보았다. 그는 가족 제도나 여성의 노동, 경제적 자립에는 눈을 못 돌렸다.[52] 그의 주장인 법적 개혁, 남녀 동등 교육 · 기회 등만으로는 여성 지위의 근본적인 변화를 이룩하기는 불가능하다. 그것은 여성 해방의 필요조건일 뿐 충분조건은 못 된다. 그는 하층 계급의 여성 문제를 거론하지 못했다는 한계성을 갖고 있다. 그러나 선구적이고 지적인 그의 여성론인 『여성의 예종』(1969)[53]은 가부장제 사회의 이중 도덕과 허위의식을 폭로함으로써 여권론자들의 절대적인 지지를 얻었고, 영국의 참정권론자들은 대부분이 밀의 사상적 기반위에서 운동을 폈다.

3. 엥겔스의 경제적 예속에 의한 성차별론

여성의 억압을 생물학적 요인과 사회문화적 요인으로 분석해 온 종래의 견해를 전적으로 거부하면서 등장한 이들이 있다. 마르크스(Marx), 엥겔스(Engels), 베벨(Bebel), 베블린(Beblin)이라 할 수 있는데, 이들은 인류 역사에서 여성 억압은 생물학적 조건이 아니라 사유재산과 그것을 유지시켜주는 가부장제 가족의 발생이 바로 여성 억압의 기원이라는 것을 명백히하고 있다.[54]

---

51 水田珠枝, 앞의 글, 104.

52 여성에게 직업적 능력이 있다고 주장했으나 이때 작업은 재산과 교양을 중시하는 선민적 직업이었다.

53 후에 그의 아내가 된 H. Taylor와 19년간의 교제 기간 동안 토론한 내용은 부인의 사상이었고, 그는 그의 필치로 옮겨 놓았다는 사실이 전해진다.

54 미첼, 『여성해방의 논리』, 76.

즉, 재산의 사유화가 이뤄지면서 여성의 기능이란 상속인(子)을 출산하고 정절을 지키는 것으로, 이때 여성의 생물학적 기능은 남성에게 경제적으로 예속시킨 근본적인 조건의 하나라고 보았다.[55] 이렇게 해서 여성을 남성의 소유물로 간주하는 부권제가 탄생되었다. 여기서 남녀 간의 분업(출산과 노동)이 시작되었고, 이것은 인간 최초의 대립이며 남성에 의한 여성 억압의 최초의 계급적 억압이라고 규정하였다. 이러한 분업은 생산수단을 담당하는 남성이 출산과 가사를 담당하는 여성을 억압하게 되었다는 견해이다.[56] 그는 "가정에서 남자는 부르주아, 여자는 프롤레타리아"라는 명제를 끄집어냈다. 그는 두 가지 문제를 제기한다. ① 경제적 수단이 남성 손에 들어간 혼인의 결합의 근거가 사랑이냐 매음이냐,[57] ② 여성 해방은 가사노동을 축소시키고 사회생산과정에 참여함으로써만 가능하다고 본 것이다. 성(性) 해방에 대한 엥겔스의 공헌이 갖는 의미는 가부장제 혼인과 가족 제도에 대한 그의 분석이다. 성(性)과 출산이 여성을 남성에게 경제적으로 의존시켰다는 분석은 탁월하다.

그러나 여성 해방은 가부장제 혼인 제도와 아울러 사회생산과정에 참여함으로써 경제권을 획득해야 가능하다는 그의 선견지명(그 당시)을 높이 사면서도 몇 가지는 문제점으로 남는다. ① 여성 문제를 여성의(사회)노동 문제로 축소시킴으로써 사(私)적인 가사노동의 가치를 간과했다는 점, ② 경제적 독립이 있은 후 성적(性的) 독립이 올 것이라는 그의 낙관론은 그가 계급 문제를 주모순으로, 여성 문제를 부모순의 부차적으로 본 맥락에서 이해되어야 한다. 그러나 아직도 사회주의국가에서 여성 억압이 존재한다는 사실은 여성 특유의 문제점을 방치해두었기 때문일

---

55 A. 베벨, "여성과 사회주의," 선병렬 역, 『여성과 사회』 (서울: 한밭출판사, 1982), 16.
56 로즈마리 류터, 『새여성, 새세계』, 228.
57 밀레트, 『성의 정치학』, 239.

것이다.

다음 장에서는 여성 차별과 '여성 특유의 억압'을 해결하는 시도로서의 새로운 분석 방법을 결론적으로 요약하고자 한다.

V. 성차별의 극복과 여성 해방의 철학

1960년대에 일어난 여성 운동의 부활은 시민권과 교육의 기회균등을 위한 여성의 정치적 투쟁을 소생시켰을 뿐만 아니라 아울러 여성학을 학문의 새로운 영역으로 등장시켰다. '여성을 위한, 여성의 관점'에서 여성의 역사를 재평가하였다. 다시 말하면 남성 중심의 세계관과 관점으로부터의 세계, 인간의 삶, 역사에 대한 여성 해방론적 포괄적 이해로 근본적인 전환을 가져왔다.

남성 중심의 학문이 남성을 인간의 모델로 간주하는 반면 여성 해방론적 학문은 여성의 사유의 틀을 재구성함으로써 그것이 모든 인간의 경험을 온전하게 포괄할 수 있게 하며 또한 남성이 경험한 진리라는 것이 하나의 개별적 경험이자 실재의 부분적 인식에 지나지 않음을 밝혀야 한다고 주장한다.[58]

따라서 여성 해방론적 학문[59]은 여성을 불가시적(不可視的) 존재로 소외시켜 온 남성 특유의 시각, 언어,[60] 분석 방법 그리고 학문적 틀로 표현

---

58 엘리자벳 피오렌자, "여성해방을 위한 성서해석적 방법," 이우정 편,『여성들을 위한 신학』(서울: 한국신학연구소, 1988), 92.

59 이런 여성 중심적 분석 방법을 주장하는 여성학자들은 Adrienne Rich, Gerda Perner, Carroll Smith-Rosenberg 등이 있다.

60 Chairman → Chairperson, Mrs. → Ms.로 고칠 것을 제안한다.

되어온 지배적 문화 풍토에 대해 의문을 제기한다. 이러한 남성 본위의 정신 풍토는 여성의 경험과 여성의 문화적 경제적 기여가 남성에 비해 덜 가치 있고, 덜 중요하고, 덜 의미가 있다고 보는 세계관과 의식을 영속화시키므로 이를 거부하고 있다.

여성 해방론적 연구들은 남녀 성을 상징하는 표상들, 남성과 여성의 계급적 문화를 인간사고의 세계에 '자연적으로 주어진' 사실로 보는 통념을 더 이상 받아들이지 않는다. 나아가 이러한 성차별주의(sexism)의 기제는 인종차별주의, 제국주의, 군국주의 등의 기본적 모형이며, 동일한 억압의 다양한 양상으로 간주되고 있다.[61]

반면 여성 중심적 분석 방법은 여성의 역사적인 억압의 경험과 그로 인해 얻어진 지혜의 근원을 가지고 인류사를 분석할 것이며, 이런 관점이야말로 인간의 경험 세계를 고찰하고 설명하는 데 가장 적합한 관점이라고 주장한다.[62] 그러나 유감스럽게도 그런 관점은 수세기에 걸쳐 가부장적 관점에 가려져 매장되었었다. 그러면 어떻게 하여 여성 중심적 분석 방법이 등장했는가를 설명하는 것은 매우 중요하다고 본다.

1. 성#상대주의 개념의 등장

1970년대 이후 서양의 여성 해방 사상은 세 가지의 성 차이에 관한 변증법적 운동으로 일어났다. 첫째, 남녀 성 차이를 축소시키려는 시도가 있었고, 둘째, 여성이 남성과 다르다는 점을 찬양하여 여성우월주의론으로 흘렀고, 셋째는 여성 중심적 관점으로 모여 가고 있다.

61 A. Rich, "Of Born," 한정자 역, 『현대 여성해방사상』 (서울 : 이화여대 출판부, 1989), 161.
62 같은 글.

사회저으로 형성된 양성 간의 차이가 여성 억압의 주요 근원으로 평가되었던 1970년대 초반 성별 역할을 사회 통제의 한 양식으로 분석하는 방법을 발전시켰다. 이때 성별에 관한 분석에서 나온 연구 결과는 '여성다움'의 상황적 불이익을 극복하는 동시에 여성들을 폐쇄적이었던 공공영역에 참여하도록 격려하는 것이다.[63] 더 나아가 남녀 차이는 성적 기관(sex organ) 외에는 남녀의 능력, 기질, 역할에서 다를 것이 없다는 주장도 하였다.

그 결과 많은 여성들이 종래의 '남성적인' 직업에 다수가 진출하였고, 남자 역시 가사노동의 참여 비율이 높아졌다. 그러나 "여성의 남성화"에 비해 "남성의 여성화"는 이뤄지지 않았다는 것이 그들의 결론이었다. 여성들은 가사와 직장이라는 이중적 역할로 인한 부담감, 해방된 여성이 되어야 한다는 강박감과 죄책감에 시달림을 감수해야 했다.

1980년대 들어와서는 서구 여성들이 '남자처럼' 된다는 점에 회의를 하기 시작한 이유는 왜 여자는 남자처럼 되어야 하고, '여성다움'을 포기해야 하는가라는 자아동일성(identity) 문제가 대두되었다. 그리하여 부분적으로 남성과 여성의 차이점을 강조하던 관점이 변하기 시작하였고, 이제는 성의 차이를 긍정적으로 수긍하면서 그것을 인간적으로 발전시켜 나가는 연구가 활발해졌다.

여기에서 성 차이의 인정에 질적인 상이점을 볼 수 있다. 1970년대 성 차이에서는 여성적인 것이 남성적인 것에 비해 열등하고 부정적인 것으로 표현되었으므로 여성들이 이를 적극적으로 회피하려 했던 반면, 1980년대에는 오히려 '여성다움', 여성의 역할에 대해 긍정적이고도 남성과 대등한 위치에서 동등하게 평가하려는 시도가 있었다. 즉, 성상대

---

63 같은 글, 14.

주의(sexual relativism)의 대두이다.[64]

그러나 이것은 과거(전통)에로의 퇴보를 의미하는 것은 아니었다.

2. 양성의 양극화에서 양성주의에로

'여성다움'과 '남성다움'의 양극화로 인한 비인간적 상황을 불식시키기 위해서 성별의 양극화는 양성주의(androgyny)[65]의 형태로 대치시켜야 한다는 주장이 1970년대에 나타나기 시작하였다. 그러면 우선 여성다움-남성다움은 어떤 것이었으며, 그것은 왜 억압을 의미했는가?

'여성다움'은 흔히 수동성, 양보, 희생, 인내, '남성다움'은 용기, 창조, 경쟁, 생산성 등을 든다. 양성은 그의 기질에서 장단점을 지니고 있음에도 불구하고 남성다움은 긍정적, 여성다움은 부정적인 것으로 묘사·인식되어 왔다. 그리하여 남성은 남성다운 것으로 힘껏 격려받았으나 여성해방적 시각에서 여성의 경우엔 여성다우면 인간으로 건강하지 못하고, 인간적으로 건강하면 비 여성적이라는 이중적 평가를 받게 됨을 발견한다.[66] 즉, 남성다움은 건강한 사람의 자질과 일치되게 보고, 여성다움은 건강치 못한 사람의 특징과 동일시하는 폐단이 있어 왔다. 이러한 심리적 규정은 노동시장에서도 마찬가지로 적용되어 여성적인 일과 남성적인 일로 나뉘어 거기서 파생되는 상황적 불이익이 여성에게 주어진다.

이러한 폐단을 막기 위한 하나의 화해책으로서 고전적 개념인 양성

---

64 임돈희, "문화와 성역할," 여성학교재편찬위원회 편, 『여성학의 이론과 실제』 (서울: 동국대 출판부, 1990), 215.

65 고대 그리스어로 Andro(남성)와 Gyn(여성)이 결합하여 만들어진 자웅동체라는 말.

66 문은희, "성역할의 사회화과정," 연세대학교 여학생처 엮음, 『남녀 평등과 인간화』 (서울: 현상과인식, 1989), 208.

주의로 복귀힐 깃을 제의하는데, 그것은 긱 성의 징짐을 취힙한 균형 있는 모델을 설정한 것이다. 예를 들어 벰(S. Bem)[67]의 양상성을 소개하면 일반적으로 여성성과 남성성에서 한 개인의 정신건강을 위해 중요하다고 생각되는 일련의 특성을 조합해서 만들어낸 것이다. 그는 가장 건강하고 적응력이 뛰어나고 정서적으로 안정된 사람은 소위 '여성성'과 '남성성'을 동시에 소유하고 있는 자라고 주장한다.

양성적 인간은 순응성, 부드러움, 민감성, 사교성, 협동성('여성적'인 것)과 지도력, 과감성, 적극성, 경쟁성('남성적'인 것)을 동시에 포괄하고 있다는 결과였다. 그뿐만 아니라 양성의 잠재력을 십분 발휘하여 통합된 인간으로서의 자아실현을 수월케 한다는 효과도 지적되고 있다. 그것은 양성의 차이가 (기질, 역할 등) 여성 억압의 원인이 되고, 가부장제 문화 속에서 남녀기질을 융합시킴으로써 대립을 극복하자는 시도였다.

그러나 일부 학자들은 양성주의가 일련의 진보적 개념의 탈을 쓰고 여전히 반동적 요소를 포함하고 있다고 비판한다. 즉, 양성주의는 여전히 전통적인 양성 기질의 기본적인 사고의 틀 안에 머물게 함으로써 여성을 '여성성'에다 묶어놓는다는 비판이다. 그것은 남녀의 분열 상태에서의 통합 모델일 뿐이라는 것이다.

3. 남성 중심의 해석구조로부터 여성 해방적 해석구조로

여성 해방의 근원을 양성 간의 성의 차이에서 찾았던 종전의 방법 대신 남녀의 차이에서 바로 여성 해방의 출발점이 시작될 수 있다는 새로운 시각이 등장하였다. 여성 중심의 관점[68]이야말로 여성의 역사

---

67 Sandra L. Bem, "Probing the Promise of Androgyny,"『현대여성해방사상』, 137.

적 심리적 경험을 다룸에 있어서 매우 유용한 분석들로 인식되어가고 있다. 따라서 여성 중심의 분석은 여성의 경험 및 여성문화의 중심성(centrality), 규범성 그리고 가치를 전제로 한다.

여기서는 양성의 양극화를 최소한으로 줄이려고 노력하는 대신 여성만이 지닌 경험과 인식과 시각의 여러 측면을 들추어내고, 그것을 객관적으로 규정하려고 시도한다. 즉, 여성의 경험과 역사는 잠재적으로 여성을 위한 권력 및 힘의 근원을 포함하는 동시에 더 확대하면 미래사회를 위한 새로운 청사진을 제시할 수 있다고까지 본다.

그리고 미래 정의사회 건설의 기반을 형성하는 데 적합할 뿐 아니라 사회의 본질 그 자체라고까지 한다.[69] 이는 마르쿠제가[70] 긍정적인 "여성이야말로 여성 주도적 사회주의(feminist socialism)의 핵심을 이뤄야 한다"고 예언한 것이나 시카고(Chicago)[71] 여사가 여성의 경험과 유산이 여성의 능력과 사회의 희망이라고 본 것과 일맥상통한 주장이다. 그러므로 이제는 남성(父)을 보지 말고, 여성(母)을 바라보고 분석하라고 외친다.

가부장제의 편협된 사고와 일반적 관점은 이기적인 옹졸함에서 비롯되었으며, 그것은 인간 경험 세계를 고찰 설명하는 데 부적합한 반면 역사적으로 오랫동안 사회적 억압을 받은 결과 형성된 여성의 장점들과 지혜야말로 모든 인간 경험 세계를 고찰하고 분석하는 데 적합하고 타당한 관점이라는 것이다. 여기서 여성들의 장점이란 양육 능력, 타인과의 제휴 능력, 협동해서 일하는 능력, 생명과 평화를 귀하게 여기는 품성

---

68 같은 글, 14. 레너와 리치 여사가 이에 속한다.

69 같은 글.

70 H. 마르쿠제/유효종·전종덕 역, 『위대한 거부』(서울: 광민사, 1979).

71 Judy Chicago, "Dinner Party," E. 피오렌자 편/김애영 역, 『크리스챤 기원의 여성신학적 재건』(서울: 종로서적, 1986), 12.

등인데 이는 수(십)세기에 걸쳐 가부장제 지배에 의해 매장되있거나 평가 절하되어서 여성 자신들조차 자신의 능력이나 가치를 인정하지 않았고, 자신들의 잠재력도 발견치 못했다. 여성 중심적 분석에서는 기나긴 억압 과정을 통해서 고도로 개발된 능력과 특성, 의지력 등, 즉 여성이 억압 속에서 학습해온 것이야말로 새로운 사회의 '정신적 시발점'이라고까지 주장한다.[72]

여성의 능력, 특성, 의지력을 남성문화에서는 부정적 혹은 하찮은 것으로 규정짓는데, 그것은 지배자의 속성(여자를 타자로 규정지어 소외시키려는) 때문이지 오히려 이제는 남성문화 자체가 여성에게만 부여했던 그 특성들을 절대적으로 필요로 하고 있으며, 치유의 역할도 한다는 것이다. 모성이 갖는 부담과 환희, 고통과 인내, 자아실현하려는 여성들의 좌절과 분노, 정의·평등에 대해 간절히 사모함 등은 여성적 특성 속에서 새로운 사회적 가치관을 싹틔울 수 있는 씨앗이라고 표현한다.[73] 그러므로 이제는 가부장제 억압을 통한 여성의 피해적 측면과 함께 자신이 어떻게 형성되어갔느냐 하는 지혜의 측면을 높이 드러내어 인간 모두의 억압을 지양하는 데 쓰자는 것이다.

이러한 여성 중심적 분석은 편협적, 일면적이라는 비판을 면하기 어려우나 여성에게 새로운 자아동일성을 제공하는 인간 모두의 해방을 겨냥했다는 점에서 높이 살 만하다. 이와 같은 여성 해방 이론은 완전히 새로운 지평을 얻고 새로운 문제를 제기하며, 새로운 범주를 설정하고 새로운 분석을 시도했다는 점에서 공헌이 지대하다.

---

72 같은 글, 148. 여성의 능력, 특성, 의지력엔 연약함 무력함을 표시할 수 있는 능력, 감정 표현하고 해석할 수 있는 능력 등을 더 이상 약하고 무능한 것이 아니라는 것이며, 이에 대한 재해석을 할 때라고 주장한 것이다.

73 같은 글.

VI. 맺음말

서양에서 남성의 역사는 그들의 문명 발전 과정에서 여성을 소외시키려 노력했던 역사였으니 남자가 여자를 필요로 한 만큼 또한 남성의 이성(理性)이 계몽된 양(量)만큼 여성이 사회발전 과정에서 참여함으로써 인간화가 차츰 가능했던 역사였다. 이렇듯 여성이 역사의 주변으로 밀려났던 요인은 일차적으로 여성의 생물학적 요인이었다. 즉, 출산과 육아의 기능으로 인해 사회적 경제적인 주도권을 쥐지 못했기 때문이었다.

가부장제 사회에서는 출산, 육아 등의 살림 문화가 '비생산적', '여성적'으로 평가되었고, 여성 집단은 남성 집단을 위한 보조적 존재로, 노동력은 서비스 정도로 격하되었다. 이것은 때로는 모성적으로 찬탄되기도 했다가 '여성적으로' 차별되기도 하였다. 그러나 여성의 살림 문화(죽임의 반대)란 생명 옹호 문화이다. 여성 차별과 억압은 곧 생명 차별과 억압이며, 이 위에서 번영과 타인 위에 군림이 가능했던 것이 남성의 물질문명이(었)다. 이제 성차별은 남성의 성실성을 추락시키며 남녀 모두를 비인간화시킨다는 것을 인식하였다.

이 점에 대해서 서양 여성학자들은 왜곡된 인간성과 파괴되어가는 서구 문명사회를 구제하고 치유할 수 있는 처방을 새롭게 여성 안에서 찾으려고 한다. 억압을 통해서 생긴 피해와 그로 인해 자라난 여성이 지혜 그리고 살림 문화 속에서 키워진 생명존중사상 등을 새로운 미래사회의 정신적 시발점으로 제시하면서 남성을 비판하는 대신 여성에게 새로운 가치를 부여하고, 사회 개혁의 새로운 잠재력으로 기대하고 있다.

성폭력의 정치경제학과 개선 방향

I. 서론: 성性의 전쟁

인류 역사를 함께 일궈 나가는 여성-남성 사이에는 사랑만이 존재해 온 것이 아니다. 거기엔 강렬하고도 치열한 일종의 유사 '전쟁'도 있어 왔는데, 그것이 바로 강간, 성폭력이라고도 할 수 있다.

여-남 간의 전쟁으로 비유되는 강간은 아마도 "성의 전쟁"(War of Sex)이라 명명해도 무방할 듯하다. 이 '전쟁'의 특징은 다음과 같이 규정될 수 있겠다. ① 모든 남성이 모든 여성에게 저질러지는 것, ② 가해자(男)가 (대개의 경우) 꼭 피해를 보지 않고 피해자가 비난된다는 점, ③ 흔히 신고 되지 않음으로써 은폐되어 법적으로도 가장 '보호받는 범죄'라는 점이 특징이랄 수 있다.

근래에 들어와서 폭발적으로 증가하는 성폭력은 질적으로 흉포화, 저연령화, 일상화되어가고 있으며, 그 동기가 계획되지 않은 '우연히' 발

---

* 손덕수, "성폭력의 정치경제학 – 여성복지적 측면에서 본 성폭력의 사회적 의미와 그 대책들," 「사회과학연구」 3 (1994): 95-109(효성여자대학교 사회과학연구소, 별책).

생한다는 점이 주목된다. 1년에 32만 명(1992년)의 남성들이 여성을 강간하고 추행 놀이를 하고 있으나 오직 2.2%만이 신고된다고 한다. 그러나 대부분의 수십만의 여성들은 '죽음의 침묵'을 강요당한 채 절망과 자기 학대로 세월을 보내며 병들어 죽고 마는 경우가 김보은 씨 사건을 통해 절감되고 있다.

강간의 빈도로 보더라도 한국은 첫째인 미국 다음에 셋째로서, 이른바 "강간 왕국"으로 부상되고 있다. 한국사회에서 성폭력에 대한 사회적 우려와 관심은 1980년대 말 이후 강간의 정치적 악용, 즉 1986년 부천 경찰서 성고문 주인공, 문귀동(권인숙 양) 사건은 강간에 대한 일반인의 의식을 바꿔놓은 역사적 사건이다. 그 이후의 사건들, 즉 강간을 피하기 위한 정당방위로 범인의 혀를 문 변월수 씨 사건, 강정순 씨 사건, 9살에 강간당한 김부남 씨가 21년 후 가해자를 살해한 사건, 근친상간한 의부를 살해 모의한 김보은·김진관 사건 등으로 강간의 심각성은 사회문제화되기 시작하였다. 여기에 덧붙여 매매춘(인신매매) 문제와 함께 정신대(보상) 문제 등으로 인해 강간에 대한 대중적 인식을 높이는 데 한몫을 하였다. 이러한 상황 전개에 힘을 얻어 여성 운동 단체에서는 성폭력 특별대책위원회를 만들어 성폭력 근절 운동과 함께 특별법을 만들기에 이르렀다.

본 논문은 한국 사회의 성폭력 실태와 대책 및 사회문화적·법적인 문제를 여성복지적 차원에서 간략히 조명해 보며, 특히 강간과 그 위협의 사회적 파급 효과 그리고 여성의 사고와 생활 및 행동 반경에 미치는 영향을 분석·서술하고자 한다.

1. 성폭력(위협)의 파급 효과

다음은 이솝우화에 나오는 장면인데, 남성의 임의적인 '성 놀이'가 여성에게는 곧바로 '죽음'과 같다는 것이 빗대어 비유되고 있다.

새끼 개구리 몇 마리가 화창한 날씨를 즐기며 물놀이를 즐기고 있다. 마침 그곳을 지나가던 개구쟁이들이 새끼 개구리를 발견하고 즐거워 탄성을 올렸다. "야! 저 개구리들 봐라! 갖고 놀고 싶은데." 신이 난 아이들은 개구리를 향해 돌을 던졌다. 그러자 놀란 개구리는 이리 뛰고 저리 뛰었다. 그중 돌에 맞은 개구리는 창자가 튀어나오며 죽었다. 이에 아이들은 더욱 흥분하여 계속 던졌다. 다른 개구리들도 차례로 뻗었다. 그러자 참담한 개구리 에미는 손을 가로저으며 호소했다. "이 녀석들아! 그것이 너희에게는 재미있는 놀이일지 몰라도, 우리 개구리들에게는 죽음이란 말이다. 흑흑……!"

이 '죽음의 놀이'는 사적인 차원이 아닌 국가적 차원에서도 자행된 저 20만 조선 여성들의 정신대에서도 찾아볼 수 있다.

'놀이와 죽음'의 양면을 지닌 성폭력·강간 사태와 위협은 어떤 사회적 파급 효과를 지니는 것일까? 성폭력·강간(위협) 사태가 발생하면 그 사건 자체로써 끝나는 것이 아니라 전 여성들에게 불안과 공포 분위기가 조성되고, 이어서 여성에게는 강간의 가능성에 대한 생각과 공포심이 들기 때문에 이는 강력한 사회 통제-행동 통제-사고 통제로 작용한다. 즉. 결과적으로 여성을 여러 차원에서 통제하여 불평등·불이익의 상태로 묶어 두며, 때로는 여성 일생이 생각과 조심이 떠나지 않게 되며, 이때 모든 여성은 강간의 간접적 피해자들로 남게 된다.

한 보고서[1]에 의하면 "늘 불안하다"가 응답자의 94%, "안전한 집에서조차 강간 공포가 있다"가 42%였다. 즉, 강간 공포야말로 남성이 모든 여성의 삶 위에서 휘두르는 권력의 통제 수단인 것이다.

강간(위협) 불안과 공포는 결국 여성의 행동반경과 사고 및 의식 계발을 제약하는 역할을 한다. 더 나아가 여성의 남성 의존성을 강화시키고, 사회적 지위를 제한하며, 그러나 결국은 남성의 자유까지도 유보케 하는 기능은 다음의 실례에서 확인될 수 있다. 강간의 가능성이 늘 상존하는 상황에서 여성들은

1) 집이 제일 안전하다고 믿는 믿음은 남편에의 의존성을 강화시키며 이는 때로는 남편의 아내 구타를 용이하게 해주는 결과를 초래케 한다.

2) 정보와 기회가 힘(Power)이 되는 사회에서 강간 불안증은 여성에게 기회-접촉-정보에의 통로와 접근을 제한하며 이는 결국 여성의 사회적 참여와 성숙을, 즉 사회의 권력구조에서의 배제가 결과로 나타난다.

3) 남성에 대한 조심과 공포는 결국 女-男 간의 자유롭고 풍요로운 전인적 관계를 방해하며 양성 간의 부분적 관계가 전체인 양 오도된다. 그것은 결국 남성다움이란 공격적 문화와 여성다움으로 표현되는 방어적 문화의 대결적 문화가 정상적 문화로 군림케 한다. 이때 女-男 조화는 오직 신화일 뿐이다. 강간이 날뛰는 사회에서는 여성에게 인간계발과 자아실현에 요구되는 사회적 활동-참여-

---

1 한국형사정책연구원, "성폭력의 실태 및 대책에 관한 연구" (1989).

접촉을 포기하고 오히려 순결과 정절을 지키는 쪽을 택하게 만드는데 이때 여성은 무모하리만큼 순결 이데올로기의 노예로 전락되기 쉽다. 이때 이율배반적 현상이 나타나는데 순결성에 대한 사회적 찬미 속에 이미 남성 강간의 보호와 은폐는 부장되는 것이며 강간의 악순환은 계속되는 것이다.

요약하면 여성의 강간 공포증을 여성의 사회적 정치적 인간적 계발과 자기실현을 억제시키는 기제(mechanism)로서 작용한다. 즉, 여성의 탈권력화에 결정적 역할을 하는 것이 강간(위협)이다. 그러므로 여성의 삶 위에 휘두르는 강간은 "최소한의 투자로써 최대의 효과"를 거두는 통제 기술이 된다. 이 점이 바로 강간(위협)이 노리는 가부장 사회의 정치경제적 이득인 것이다. 그리고 더 나아가 이 강간 불안증은 남성이 외치는 '평화 시대'라도 여성에게는 늘 '전쟁의 시대'로 인식되고 있다.

II. 성폭력(강간)에 대한 사회적 통념과 그 허구성

1. 강간 개념의 새 범주

법적으로 "강간이란 폭행 또는 협박으로 부녀를 간음한 행위"(형법 제297조)이다. 이 규정은 매우 협소하고 남성 중심적 시각을 토대로 구성되어 있으므로 다음과 같이 새롭게 규정되어야 한다고 여성학계에서는 주장하고 있다. "두 사람 간의 상대적인 평등이 부재한 상황에서의 성관계는 강간으로 규정해야 한다"고, 즉 모든 원치 않는 성적 행위를 강간으로 규정하되 여기에 추가되어야 할 세목은 '여성에 의한 남성 강간, 구강이나 항문 삽입 강간,

결혼 강간' 역시 새롭게 추가되어야 할 것을 주장하고 있다.

또한 성폭력은 강간뿐 아니라 음란 전화 성희롱(sexual harassment), 강제추행, 성기 노출, 윤간, 아내 강간, 강간미수, 강제 매춘(賣春), 인신매매 등 여성에게 가해지는 모든 신체적·언어적·정신적·물리적 폭력을 포괄하는 광범위한 개념으로 설정되어야 한다.[2]

강간에 대한 협소하고 잘못된 개념은 문제의 원인과 대책을 호도하며, 따라서 강간의 악순환의 고리를 단절시키지도 못하게 한다. 본고에서는 성폭력의 협의의 개념인 '강간'만에 초점을 두어 다루고자 한다.

2. 강간에 대한 사회적 통념과 그 허구성

강간은 분명히 성(性)으로 인해 저질러지는 범죄임에도 불구하고, 성범죄로 보지 않고 성교 형식의 남녀갈등으로 본다. 거기에는 "무기를 사용 안 했다"는 통념과 남성의 참을 수 없는 성충동이라는 요인이 고려되었기 때문이다. 그뿐만 아니라 강간이 발생하면 사회적 비난의 표적은 가해자가 아닌 피해자에게로 향해진다. 즉, 여자가 "조신 안 하고", "먼저 꼬리를 쳤으며", "제대로 저항을 했더라면" 등으로 여자의 책임으로 우선 돌린다. 그리하여 사회에서의 비난의 화살과 피해자 책임 추궁 때문에 피해자 신고와 고발은 거의 무(無)에 가깝다. 이런 사회 환경에 바로 강간의 악순환을 강화시키고 아울러 다른 범죄시 강간을 추가 범죄케 하는 동기 제공이 되고 있다. 이 강간의 통념과 허구성의 구조를 좀 더 자세히 서술해 본다.

잘못된 통념 1: 강간은 여자가 조신하거나 끝까지 저항한다면 막을 수

---

2 한국성폭력 상담소, "성폭력이란 무엇인가?" 교육자료 1 (1991).

있다는 통념.

올바른 견해: 강간은 '부주의'한 여성에게만 일어나는 것이 아니라, 3세 아기에서부터 80세 할머니에게까지 무차별적으로 일어난다는 것이 특징이다. 아무리 조신해도 강간 의도자(男) 앞에서는 '백약이 무효'이다. 더구나 무기와 폭력으로 협박하는 상황에서 무방비한 여성이 공포심 없이 힘껏 저항한다는 것은 거의 불가능하다. 강력한 저항을 하면 '범죄'로 간주된다는 것이다(힘껏 저항한다는 것은 때로는 목숨을 잃는 위협을 가져오는 고로 무모한 짓이기도 함).

피해자(女)는 왜 저항을 못 하게 되나?

① 갑작스런 공격에 의한 공포는 마치 '동물의 최면 상태'처럼 몸의 마비 현상을 일으킨다.

② 힘, 정복, 반칙, 관철 등으로 키워진 '남성다움'의 폭력과 고집을 '여성다움'으로 키워진 여성들은 무기를 사용치 않는 한 이겨낼 힘이 턱도 없이 부족하는 것.

③ 사회권위와 권력을 배경으로 한 남성 앞에서 여성은 자신의 '성적 자기결정'의 능력을 행사한다는 것은 수월치 않다는 점.

잘못된 통념 2: "강간은 성관계일 뿐, 폭력 범죄가 아니다"라는 통념.

올바른 견해: '성기결합'의 모양새 때문에 강간의 폭력행위가 아닌 성행위로 인식되기에 女측의 신고가 낮다(그렇다 하더라도 성관계란 쌍방의 합의가 선행되어야 함). 이런 관점에서 보기 때문에 강간이 지닌 폭력성이 희석되며 여성의 성적 피해성이 간과된다. 무기나 폭력사용인이 폭력범이라면 무기를 소지 안 했더라도 '남근'그 자체가 무기이며 '강간'은 무기 사용으로 보아야 한다. 그러므로 남성 강간은 성적 행위가 아닌 '성기 사용의 폭력 범죄'로 보아야 마땅하다.

잘못된 통념 3: 남성은 여성보다 성욕이 강하므로, 성충동을 억제할 수 없다는 통념.

올바른 견해: 강간의 불가피성을 신체적 구조와 본성에 돌림으로써 양성의 '해부학적 운명'(Anatomy in destiny)에 의존하려는 의도는 계산된 이기적 발상이다. 강간은 생물학적 불가피성이 아니라, 위계질서와 불평등한 권력관계에서 야기된 여성 경시 풍조와 남성의 성적 방종과 퇴폐의 합산물이다. "제어할 수 없는 성충동"은 남성의 신체적 자연성이 아니라 남성 중심 사회의 도덕적 타락의 결과이며, 이는 교육과 사회화에 의해 재조정될 수 있는 것이다. (설사 "제어할 수 없는 성 충동"을 타고났다 하더라도 그것은 '강간용'이 아닌 자기 수련의 대상으로 삼아야 한다. 이 점이 동물과 구별되는 것이며, 자유인의 특권이기도 하다.)

잘못된 통념 4: 대부분의 강간은 '낯선 사람'에 의해 발생한다는 통념.

올바른 견해: 강간 피해는 모르는 사람보다는 평소에 잘 아는 사람이거나 신뢰를 가졌던 사람에 의해 일어나는 경우가 훨씬 더 많다. 이것이 강간의 80% 이상 차지하며, 그들은 date 상대나 애인, 선후배, 직장동료나 상사, 아는 오빠, 근친, 친인척 등이다.

잘못된 통념 5: 부부간에 강간이란 있을 수 없다는 통념.

올바른 견해: 신체통제권은 누구나 자기 자신에게 있다. 또한 부인은 남편 소유물이 아니다. 따라서 부인의 의사에 반하거나 폭력을 사용하여 (구타 후) 강제로 성관계를 갖는 것을 성

적 학대이지 이내 강간이다.

잘못된 통념 6: 강간범은 정신이상자라는 통념

올바른 견해: 그렇지 않다. 강간범 중에는 남달리 포악하거나 비정상
적인 사람도 있지만, 대부분이 정상적인 사회생활을 영
위하는 소시민들이다. 이들은 소외감, 열등의식, 분노,
박탈감 등을 표출할 대상으로 어린이와 여성을 택하는
데, 이들은 성적인 공격에 쉽게 항복하기 때문이다.

잘못된 견해: 많은 여성들은 강간당하는 것을 몰래 꿈꾼다.

올바른 견해: 아무 여성도 강간당하는 것을 원치 않는다. 혹간 강간에
대해 환상을 할 뿐 현실이 되길 원치 않는다. 여기서 환
상과 현실 사이에는 커다란 차이가 있다.

위와 같이 강간에 대한 잘못된 통념과 허구성은 남녀 모두의 의식구조에
뿌리박혀있어 가해자를 은폐시켜 둔 채 '피해자 비난'의 논리에 동승하게
한다. 이러한 잘못된 통념의 핵심은 무엇인가? 그것은 남성들이 여성에게만
성 순결과 정절 이데올로기에 묶어 놓고, 자신들은 거기서 제외시켜 성의
향락을 최대로 누리고자 하는 말하자면 '성 순결과 성 향락'을 동시에 누리
고 소유코자 하는 모순성에 있다. 이것은 가부장 사회에 존재하는 근원적
모순이자 최대의 수치임에 분명하다. 여기서 탄생된 것이 오늘날의 공식 문
화로 인정받는 정절 문화(女)와 외도 문화(男)인 것이다.

이 이중적 문화에서 득실(得失)의 관계로 얽혀진 남녀관계는 정치경제학
의 관계로 설정될 수 있다. 즉, 여성의 생리적 '약점'과 정절 이데올로기로
인해 강간은 여성의 생물학적 사회적 '운명'으로 인지되며, 따라서 여성의

사회적 불평등은 감수함으로써 반사적으로 생기는 남성의 여성에 대한 정치적 지배·경제적 우위의 설정과 현실이 바로 강간의 정치경제학의 핵심 내용이 된다.

우리 사회에서 강간의 정치경제학이란 여성에게 어떤 의미를 지니는 것일까?

1) 남성 통제(성폭력)에 저항하는 여성은 처벌된다. 즉, 여성의 강력 반항은 '범죄'로 간주되는 반면 여성의 저항이 약하면 강간에 '동의'로 간주된다는 이중성이 주목된다.

2) 여성을 통제 감시함으로써 여성을 특정 방식으로 행동하거나 또는 못하도록 만든다. 즉, 정절을 사수키 위해 목숨까지 바칠 행위를 장려하면서도 사수키 위해 상대방(男)을 해치는 일은 처벌된다. 그러나 다른 한편으로는 정복됨과 사수함(반항)의 이율배반성이 동시에 요구되는 모순성을 갖고 있다.

3) 통제와 감시를 통한 女男 관계가 형성되는데 이때 여성만이 아니라 결국 남성마저도 통제되고 감시되어 결과적으로 부자유한 관계로 맺어진다.

즉, 이중성과 모순성을 통해 여성의 억압·부자유를 합리화 시키고, 남성의 이득과 자유함(방종)을 정당화한다.

이렇듯 성폭력·강간의 존재는 가부장제 사회를 규정하는 특성이며, 이것은 남성에 의해 사용되고, 국가에 의해 용인되는 기제인 것이다. 이런 맥락에서 보면 "국가는 여성학적 의미에서 보면 '남성적' 성격을 갖고 있는 것이라고 볼 수 있다."

III. 강간의 발생과 피해자의 실태

1. 강간의 발생 정도

한국 사회에서 실제 강간 발생 건수는 얼마나 되며 강간(미수, 추행)에 의한 피해자들의 실태는 어느 정도일까?

모든 사회적 범죄에 있어서 피해를 신고하고 폭로하려는 것이 피해자들의 기본 심리이며 욕구이다. 그러나 피해와 부당성을 오히려 은폐하고 신고치 않으려는 '범죄'가 있다면 그것은 '강간' 하나뿐일 것이다. 신고율이 전체의 2.2%에 그쳐 실상 강간 통계와 피해자의 실태, 규모, 고통의 심도를 정확히 헤아린다는 것은 사실 어려운 일이다.

강간 범죄는 매년 증가하여 5,620건(1980년)이던 것이 10년 후 7,330건(1990)으로 증가 현상을 보이고 있다. 인구 10만 명당 강간범죄 발생 건수가 강간 485.9건, 강도강간 198.8건으로, 강간은 공식 통계로 추정해 볼 때 44.6배, 강도강간은 198.8배가 높다는 것이다.[3] 고작 2.2%에 불과한 강간 신고율로 실제 강간 발생 건수를 추산해 보면 1989년 기준으로 한 해 동안 32만 건, 하루 877건, 1시간에 37건, 3분에 2건의 강간 사건이 일어난다는 것이다.[4] 한 해 32만 건의 강간 중 31만 4천 건은 아무런 제제도 받지 않은 채 '허용'되고 있는 셈이다.

한국정책연구소에서 여성 2,290명을 조사한 바에 의하면 응답 여성의 76.4%가 추행의 경험이 있으며, 심한 추행은 23.7%, 성적 희롱은 48.6%, 성기 노출은 74.5%, 강간미수 14.1%, 강간은 7.7%, 어린이 추행이

---

3 한국여성단체연합, "성폭력 없는 사회를 위하여," 한국여성단체연합 성폭력특별법제정 추진 특별위원회 자료집 (1992), 8.
4 한국형사정책연구원, "성폭력의 실태 및 대책에 관한 연구," 86.

6.5%로 나타나 있다.

대부분의 여성들은 일생 동안 한 가지 이상의 성폭력을 경험한다고 볼 수 있다. 여성들은 실제로 성폭력 위협 때문에 매우 불안해하고 있고, 이것은 한국 여성이 받는 스트레스의 첫째 원인이 되고 있다. 이러한 불편함과 공포는 모두 부당한 피해이며, 이것 자체가 잠재적 성폭력이자 강간이다.

2. 피해자들의 실태

강간이 일어날 경우 그것은 엄청난 사회적 개인적 영향을 미친다. 여기엔 직접적 피해와 간접적 피해로 나눠 볼 수가 있다. 간접적 피해란 언제 어디서나 당할지 모른다는 강간 불안증과 그로 인한 행동의 제약을 들 수 있다. 다음으로 직접적으로 피해당한 이들은 어떤 피해와 영향을 받게 되는가?

피해를 크게 신체적 · 심리적 · 정신적 · 사회적 피해의 네 가지로 나눌 수 있다.5 강간(미수)의 가장 큰 피해는 위의 네 가지 중 정신적 피해가 가장 크며 이는 일생을 두고 괴롭힌다.

강간미수 피해자의 72.7%, 강간 피해자의 66.7%가 불면증, 기분 침체, 우울, 순결(정조) 상실로 인한 고통 등 정신적 피해를 호소한다. 심리적으로는 두려움과 공포에 떨며, 남성혐오증, 가해자에 대한 적개심, 복수심에 시달린다. 이러한 고통을 극복하지 못할 때 심각한 정신질환이나 자살 소동까지 벌이기도 한다.

신체적으로는 강간 피해자의 12%가 임신, 10%가 상해, 1.3%가 성병 감염 등의 신체적 피해를 입는 것으로 나타났다. 사회적(경제)으로는 주위에

---

5 강영수, "한국사회의 매춘에 관한 연구," 이화여대 석사학위논문, 1989.

알리겠다는 가해자의 협박과 돈 요구에 의해 연속적인 강간에 시달리기도 한다. 직장 내의 성폭력인 경우 계속적인 협박에 의해 (소낸) 피해 여성이 오히려 직장을 잃게 되는 경우가 많다. 기혼 여성의 경우도 피해 사실이 알려져 이혼을 당하기도 한다.

또한 피해자들의 연령은 10대 후반들의 여성이 가장 많고, 추행이나 미수는 20대 초반의 여성이다. 강간 피해자는 젊은 여성들이 대부분이며 계층적으로도 경제적 지위가 낮은 집단이 피해가 많다는 것이다.[6]

3. 피해자들의 경험

"그 순간을 생각하면 공포, 혐오감, 무력감… 그 상황을 온몸으로 부인하고 싶은 거부감… 자존심이 상해 미칠 지경이었다."

"죽고 싶다. 차라리 죽는 게 낫다 싶었다. 그런 인간으로 취급되는 게 아니었다. 난 그 순간 땅에 녹아 들어가는 한 마리의 지렁이라는 생각이 들었다…"

"… 그 순간 생각하는 게 돼지나 통닭을 바베큐하는 듯한… 참을 수 없는 모욕감…", "처녀성 상실로 인한 육체적 고통이 오히려 수월하다."

강간 피해자의 체험은 우리가 상상할 수도, 표현할 수도 없을 만큼의 비인간적이고 모욕적인 "죽음의 체험"인 것이다.

---

6 한국형사정책연구원, 앞의 글, 65.

IV. 강간 문화를 유지시키는 사회적 기제

강간이 자주 발생하는 사회는 여성에 대한 성차별과 성 대상화가 극심한 사회이고 동시에 폭력을 관용하는 사회이다. 반면 강간이 드문 사회의 특징은 여성의 재생산 능력이 존중되고 양성의 역할이 우열 관계가 아닌 보완적 관계에 있으며, 개인·사회에서 폭력적 행동이 최소화되어 있다는 것이다.[7]

이런 맥락에서 볼 때 강간이란 남성의 어쩔 수 없는 성 충동이나 본능으로서의 '해부학적 운명'이 아니라 사회문화·경제적 구조물이며, 결과라는 것임이 분명하다. 따라서 그것은 근절될 수 없는 요인이 아니라 사회문화적·경제적 조건과 교육과 사회화에 따라 억제·근절될 수 있다는 점이다.

그러면 강간을 부추기는 사회문화적 경제적 요인은 무엇인가?

1. 여-남 간의 불평등하는 권력관계

우리가 사는 가부장제적 자본주의 사회란 모든 공적 권력과 결정권이 남성 가부장에게 부여되었으며, 따라서 경제정치문화 법등에서 여남(女男)은 불평등한 관계에 서게 된다. 특히 여성의 가정에서의 무보수노동자 사회에서의 저(차별)임금으로 인한 여성의 경제적 약점은 남성의 강제적 성관계를 강화시킨다. 이때 여남 관계는 의존-지배로 규범화되고, 가정·사회·국가에서 남성은 여성에게 절대적 힘을 행사한다. 이때 불평등한 성관계는 이미 강간의 잠재력이 잉태하게 된다.

---

7 Peggy Sandy·L. Kelly/심영희, 『여성의 사회참여와 성폭력』 (서울: 나남, 1992), 8-18.

2. 향락 퇴폐 문화

1960년대 이후 선진국 모델에 따른 잘못된 경제성장에 의해 3차 산업의 비대라는 향락산업을 발달시켜 왔다. 소위 "디카룸"(디스코, 카페 룸 싸롱, 안마시술소, 요정, 퇴폐이발소, 러브호텔 등)으로 함축되는 향락 퇴폐업소는 전국에 45만 개, 고용원("산업 기생")이 200만 정도로 추산된다. 여기서 매출액이 연간 4조 원으로 국방비(6조 원)와 맞먹는 엄청난 액수이다. 또한 퇴폐적이고 변태적인 비디오, 출판물과 춘화, 영화 등은 폭력적인 성행위와 강간을 부추기는 요인들이 될 수 있다.

3. 여남의 사회화 과정과 성역할 분담

여남은 출생 이후 줄곧 서로 다른 '기질 · 역할 · 지위'를 할당받아 키워진다. 즉, 여성은 '여성다움'(순종, 수동, 의존, 희생) 등으로, 남성은 '남성다움'(공격, 지배, 소유, 관철, 거칠음) 등으로 순치되고 기대된다. 여성다움의 기질은 거부와 저항, 공격성 자위 능력으로 키워지지 못해 결국 강간 피해자로 만드는 데 기여하는 결과를 낳는다. 반면 남성다움은 여성을 주도하고 공격하며 제어함으로써 과시하고 '남성상'으로 확인되는데, 이러한 상태에서 이 성관계란 남성=공격적+폭력적+강제적 관계가 정상적인 성관계로 혼동되고, 여성의 '거부'를 꺾어 소유해야 비로소 '남성다움'으로 착각케 한다. 이러한 전통적인 성관계야말로 오히려 강간에 더 가깝다고 럿셀은 지적하고 있다.

4. 여남의 성문화

남성에게는 외도문화, 여성에게는 정절 문화의 이중적 성문화는 한국사회의 전통적 문화이다. 이 문화가 매매춘뿐 아니라 성폭력·강간까지도 자극을 한다. 이때 남성의 성과 사랑을 별개의 것으로 여성에게는 성과 사랑을 일치시킴으로써 여남 간의 성과 사랑에 있어서 이중적 도덕을 정상으로 간주한다. 그러므로 성 따로, 사랑 따로의 이중성과 성을 상품화하는 자본주의 사회는 매매춘과 강간을 구조적으로 양산하는 체제이며 촉매제이기도 하다.

이상의 논의점에서 볼 때 여남의 비대칭적 사회화와 이중적 성문화 및 공사성별 분업은 강간을 발생케 할 수 있는 기질적 조건과 구조적 조건을 모두 제공한다는 것을 알 수 있다. 그 외에도 그 사회에 존재하는 폭력을 묵인·허용하는 문화 그리고 폭력이라는 방법이 문제 해결의 효과적인 방식으로 간주되는 사회에서는 강간 발생률이 높은 것을 알 수 있다.

V. 현행 성폭력 관련법의 문제점 및 개선 방향

현행 성폭력에 관한 관련법이란 "정조에 관한 죄"(형법 제32장)라고 하는 협의의 용어로서 집약되고 있으며, 그것 역시 입법자가 필요시마다 제정하였던 관계로 체계적으로 되어 있지 않고, 여러 곳으로 산재되어 있다. 성폭력·강간에 관계된 범죄는 타 범죄와는 다른 특성들을 가지고 있으므로 일부 중복되고 흠결되고 있는 규정들을 개선·보충·강화하며, 한곳으로 모아 특별법을 만들어야 한다.

여성의 인권을 보호하고 더 나아가 양성의 건강한 성관계를 도모하기 위해서는 다음과 같은 문제점의 개선과 보완을 해야 함이 전제 조건이다.

1. 실체에 관한 문제점과 개선 방향

현행법에서 성폭력 범죄는 "정조에 관한 죄"(강간, 준강간, (준)강제추행, 위력, 위계에의 간음, 의제 강간 등을 규정함)로 되어 있다. 이러한 법적 개념은 '신체에 대한 자기결정권'을 지닌 인간으로 보지 않고 '지켜야 할 정조'만을 지닌 대상으로 보도록 하며, 성폭력을 사회적 범죄로 보기보다는 개인적 · 사적 차원의 불행으로 보게 한다. 그리하여 강간의 피해를 신고하지 못하고 은폐하게 된다.

여기에 추가해야 할 규정은 '정조'라는 용어 대신 '폭력'이라는 개념으로 그 용어 사용을 바꿔야 한다. 그러할 때 피해자는 정조를 상실한 것이 아니라 폭력 · 범죄의 피해를 당했음을 인지시킴으로써 가해자에게는 범법 의식을, 피해자에게는 수치심과 죄의식을 덜어주고, 신고율을 높이며, 따라서 그 후유증을 줄여줄 수 있다.

현행법 체계에서는 '정조'는 보호할 것도, 보호받을 것도 없는 것으로 되어 있다. 규정의 개념적인 전제가 정조로 되어 있을 시 이때 소위 '깨끗한 여자'와 '더러운 여자'로 이분화되어 피해자의 직업과 과거 경력이 사건과 무관한 피해자의 전력이 추궁되기도 하는 부당성이 저질러진다. 그러할 때 소위 '깨끗한' 여자가 아님이 인정되는 경우에는 그의 정조는 '보호할 가치가 없는 정조'로 판단해버려 피해자는 불이익을 감수하게 된다.

따라서 정조에 관한 문제는 여성에게 사회적으로 부여된 부담을 전제로 하고 여성으로서의 정조가 아니라 여남을 가리지 않는 헌법상으로 인정된 기본권으로서의 '성적 자기결정권'을 침해당하는 범죄로 규정되어야 한다. 다시 말하면 위의 결정권이 침해된 질과 양에 의하여서만 오직 성폭행 행위의 유무죄와 그 정도가 추궁되어야 한다.

1) '강간' 규정의 협소

강간의 규정은 "여성 성기에 남성 성기가 삽입된 것"으로 되어 있는데, 이때 문제가 될 수 있는 것은 강간이 폭력이 아닌 성관계처럼 왜곡될 소지가 있다는 것이다.

강간에 있어서는 성기삽입뿐 아니라 이물질 삽입, 성기가 아닌 항문을 사용한 경우나 각종 변태적인 성행위가 강간으로 분류 처리해야 하며, 특히 아내의 동의가 없는 남편의 성행위도 '아내 강간'으로 새롭게 규정해야 한다.

강간치사는 피해자가 가해자로부터 죽음을 당한 경우를 말하는데, 강간으로 인해 피해자가 자살하는 경우 이때는 강간치사가 되지 않고, 강간죄밖에는 되지 않는데, 실은 '강간치사'로 분류되어야 한다.

2) 애매모호하고 피해자에게 불리한 규정

현재의 강간죄의 규정을 보면 그 정도는 오직 "폭행이나 협박으로 부녀자를 강간하는 자…"라고 되어 있으며, '위계', '위력'의 추상적인 개념뿐이다.

① "피해자가 처음부터 끝까지 저항했으나 저항으로 극복될 수 없을 정도의 폭력이 있어야" 하는 대법원의 판례 역시 피해자에게 매우 불리하고 비합리적인 규정이다. 왜냐하면 여기서는 피해자의 필사적인 저항(죽음을 두려워 않고)이 전제되어 있는데, 여기서 두 가지 모순과 문제성이

제기된다. 첫째로 여기서 문제시되어야 할 것은 '피해자의 저항이 있었느냐'에 강점과 초점을 둬야 할 것이 아니라 가해자의 강제 외 폭력이 어느 정도 있었느냐를 우선적으로 문제시되어야 한다는 것이다. 둘째로 필사적인 저항의 강도에 초점을 맞추는 것은 정조는 곧 여성의 생명과도 바꿀 만한 무엇, 즉 생명을 건다는 정조라는 선입견이 전제로 되어 있는 고로 부당하다는 것이다. 타 범죄에서도 강도 범죄가 성립되기 위해서는 피해자의 저항 여부가 아닌 가해자의 범죄행위가 우선적인 것이 상례인데도 불구하고 유독 강간만이 '피해자의 목숨을 건 저항'의 유무로 따지는 것은 형평의 원칙에 어긋나는 것이다. 즉, 강도에게 저항하지 않는 것이 '죄'일 수는 없는데, 강간의 경우 유독 이를 요구하는 것은 모순이며 부당한 처사인 것이다.

협박 폭력의 정도를 범죄 자체로 평가하지 않고, 저항(女)의 강도와 유무를 측정함으로써 피해자의(필사적인) 저항을 당연한 것으로 기대하는데, 이렇게 되면 '궁극적 책임은 여자에게'라는 '피해자 비난의 논리' (Blaming victium)가 생긴다. 따라서 강간은 피해자의 저항이 불충분해서 생기는 것이 아니라 가해자의 강제 의사가 이미 있었기 때문에 일어난 것으로 보아야 한다.

② "부녀자에게"라는 규정의 문제점은 아내를 폭력과 강간의 대상에서 제외하고 있는 발상이다. 결혼 내에서의 강간을 '아내 강간'으로 성폭력 범죄의 개념에 새롭게 포함시켜야 한다.

3) 성폭력 범죄의 유형과 범위 및 연속성의 문제

성폭력의 여러 유형, 즉 강간, 성추행, 아내 구타(살해), 인신매매, 매매춘, 포르노 언어적 폭력 등 강간에서 포르노까지는 서로 다른 분리된 행위로 개념화되어서도 안 되고, 양분화시켜서도 안 되며, 이는 연속선상에서 보아야 한다. 여기서 "연속성 개념"(Continuum of Sexual Violence)이란 서로 다른 형태의 성폭력 사이에는 상호 연결이 되어 있고, 그것의 사건들 밑에 은폐된 기본적 공통성이란 남성이 여성을 통제하기 위해 다양한 형태의 학대, 강요, 힘을 사용하는 것이다. 이 개념은 여성들로 하여금 남성의 일상적(전형적) 행동과 성폭력(일탈적) 행동 사이의 연결을 보게 해준다.

이 연속적 개념은 또한 '이성애적 성과 사랑'의 문제점과 성폭력의 등급을 분명히 해준다.

```
이성애적 성
ⓐ 동의적 性
ⓑ 이타적 性 ┐
ⓒ 순응적 性 ┘    성관계의 압력
ⓓ 강간      경제적 강간         ─── 비동의적 性
```

위의 표에서 보는 바와 같이 이성애적 성과 강간 사이에는 분명한 구분이 없고, 압력→위협→강제→강간, 즉 강제적 힘의 연속선상에 있다는 것이다. 이 개념은 여성이 성에 자유롭게 동의하지 않을 때 느끼는 느낌(압력, 협박인지)을 분명하게 해주며, 그러나 이것이 분명치 않을 때 흔히는 강간으로 규정하지 않기도 하지만 엄격히 말하면 그것은 강간에 더 가깝다.

사회도 법조문도 강간으로 규정하지 않는 '비동의적 성'은 이 분석의 틀을 통해 분명하게 강간으로 보게 해준다.

(1) 성폭력의 등급의 분류

법의 정확한 규제가 없어 이를 피해가는, 성폭력이 가능한 유형을 등급화[8]해 보면,

성폭력 1등급: 무기나 흉기를 사용한 강간이나 강제추행

성폭력 2등급: 흉기 없는 단순한 폭행이나 협박에 의한 강간이나 강제추행

성폭력 3등급: 위력이나 위계에 의한 간음이나 성적 접촉

성폭력 4등급: 동의 없는 성적 접촉

이처럼 성폭력이 여러 유형으로 세분화될 때 범죄는 어느 한 규정에 해당되고, 검사는 기소하기 쉬워지며, 가해자에게는 유죄를 주기에 용이할 것이다.

(2) '성적 희롱'의 문제: 새 범주로 설정

성폭력의 범주에 포함시키는 데 무리가 되었고, 따라서 성폭력으로 인정되지 않았던 것들 중 가장 빈번하게 일어나는 '성적 희롱'(sexual harassment)이 연속선적 차원에서 볼 때 이 범주에 속하게 된다.

여성의 대부분이 일생을 통해 경험하는 성적 희롱은 은폐되어 있는 '숨은 폭력'인 것이다.

2. 절차에 관한 문제점과 개선 방향

1) 친고죄 문제

현행 성폭력관련법은 강도 강간과 성폭력 윤간을 제외하고는 친고죄로 되어 있다. 즉, 제삼자는 신고할 수 없으며, 오직 피해 당사자만이 신고할 수 있게 되어 있다. 따라서 피해자의 고소 계기가 없으면 수사는 진행되지 않는다. 아직도 여성 순결주의가 팽배해 있는 현실에서 자신이

---

8 심영희, 앞의 책.

신고함으로써 오히려 수치심과 피해감만을 받기 쉽기 때문에 피해자보호와 신고라는 측면에서 친고죄는 없애야 한다. 그뿐만 아니라 친고죄의 효과는 시대의 요구에 역행하는 결과를 가져온다. 이는, 즉 남자=자유로운 성, 여자=억압·침해받는 성이라는 사실만을 확인케 하여 신고조차 꺼리게 되어 강간의 악순환을 부채질하는 요인이 될 뿐이다. 그러므로 친고죄는 폐지하되 고소 대리를 담당할 수 있는 기구를 설치하여 피해자의 피해 회복뿐 아니라 가해자에 대한 예방이 병행되도록 해야 한다.

2) 재판 과정의 문제

일반 재판이 피의자의 인권을 보장하기 위하여 공개적으로 행해지는데 반해 성폭력 재판의 경우 피해자의 인권을 보장하기 위해 비공개 재판이나 재판절차의 개선을 도모해야 한다.

재판 과정에서 피해자의 증언을 청취한다는 것도 지적될 수 있다. 공중석에서 사적인 일(혐오·수치스런 장면)을 진술함은 대단한 고통을 수반하는데 이때 여성 피해자는 '두 번 강간' 당하는 셈이 된다.

피해자의 증언을 비공개로 청취하는 방안을 마련하는 것이 신고율을 높이는 데 도움이 될 것이다. 그리고 피해자의 '성력'(性歷)을 증거로 채택하지 말아야 한다.

3) 공소시효가 단기간임

현행법은 피해 직후 6개월 이내에 고소해야 하는 것으로 되어 있다. 그러나 대개의 피해자들은 피해 직후 정신적 충격과 갈등(수치심) 때문에 제삼자에게 피해 상황을 고백하기까지는 시간이 오래 걸린다(특히 어린이의 경우는 더욱 그러함). 그러므로 단기간 내 고소(피해 직후 6개월 이내라는 단서)는 폐지되어야 한다.

4) 무고죄

법률 전문가의 조언을 받지 않은 상태에서 잘못 고소하는 경우 가해자로부터 무고죄로 고소당하게 되어 그로 인한 막대한 피해(정신적, 육체적)를 당하게 되므로 개선되어야 한다.

5) 사법 절차와 양형의 문제

기소율의 증대와 형량의 조정, 재판 시의 피해자 보호가 보장되어야 한다. 법조인들도 성차별적 통념과 편견을 갖고 있으므로 피해자를 불신하고 강간을 가벼운 사건으로 취급하여 처벌되어야 할 자가 당사자들 간의 합의, 불기소처분, 집행유예, 무죄 판결로 처리되기도 한다. 성폭력 범죄 처벌 유형을 강화·확대하여 예를 들어 징역형과 거세형을 병과시키거나 이를 선택하는 방법도 고려해봄 직하다. 그러므로 강간이 은폐·조장되는 것을 막기 위해서는 친고죄가 폐지되어야 하고, 피해자 보호를 위해서 비공개 재판이 보장되어야 하며 공정한 형량을 내리려면 법조계 관계자인들의 성차별적 편견이 없어져야 한다. 그러나 더욱 강조되어야 할 점은 정조에 관한 죄는 피해자의 '성적자기결정권'으로 수정돼야 한다.

3. 법적 처리 과정의 개선책

1) 강간 규정 문제

현재의 법 규정은 폭증하는 성폭력을 통제하고 형량화하는 데 많은 문제점이 있다. "폭행과 협박으로 부녀를 강간한 자는 3년 이상의 유기 징역에 처한다"고 규정하고 있는 강간 규정문은 강간이 성립되려면 반항을 현저히 곤란케 하는 정도의 폭행과 협박이 있어야 한다고 해석되고 있는 점이다. 여기에서는 피해자의 저항 유무와 폭행당한 사실을 입증해야 한다. 이는 피해자를 보호하는 형평의 원칙에서 빗나간 가해자 중심의 시각이며 인식이다. 그 외에도 피해자를 부녀로만 규정함으로써 '아내강간'을 제외시키고 있다. 따라서 현행법에서 성폭력 범죄는 '정조에 관한 죄'에서 '성적자기결정권에 대한 침해죄'로 새로이 규정해야 한다.

2) 친고죄와 피해자 모호의 문제

친고죄로 되어 있는 성폭력법은 피해자를 법적 통제권으로 끌어들여 보호하는 기능보다는 오히려 역기능을 한다. 친고죄는 강간 조장의 가능성을 높여줌으로 이는 폐지돼야 한다.

사법 절차 문제 역시 피해자의 부당함과 억울함에 초점을 맞춰 절차를 간소화하거나 성차별의식이나 잘못된 통념에서 벗어나야 하며, 공평한 법적 제재와 예방을 위한 지원이 있어야 한다.

3) 성폭력 범죄의 유형이 세분화되어야 한다

현행 성폭력 관련법에서는 강간과 강간 성추행만을 성폭력 범죄로 규정하고 있을 뿐 타 행위(인신매매 음란물 제조·판매, 강요된 매매춘 등)에 대한 법규제는 서로 다른 법체계 속에 분류하고 있다.

법체계로 일원화되지 못하거나 법의 규제에서 바뀔 때 피해자는 법의 보호를 받지 못하게 된다. 그뿐만 아니라 성폭력 유형에서도 범죄 정도 대상, 주체, 행위에 따른 보다 세분화가 명시될 때 피해 여성은 정당한 보호를 받을 수 있다.

VI. 성폭력 예방과 근질을 위한 대처 방안

1. 피해자를 돕는 전문 상담 기관

성폭력의 피해자들은 정신적 · 심리적 · 육체적 · 법적 · 의료적 · 사회적 지원 등 종합적 지원을 필요로 한다.

피해자에게는 절대 안정이 필요하며 심리적 위로와 상담이 전문적으로 지원돼야 한다.

신고할 경우 증거 보전 및 법적 절차에 도움을 줘야 할 전문 상담 기관이 있어야 하며, 이는 강간의 신고율을 높이고 따라서 강간을 예방하는 간접적 효과도 거두게 된다. 예를 들어 24시간의 상담 기구의 상설과 강간 위기 센터의 설립은 시급하다. 정부의 지원이나 사회복지단체, 후원 회원의 지원금으로 "강간 위기 센타"(Pape crisio center)나 "여성의 집"(Womlnis Haus), "쉼터" 등의 시설과 기관을 대폭 만들어야 한다. 여기서 피해자 보호 상담 치료, 홍보, 법 개정, 성교육 등 예방하거나 연구 · 출판을 해야 한다.

2. 여성학적 시각을 가진 전문 인력의 확보

여성학적 시각을 가진 전문 인력을 확보해야 할 필요성은 사회복지 서비스 전달 체계에 있어서 복지 전문가가 여(男)성 클라이언트에게 미치는 영향을 감안할 때 명백히 드러난다. 즉, 상담가가 어떤 시각을 가지고 내담자를 접근하느냐에 따라 그 서비스의 내용 및 결과가 달라질 수도 있다.

복지 전문가는 "여성 중심적 치료"(Feminist Therapy)9법을 가지고 내담자를 접근해야 한다. 가부장제와 자본주의 사회가 여성에게만 부여하는 이중성과 차별성을 고려하여 강간의 피해자(女)에게 그 책임이 돌려지고 비난되는 일을 막고 예방되고 교육되어야 한다.

부당하게 차별받는 여성의 입장이 고려되고 성차별적 현실을 시정해 나가는 여성복지 서비스를 제공할 수 있는 방법론이 연구 확립되어야 할 것이다.

3. 올바른 성문화 창출과 성 불평등의 해소책

1) 향락 퇴폐산업과 폭력

왜곡된 성문화와 성 문란 강간 등은 지난 30년간의 비정상적 경제성장과 이를 통한 향락 퇴폐산업이 부른 결과이기도 하다. 그뿐만 아니라 몇 번에 걸친 정치적 폭력과 쿠데타의 산물이기도 하다. 전국에 40여만 개로 추정되는 향락업소와 연 4조 원의 향락 매출액은 우리 사회의 성의 상품화와 변태적이고도 폭력적인 성(행위)의 심각도를 말해준다. 향락 퇴폐 비용을 사회생산 및 복지 사용으로 전환케 해야 한다. 즉, 피해자를 상담하여 돕는 전문 상담 기관 및 긴급구조 기구가 앞으로 지방자치 단체의 관할로 추진되어야 할 것이다.

2) 이중적 성문화와 왜곡된 성문화의 철폐

남성의 외도 문화-여성의 정절 문화의 이중성은 진정한 남녀의 인간적 만남을 저해한다. 그뿐만 아니라 이 이중성은 남성의 성의 횡포를 가능케 하고, 이미 구타와 강간의 요인으로 작용하게 된다. 그러므로 남

---

9 J. Dale & P. Foster, *Feminists & State Welfare* (London : RKP, 1986), 81

녀 간의 성평등 개념의 설정은 강간 근절의 일차적 요인이리 하겠다.

한편 우리 사회의 왜곡된 성문화는 여남 사이의 진정한 애정과 신뢰에 기반한 성관계가 아닌 왜곡된 성관계 및 행위를 자극하므로 여남 관계를 더욱 불평등하게 만들고 있다. 남성만이 성의 주체이고, 여성은 성적 대상이거나 수동적이어야 정상적인, 평등한 여남 관계로 인식될 때 여남의 주체적인 만남은 존재치 않는다. 이런 성관계에는 강간의 요인이 내재돼 있거나 혹은 강간과 구별하기 어려운 상황이 된다.

3) '여성다움' - '남성다움' 그리고 여성의 사회적 지위

강간은 생리학적 요인이라기보다는 사회문화적 산물이요, 남녀 대칭적 사회화 과정의 결과이다. 또한 강간이란 남녀 사이의 불평등한 권력이 원인이자 결과라고 볼 때 남성보다 열악한 지위에 있는 여성은 강간의 피해자가 되기 쉽게 한다. 유순하고 순종적, 자기주장을 펴지 못하는 '여성다운' 여성일수록 성폭력에 힘으로, 심리적으로, 사회적으로 대항 · 거부하지 못하고 어이없이 당하는 피해를 본다. 그러므로 여성의 자기주장과 자기 정체감의 설정은 필수적이며, 예방에 대한 적절한 조치가 되기도 한다.

4) 새로운 성교육과 남성의 '성 이미지' 순화 교육

새로운 성문화, 남녀평등-인간화 문화를 창출하기 위한 첫걸음은 바른 성교육을 새롭게 시도하는 데서 가능하다고 본다. 이러한 성교육은 저학년부터 고학년의 성년에 이르기까지 차등적으로 교육되어야 하되 우선 성의 고결함 · 숭고함 · 자연성 등을 강조하는 가운데서 우선 성의 순결성이 교육되어야 하며, 차츰 성의 개방의 순서로 진행되어야 한다. 즉, 성의 순결성 교육은 엄격히 시행 · 훈련 · 순치됨으로써 그 기초를 닦고, 점차 자신의 책임과 의무하에서 자유화하고 개방화하는 측면으로 전개되어야 할 것이다.

특히 여기서 주목되어야 할 부분은 남성이 자칫 잘못 가질 수 있는 왜곡되고 무책임한 성관(性觀)이다. 남성의 '성 이미지(image)'의 순수성을 좀먹어가는 것은 향락 퇴폐산업의 재요소이다. 포르노, 음란물, 매매춘, 선정적 광고 등이 제거되지 않는 한 개선은 어렵다.

호신술 배우기, 강간범 방지를 위한 호각 불기, '최루가스' 성폭력자에게 pink-letter 보내기, '밤길 되찾기 운동'으로 여론화하기 등이다.

강간을 철폐하는 시대적 선언 5계명

① sex로 장사하지 말 것

② 外道는 外盜(도둑)이며 만악의 근원이다

③ 순결의 동등성-성평등 개념의 교육을 할 것

④ sex와 폭력을 숭배하지 말 것

⑤ 성은 창조, 예술 행위에만 쓸 것

향락산업과 매매춘, 이대로 좋은가?

I. 서론

인류 역사의 진보는 크고 작은 변혁기를 통하여 완성된다. 최근세에 한 획을 긋는 성 혁명(해방) 역시 경제혁명(영국), 정치혁명(프랑스)과 더불어 인류 문명사를 진일보시킨 역사적 사건이었다. 그러나 20세기의 쾌거라 할 수 있는 성 혁명은 과연 '혁명'이었으며, 성공했는가? 아니다. 경제혁명과 정치혁명이 여성을 배제한 미완의 혁명이기에 '반쪽 혁명'이었듯이 성 혁명 역시 실패로 끝날 수밖에 없었던 것 같다.

왜 실패인가? 오늘날의 여성과 여성 해방운동은 마땅히 20세기의 인류적 갈등을 푸는 화해자·통합자로서의 모델을 제시하는 데 실패했다는 의미이다. 그 대신 오늘날의 여성의 성(sexuality)은 자본주의 사회에서 신종품으로서 개발되어 성산업(sex-industry)의 '꽃'으로 화려하게 등장되어 또 하나의 특이한 이윤추구의 도구로 활용되기 시작한 것이다.

---

* 본 눈문은 제8회 사회윤리 심포지엄(아산 사회복지사업재단 주최)에서 발표된 논문을 일부 수정한 것임.

말하자면 여성의 몸과 성은 3자들, 즉 자본 · 부권 · 국가가 합작 · 결탁하여 국내 · 국제시장에 출품된 '매매초'(賣買草) 혹은 '매매화'(賣買花)[1]로 상품화되었으며, 또 하나의 유통 구조를 형성한 바 한국에서는 '기생 관광 산업'으로, 필리핀의 '호스트리티'(hostrility), 대만의 '꾸냥', 방콕의 '마사지 걸'[2] 또는 서구 홀아비를 위한 '예쁜 아내 팝니다' 등등의 성산업 장으로 출품되고 있다.

십수 년간 선진국의 소비품을 만들어 내느라 젊음을 다 바친 후진국 여공들은 이제 또다시 제1세계의 남성들의 쾌락을 위해 매춘의 '옷까지 벗어야' 하는 지경에까지 이르렀다면 우리가 잠시 쾌재라 부르던 '성의 혁명'은 무슨 의미를 지니는가? 성의 혁명은 '매매춘의 천국'을 의도하진 않았었다.

성의 상품화는 이것으로 끝나지 않았다. 최신 고도의 과학기술을 총동원하여 인류는 대리모 산업(자궁 대여), 인간복제 실험을 하고 있다. 성사업(sex-business)은 인간(복제) 사업(human-business)으로 전환하여 최고 최대의 이윤을 꾀하고자 한다. 말하자면 가부장제 역사에서 '마지막 식민지'가 되는 여성은 이제 마지막 남은 성마저 매춘 자원 그리고 대리모 산업자원으로서 자본화 시장에 가동되고 있다. 그것은 '자궁의 자본화'를 알리는 서글픈 서곡이다.

그러면 국내 성산업 상황은 어떠한가?

현대사회에서의 성은 신으로부터 받은 성스러움 · 신비감 · 건강성을 상실한 지 이미 오래다. 전통사회에서는 '하늘엔 별, 땅에는 이성'에 인간

---

1 박종성, 『한국의 매춘』(인간사랑), 129.
2 손덕수, "딸을 파는 부모, 에미를 파는 국가," 『태국방문기』(베틀), 8. 방콕의 100만 명에 달하는 마사지 걸들이 획득한 외화가 무려 한 달에 1,000만 달러에 달했고, 그것은 한 도(道)의 1년 예산을 능가하는 액수였다.

의 존재 의의가 있다고 믿었으니 오늘날에는 싱(sex)과 향락 주변에 존재 의의가 있다고 부추긴다.

성은 현대인에게 있어서 에너지 충전용, 스트레스(stress) 해소용, 고독과 좌절의 위로, 자기 확인용 그리고 접대용 등의 매체로 전락하였으며, 이러한 현상은 일회용으로 혹은 일상화 · 기업화되어 가고 있다. 이러한 향락산업체는 전국적으로 확산되어 현재 약 40만 개에 이르고, 향락업체에 종사하는 접대부의 수도 무려 120~150만 명에 이른다고 한다. 100여만 명의 매춘 자원(女)은 또 다른 매춘 자원(男)을 창출하여 거대한 '살의 시장'(market for flesh)을 형상하되 '보이지 않는' 은폐된 시장이라는 게 그 특징이다.

이 '살의 시장'에서 흘러넘치는 것은 강물처럼 흐르는 사랑이 아니라 돈과 쾌락의 교환, 폭력의 난무, 타락일 뿐이다. 이 시장에서 탕진되는 것은 4조 원 대의 희대만이 아니라 여남의 도덕 불감증, 위기의식의 마비 속에서 건강한 인간성이 마몰되어 가는 그것이다.

이때 국가는 무엇을 하고 있나? 최소한의 법과 경찰은? 아니면 현 정부의 '역사 바로 세우기' 전에 '성 바로 세우기'가 더욱 시급한 현안이 아닌가!

본고는 현대 산업사회에서 전성기를 맞고 있는 성 산업의 등장과 그 원인 그리고 이에 동원되는 매매춘 자원의 실태, 매매춘 시장에 수요 공급을 이루는 여자와 남자는 누구이며, 그들 주변의 착취 구조는 어떠한가? 화대와 의도의 정치경제적 의미, 마지막으로 대안과 대책은 있는가의 순서로 다루어 보고자 한다.

II. 한국의 매매춘3 등장과 사회적 확대의 요인

오늘날의 향락 퇴폐산업이란 '꽃'을 피우게 되는 전 단계인 매매춘의 씨앗은 언제 뿌려졌으며, 매매춘 문화의 성장 과정은 어떠했는지 요약적으로 검토하고자 한다.

1) 매매춘이란 역사에서 가장 오래된 '직업' 중의 하나이다. 조선 역사에서 매매춘의 기원은 확실한 기록은 없으나 고려시대(태종 10년, 1410년) 기녀 제도의 기원으로 보아 대충 이때쯤으로 추측한다.4 그러나 매매춘 역사의 본격적인 시발점은 조선 후기 사회, 즉 일제 점령시 일본의 조선족에 대한 우민화 정책의 하나로 조선 땅에 옮겨진 일본의 공창 제도의 시작을 그 시점으로 본다.5

2) 매매춘 문화의 심화는 한국전쟁 당시 외국인 주둔에 의해 시작되었다. 그러나 일본에 의해 심어진 공창 제도는 폐지됨으로써 제도로서의 공창은 그 막을 내리게 되나 사창으로서의 기지촌의 매매춘 문화 시대가 그 거대한 막을 열었던 것이었다. 40여 년간 미군 주둔 시기에 새롭게 탄생된 기지촌의 소위 '양공주'의 수는 무려 25~30만 명을 헤아린다.6

1990년대는 약 2만 명의 양부인들 미군 부대 주변부에 산재해 있으며, 이들의 인권과 여권은 사각지대에 방치된 채 잔인한 (미군) 범죄의 표적이 되어 온갖 구타 · 살인 · 강간 등에 시달려 왔다. 그 대표적 사례가 최근에 발생한 윤금이의 죽음이다.7 일본제국주의가 공창이라는 이름의

---

3 흔히 매춘이란 전통적 개념은 창녀만을 겨냥한 절반 개념이므로 양자, 즉 성을 파는 여성인 '매'와 사는 남자의 '매'가 합성된 '매매춘'이라야 완전 개념이 된다.

4 등에 편집부(편), 『사랑의 품앗이, 그 왜곡된 성』(서울, 1989), 30.

5 山下英愛, "한국 근대 공창제도 실시에 관한 연구," 이화여대 여성학과 석사논문, 1991, 5-6.

6 박종성, 앞의 글, 92.

'매춘 종자'를 심고, 그 뒤 미군이 40년간을 '매춘화'라는 나무의 뿌리를 내려왔다. 이에 한국의 30년간의 산업화 과정은 향락 퇴폐산업이란 악의 꽃을 피워 왔다. 이제 그 무성한 독의 그늘이 남한의 전 국토를 암울하게 뒤덮어가고 있다.

3) 한국에서의 향락 퇴폐산업의 전야제는 1970년대 기생 관광 산업으로 그 테이프를 끊었다. 박정희 개발독재 시대에 민족지상주의는 '증산, 수출, 건설'로 모아졌고, "우리도 한 번 잘 살아보세"란 대의명분하에 국내 자원의 개발로 여성의 정조는 조선의 '토속품'으로서 외국 수출대에 납품된 것이 기생 관광단의 탄생이다. 때를 같이하여 한국의 잘못된 산업 발전 과정은 농민과 농촌의 해체를 불러왔고, 이로 인한 이농현상은 (대)도시의 급속한 인구과잉 사태를 만들었다.[8] 피폐해진 고향 땅을 버리고 야간도주 하다시피 무작정 상경한 농촌의 비혼 여성들은 '잉여자원'으로서 수출 산업 공장이나 매매춘 시장에 편입될 수밖에 없었다. 그녀들이 전통 매매춘 혹은 산업형 매매춘 시장에 유입되어 1970년대 한국 정부의 '애국여성부대'요, 외국 남성들을 위한 '기쁨조' 역할을 하였던 것이다.

이때 한국 정부는 국제관광협회에 '요정과'를 신설하여 '매춘허가증'을 발부하고 전국의 관광 기생들을 대상으로 본격적으로 '뚜쟁이' 역할에 앞장섰었다.

이런 비극적인 과정을 거쳐 벌어들인 외화가 1970년대 한 해 8억

---

7 윤금이 씨의 온몸에는 피멍이 들고 자궁에 콜라병, 항문에는 27cm의 우산 끝이 박혀 있었다. 한 해 1,700여 건의 미군 범죄 중 하나로 처음 공개·여론화되었으며, 한국여성정당 운동의 강도 높은 항의 데모에 범인은 무기징역이 선고되었다.

8 지난 20여 년간의 지속적인 이농현상은 마침내 농촌 인구의 80%를 도시로 밀어냈고, 약 16% 정도 남아 있다.

달러가 넘었다고 정부는 축제의 분위기였다 한다. 100억 달러의 수출을 올려야 겨우 10억 달러가 남을까 말까 한 실정에서 아무런 시설, 자본, 투자도 없이 맨손, 맨몸(?)으로 수억의 외화를 획득했으니 1970년대의 '정신대'는 일약 '영웅'으로 애국 행위로까지 찬사된 적이 있었다.9

그러나 국고를 불린 그들, 관광 기생의 손에 떨어진 화대는 생계비에도 부족한 금액이었다. 갖은 수모를 당하여 벌어들인 수입은 각종 명목(여행사, 호텔 통과세, 밴드 악사비, Tip 소개비, 묵인비 등)을 부쳐 무수한 중간 착취자에 의해 뜯기고 또 뜯겼으니 관광 기생을 둘러싼 화대의 착취 구조가 바로 그것이다. 결국 "내 몸 버리고 남의 좋은 일만 해주기"가 결국 70년대의 관광 기생의 자화상이라고 볼 때 여성에게 국가는 무엇인가를 묻게 된다. 국가의 자식들이 100여만 명이나 외국 남성에 의해 팔릴 때 그것도 국가가 매춘 알선 행위를 할 때 국가의 얼굴은 어떤 것일까? 나라와 가정이 곤핍할 때마다 '여식'들은 쌀을 위하여 살의 시장에서 먹이로서 부모에게 효도하였다. 국가의 난세에 어미들은 '화냥년'으로, '정신대'로, '양공주'로 그리고 '관광 기생'으로 자신들의 몸을 조각내면서 거룩한 '애국 행위'를 보여왔다.

그런데 궁핍도, 난세도 다 극복한 1990년대 국민소득 1만 달러를 구가하는 이때 또 한 번의 매매춘 물결로 향락·퇴폐산업은 호황기를 맞이하고 있다.

---

9 애국 행위로 찬사 격려한 70년대 문교부장관(민○○)을 항의 방문한 이우정·박영숙 등은 "애국 행위라면 장관댁부터…"라며 기생 관광을 멈춰줄 것을 요구하였다.

III. 향락산업과 신종 매매춘

'매매춘학'의 독보적인 연구자인 박종성[10]은 현대 산업사회에 새롭게 부상한 산업형 매매춘의 특징을 다음과 같이 날카롭게 지적하고 있다. 1970년대가 매매춘 산업의 사회적 기초를 마련하는 데 성공했다면, 1980년대는 전통 매매춘과 겸업 매춘의 공간적 확대, 매매춘 자원의 확산 그리고 자본 규모의 확대가 그 특징이다. 이러한 수량적인 확대는 정치폭력이나 심지어는 경찰 공권력에게까지 비호를 받으면서 사회의 '필요악적 가치'로 인식되고 정착되기에 이르렀다. 이런 측면에서 1980년대 매매춘 현황은 1960~70년대와 비교가 되지 않을 만큼 급격한 구조 변화와 전문화·다양화 추세에 들어섰다고 서술하고 있다.

그러면 매매춘 자원의 자본과 공간적 확대는 어느 규모일까? 1970년대 말부터 제3차 서비스 산업의 팽창은 정부에 의한 자원정책 외에 군부독재 시대에 불투명한 내일의 경제에 불안했던 자본가 계급이 보다 안전하고, 보다 자본 회수가 빠르며, 자본 축적이 확실한 분야에 투자하게 됨으로써 부흥하게 된 것이다. 이런 배경으로 부상한 것이 향락 유흥업소인 요정, 디스코 카페, 룸살롱 등 일명 '다카룸'이다.

그러면 유흥 향락업소는 얼마나 될까? 한국 사회 구석구석까지 밀집해 있는 향락업소는 대략 40만 개를 넘는 것으로 추정하고 있다. 전국의 유흥업소의 수는 27만 7천여 개(1983년)에서 1990년 초 현재 41만 5천여 개로 7년간 약 1.5배가 증가했다.[11]

그러나 유흥 접객 업소 수의 증가 자체는 문제가 되지는 않는다. 문제

---

10 박종성, 『한국의 매춘』(인간사랑, 1994), 125, 147.
11 김경빈, "유흥업소 주변의 습관 중독성 물질 오·남용 실태 연구" (1990).

시되어야 할 점은 그들이 본래의 기능과는 전혀 다른 변태적인 영업, 즉 성적 서비스를 하거나 알선하는 데 문제가 있다.

한 연구보고서[12]는 33만 7천여 개의 식품공중접객업소 중 절반이 넘는 17만 1천여 개 업소에서 성적 서비스를 제공하고 있고, 그 수는 무려 65만 명에 이른다고 추정하고 있다. 즉, 대중음식점에서 24만여 명, 유흥음식점 17만여 명, 다방 7만여 명, 목욕탕 480여 명, 안마시술소 5,000여 명 등으로 분류한다(<표 1>).

<표 1> 1990년 말 한국의 업종별 매춘 유형과 매춘 자원 추계

(단위: 천 명)

대중음식점	한식, 일식당, 인삼찻집, 카페		240
유흥음식점	일반유흥음식점 무대유흥음식점 외국인전용	극장식당, 바, 비어홀, 룸살롱, 요정, 스탠드바, 카바레, 나이트클럽, 디스코(고고)클럽	170
다방업	다방		70
숙박업소	호텔, 여관, 여인숙		75
목욕업	공중탕, 가족탕, 사우나탕, 터키탕		0.48
이용업	이발소		68
안마	안마시술소		5
관광요정업	관광요정		5.4
사창지역			15

65만 명이란 숫자는 한국 가임 여성(15~45세) 13명당 1명은 몸을 파는 창부 혹은 겸업 매춘 여성이라는 사실이다.

그러나 다른 한 조사는 40만 개의 향락 퇴폐업소에 종사하는 일명 '호스티스' 혹은 겸업 매춘 여성은 약 120~150만 명으로(40만 개×3명 혹은

---

12 김경빈, 앞의 글, 155.

그 이상) 추산하고 있다. 이 숫자 역시 한국의 젊은 여성 인구 620만 명 (15-29세)의 약 1/5에 해당된다.[13] 이 통계들은 한국의 젊은 여성 7~8명 중 한 명은 겸업 혹은 잠재 매춘 여성이란 말이다.

1990년대 들어와서 새로운 형태의 신종 매매춘 유형이 등장했다. '주부매춘'[14]이나 '과부춘'이 그것이다. 러브호텔 종업원들이 남성 고객을 위한 'pink list'를 만들어 주부들을 호텔로 호출, 알선하여 소개비를 받고, 남성 호객용으로 팔도미인인 '과부춘' 류의 새로운 메뉴를 끝없이 개발하고 있다. 상적인 주부의 매춘은 점차 일상화가 되어 가고 있다.

그 외에도 등산객, 운전수들을 대상으로 한 '철새', '박카스 아줌마' 등이 있으며,[15] 최근에는 고속도로 주변에 이동하는 성의 '고속매춘' 그리고 '삐삐춘' 여성도 등장하고 있다.

이처럼 향락 유흥업소의 다양화·비대화는 매매춘 형태의 큰 변화를 가져왔다. 즉, 전통적인 매매춘은 상대적으로 감퇴한 반면에 본래 직업 외의 노동 서비스업, (때론) 성 서비스도 하는 겸업(혹은 변종) 매춘 추세는 도시뿐 아니라 농촌에까지 확대되어 전국을 성감대 지대로 만들어가고 있다. 그것은 돈과 성욕이 존재하는 곳이면 어디든지 달려가 '살의 시장'을 형성한다. 더욱이 신종 매매춘의 급속한 팽창, 향락업소의 특성인 이중성·익명성·잠재성 때문에 '의지'와 '조건'만 성립되면 매매춘에 쉽게 접근할 수 있게 구조화되었으므로 잠재적(여성/남성) 매매춘 자원 인구는 쉽게 유인될 수 있는 점을 주목해 보아야 한다(<표 2>).

끝없이 개발되는 매춘 메뉴의 다양성은 더 많은 수요와 공급을 창출

13 서울 YMCA 시민자구운동본부, "향락문화추방 시민운동보고서" (1990).
14 일전에 신문에 보도된 과외비 충당과 무료함을 달래려 몸을 팔았다는 지극히 정상적인 주부마저 '권퇴'와 '명퇴'라는 명분으로 매매춘 시장에 접근되고 있는 실정이다.
15 장인성, "르뽀 매춘," 「신동아」 (1992), 425.

<표 2> 박종성의 한국의 매춘과 주변 매춘/가시적 매춘과 잠재적 매춘 관계

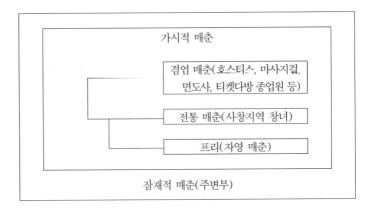

하는 데 기여한다. 그러나 여기서 불가피하게 나타나는 악영향은 인간성의 타락, 성병, 에이즈의 확산, 폭력 범죄 증가, 인신매매의 확산, 청소년의 범죄, 가정 및 지역사회의 해체 등을 들 수 있다.[16]

IV. 향락업소와 매매춘 시장에 유입되는 통로와 유형

수십, 수백, 수천의 여성들은 어떤 경로와 통로를 거쳐 매매춘 시장에 접근되는 것일까? 접근 방법에는 '비합법적' 방법과 '합법적' 방법, 두 통로로 나누어볼 수 있다. 전자는 폭력으로 납치 · 유괴되는 것이고, 후자는 매스컴(신문·잡지)이나 길거리 광고를 통한 소위 자발적 매춘 방법이다. 90년도 시경 조사에 의하면 인신매매 79건 중 허위 광고를 통한 것이 42%, 강제 납치가 31%, 가출 유인 여성이 8%였다.

비합법적 · 합법적 방법은 다음과 같다.

---

16 한국에 이미 500여 명의 에이즈 환자가 있다 함.

1) 비합법적 방법

납치 유형에는 길에서 배회하는 어린 여성을 유인하거나 전화로 (속어) 불러내어 대기하던 차에 싣고 가는 방법 아니면 길에서 마구잡이로 잡아가는 봉고차 인신매매형이 있다.

* 여성 길들이기: 납치된 여성에겐 몇 단계의 폭력 세례와 뇌세 과정이 반복되는데, 집단구타와 윤간, 마약의 강제 주사, 탈출 기회를 유도한 후 다시 잡아 성폭행을 반복하는 단계를 몇 번 거치는 동안 납치 여성들은 자발적(?)으로 탈출을 포기한다.

2) 합법적 방법

구인 광고를 통해 자발적으로 오게 한다. 즉, 광고란에 "초보자 환영, 무경험자, 젊은 여성, 숙식 제공, 선불, 가족적 분위기, 월 XX만~XXX만 원 보증" 등의 미끼를 걸어 놓고, 여성들이 제 발로 걸어 들어오기를 기다린다. 여성들에게 설득과 비폭력적으로 매매음 시장에 유도하는 방법이다. 전통적인 방법과 다른 특색은 오늘날의 인신매매는 점차 합법적인 광고라는 방법을 통한다는 것이며, 현재는 PC통신의 기구도 동원될 수 있다는 점을 감안할 때, 매매음의 통로는 손쉽게 그리고 익명으로 전근될 수 있다는 것과 타 직업보다 너 많은 보수가 큰 유혹의 조건이 될 수 있다.

* 광고 성행사의 경우: 광고의 주소를 보고 찾아가 하루에도 몇 건씩 '짧은 시간'(short time)의 '성 행상'을 통해 수입을 올리는 여성, 이런 부류의 여성들에겐 직장 여성, 실업 여성, 가정주부들이 그 부류이며, 이 점이 전통적인 강제적 방법과 다른 자발적으로 뛰어드는 여성들이다.

일전에 어느 정상적 가정의 한 현모양처가 권태와 용돈벌이로 매음 행위에 나섰다는 사례는 특별한 예외의 경우가 아닌 흔히 있는 일이다.

그러면 공급자로서 여성은 누구인가?

V. 향락 퇴폐업소의 매춘 공급자로서의 여성

매매춘 시장의 중심부가 그토록 잡아당기는 끈적끈적한 힘의 원천은 무엇일까? 아니면 인간의 원색적 욕망(色) 혹은 '끼'일까?

한 조사[17]에 의하면 매매춘의 가장 큰 동기로 지적된 것이 바로 빈곤이다. 그다음이 가정 문제, 개인 이성, 이성 문제 등으로 나타났다. 말하자면 매춘과 빈곤은 서로가 밀착된 친화력을 갖고 있다는 말이다. 그러나 외국의 한 전문가인 벌로 부부는 더욱 세밀한 반론을 제기한다. 즉, 빈곤과 매춘은 한 쌍으로 붙어 다녔던 것이 통례였으나 빈곤이 해결되었다고 해서 반드시 매춘이 사라지지 않는다는 예들을 들어 반론을 제기하고 있다.[18]

그리고 이어서 "매매춘은 사회 전체의 평균적인 빈곤보다는 오히려 경제적 불평등의 표현으로 봐야 한다"고 역설한다. 예를 들면 근로 여성의 급료가 오르면 매춘은 곧 일시적으로 감소할 것이나 그 결과 매춘 여성의 수는 줄어들고, 화대 가격은 높아진다. 화대 가격이 상대적으로 높아지면, 더 많은 수입을 올리려는 젊은 여성들이 매춘 생활에 들어설 것이다. 이러한 주장은 한국의 매매춘 상황에도 타당성이 있는 말이다.

절대적 가난이 한국의 전통사회에서 매춘 동기의 절대적 이유였다면, 산업사회에서의 동기는 상대적 가난, 즉 상대적 박탈감이 그 요인이 되었다. 바로 그 상황이 가난은 면했으나 타인(男)과의 '경제적 불평등'이 벌로 부부가 지적한 매춘 시장의 접근 요인이 된다는 말이다.

---

17 안용백, "사회병리현상에 관한 일연구," 고려대 교육대학원 석사논문, 1990, 35.
18 번 벌로·보니 벌로/박종만 외 옮김, 『매춘의 역사』(1922), 439. 매춘의 동기: 가난, 나쁜 이웃, 자유방임 가정, 낮은 교육과 지성, 성의 무지나 너무 빠른 성 체험 등으로 지적한다.

70~80년대 생계비도 안 되는 저임금에 시달렸던 여성 근로자들이 상대적으로 높은 급료를 보장하는 향락업소에 대거 이동하여 매춘 자원의 양산에 일조를 한 것만 보아도 알 수 있다. 그들은 향락 서비스업종으로, 룸살롱의 호스티스로 변신하였고, 관광 요정의 기생, 이발소의 면도사, 사우나탕의 마사지걸, 터키탕의 종업원 등으로 상대적으로 높은 수입을 선택했던 것이다. 고소득만 보장된다면 "아무 일이나 하겠다"는 가치관을 가진 대부분의 여성들이 신문지상에 난 구인 광고 "무경험 · 초보자 환영, 젊은 여성, 숙식 제공, 월 XX만~XXX만 원 보증"(「XX일보」1995. 9.)을 보고 접근한다. 하루 10시간(혹은 그 이상) 노동에 저임금(30~60만 원)을 받고 열악한 노동 환경(숨 막히고, 먼지 많고, 더럽거나 단조로움)에서 일하는 근로 여성들이 향락 퇴폐업소에서 '낮은 명예'일지라도 '높은 보수'를 선택하는 것은 '윤락'을 선택하는 것이 아니라 호폐를 선택한 것이었다.

생존을 위해 향락업소를 선택한 여성들의 꿈들은 조촐하다. 매춘 직업은 단기간에 돈을 벌기 위한 수단으로 잠시 머물다 떠나야 할 징검다리로 간주하며, 돈을 벌면 조촐한 자영업(옷가게, 카페 등)을 마련하는 게 그들의 꿈이기도 하다. 그녀들을 둘러싼 주변부의 인간관계(지배인, 종업원, 소개비 등) 등은 마치 '악어와 악어새'의 관계망과 같은 성격을 띠고 있기 때문이다. 특히 호스티스인 경우 그녀들의 수입은 고정 월급제가 아닌 고객이 주는 팁이 수입원의 전부라는 점이다. 보다 높은 팁을 올리기 위해 최대한의 (성)서비스를 해내야 하는 노동조건은 과도한 음주, 흡연, 약물중독 등으로 건강원이 파괴되며, 가끔씩 신문에 보도되는 '폭탄주 사망' 등의 불상사를 만들어 낸다. 이런 류의 남성들의 향락은 여성의 성의 무제한적 착취와 굴욕의 원인 제공이 되고 있다.

젊은 여성들의 인격과 성이 마비되고, 타락의 나락에 떨어짐에도 불구하고 이 업종이 선호되며, 감소되지 않는 이유는 무엇일까? 그것은 비교적 손쉽게 돈을 만질 수 있다는 이유 외에 이 업종의 은폐성·위장성·익명성이라는 이 점 때문일 것이다. 익명의 대도시에서 확산되는 이유도 바로 여기에 있다.

VI. 매매춘 시장의 착취 구조

매매춘 시장에 몰려든 매춘 여성의 목적 하나는 생존을 가능케 하는 '돈' 그것 자체이다. 그러나 그들이 생각처럼 '떼돈'을 못 벌고, 질곡의 구렁텅이에 허우적거릴 수밖에 없는 이유는 매춘 여성을 둘러싼 복합 요소의 결합이 빚어낸 '구조적 악' 때문이다. 즉, 매춘 여성과 고객(男) 사이에 기식하는 제3의 인간군들에 의한 착취 구조를 말한다. 매매춘 시장에 기식하는 착취 구조는 다음과 같다(<표 3>).

그녀가 받은 화대는 포주(업소)가 뜯어가고, 펨프와 지배인이 뜯어가며, 소개비·묵인비·통과비 등 갖가지 명목으로 뜯기고 착취되는데

<표 3> 매매춘 시장 중심부와 주변부의 인간관계

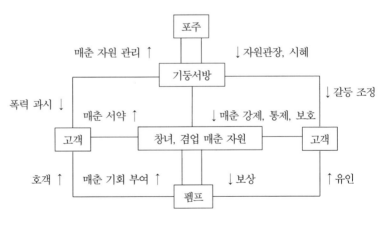

뜯어가는 그들이란 다름 아닌 매춘 여성의 생존권을 주고 좌지우지하는 '마지막 구원자'이기도 한 '중간 촉매업자'들이다. 말하자면 그녀들 관계란 공생의 먹이사슬에 묶인 '악어새에게 뜯기는 악어'와 같은 관계에 놓여 있다고 할 수 있다. 한번 생각해 보자! 여성의 정조가 생명만큼 소중했던 조선 땅에 이미 100만이 넘는 여성들이 현재 생존하기 위해 정조를 팔지 않으면 안 되는 상황이라면, 그때 국가와 법은 어떤 구실을 하나?

국가는 매매음 시장의 비인간적 실태를 제지하여 매춘 여성을 보호한다는 명분하에 윤락행위방지법[19]으로 이를 규제하고 금지한다고 하나 현실적으로는 통제 불가능한 처지에 머물러 있다. 즉, 말하자면 매매춘 시장을 성립시키는 인적·물적·시설적·정보적 차원의 모든 자원을 금지하고 있을 뿐 아니라, 이를 위반한 자는 3만 원 이상의 벌금·구류 또는 과료에 처한다(법률 제771조)고 규정하고 있는 실정이다.

그러나 매매춘 시장과 현실은 이 윤락행위방지법을 조롱하고 있을 뿐 아니라, 국민 누구도 이를 믿고 신뢰하며 기대하지 않을 만큼 현실과 유리되어 있는 실정이다. 그것은 금지·규제·처벌을 강조하는 방지법이지만, 현실적으로는 매매음 시장을 알선과 묵인의 '방조적' 역할을 했다는 인상을 지울 수가 없는 처지에 있다.

여체를 통한 자본과 쾌락의 즉시적 교환의 향연을 국가와 정부가 '중개자'로서의 역할을 마다하지 않는다는 인상을 지울 수가 없는 일이 일상화되었다.[20] 향락 업체와 사창가 주변의 파출소나 경찰서, 구청 등의

---

19 우선 '윤락'이란 개념 자체가 시대와 상황을 정확히 반영하지 못하는 구시대 용어이다. 즉, '윤락'이란 도덕이 땅에 떨어진 것이고, 그것도 수요자 여성 한쪽만의 '타락'을 의미하는 것이기에 그것은 '매매춘' 혹은 '매매음'이란 남녀 성의 상품화를 뜻하는 복합 개념으로 바꿔야 한다.

20 박종성, 앞의 글, 168.

공권력이 그들의 존재를 알고도 그냥 묵인해 주는 정도가 아니라, 그것을 법으로 근절하고 통제해야 함에도 불구하고 오히려 방조하고 있다는 사실은 이 문제의 심각성을 더해주고 있다.

이 방지법의 이중성이야말로 매춘 여성에 대한 끝없는 착취를 합법화·정당화해 주는 근거가 되는 것이다.

그것은 심심할 때마다 간헐적으로 내려오는 정부의 윤락 여성 단속 혹은 정화 운동 때(아니면 특별 명절일 때)에 '꽃값'을 상납해서 마무리되는 관행에서도 잘 나타난다.[21] 성산업에서 쾌락과 자본의 교환을 통해 성장해 가는 신흥 성 재벌 귀족과 그에 서식하는 '악어새'들은 결국 여자의 몸과 성과 자궁을 통해서 가능해진 신흥 업종이다. 여체를 고문하듯 극도로 잔인한 방법이 합법화되어 온 것은 매매음 시장이 불법화된, 은폐된 지하 시장에 묻혀 있어야 하는 모순 때문이다. 여체를 통하여 또 하나의 유통 구조를 만들어 성 재벌 귀족이 육성된다면 이때 경찰과 국가는 혹시 '왕포주'라는 악명을 어떻게 벗어날 것인지?

VII. 향락 퇴폐의 매춘 수요자로서의 남성

전통사회에서는 사회의 일부 한량들이 특정 지역에 제한되어 있는 환락가를 찾았다. 그러나 현대사회에서는 지극히 보통 남성들의 공식적(노동)·비공식적(여가) 세계에서는 손만 뻗치면 쉽게 퇴폐와 매매음에 접하게 되어 있다. 예를 들면 음식 먹을 때, 몸을 씻을 때, 머리 깎을

---

21 단속·정화시에는 포주나 대행인으로 병약한 여성이나 금방 그냥 둘 여성을 희생양으로 신고하여 정족수를 채우면서 '봉투'로 끝마무리를 해야 한다. 성현들이 좋아해야 할 성탄이나 초파일 등을 오히려 경찰들이 더 좋아하는 까닭은?(박종성, 앞의 글, 193)

때, 쉴 때, 춤출 때, 언제 어디서고 퇴폐 음란 비디오 등의 공세를 받는다. 성은 현대인에게 마치 에너지를 충전해 주는 비타민 혹은 '필음식'과 같이 되어 버렸다. 그리하여 성은 현대인의 산업 스트레스와 좌절감, 향락, 자기 확인을 시켜주는 유일한 수단으로 전락해 버렸다.

이런 향락업소와 매매춘을 애용하는 방법에는 자의적 · 타의적, 두 분류로 나눠진다.

1) 자의적 분류: 성 개방과 향락의 분업화가 남성의 성의식에 변화를 일으킨 예이다. 남성의 외도가 필수적일 수밖에 없는 이유를 분업화-전문화-전문 기술자에 비유한다. 즉, 아동 교육도 전문인, 환자도 전문 의사, 심지어 세탁물도 전문인에게 맡기는 세태인데, 하물며 "나의 가장 귀중한 성생활을 비전문인(아내)에게만 맡기는 것은 좀 손해를 보는 느낌"이 든다는 것이다. 쾌락의 다양화와 전문화 그리고 단시간 내에 부작용 없이 '과업'을 성취시켜 주는 데에 외도의 매력이 숨어 있다는 것이다(외도를 좀 즐기는 53세 회사 간부와의 인터뷰).

2) 타율적 부류: 회사 기업체들이 산업 스트레스를 단시일 내에 없애는데 '최소비용으로 최대의 효과'를 올리는 최적의 수단으로 활용한다. 인간보다는 이윤에 집착하는 산업체들은 생산성을 높이기 위하여 인간성의 마몰됨을 고려치 않고, 빠른 해소법의 타락을 권장하는 것이다. 고가의 향락비를 아예 접대 명목으로 공공연하게 지출하는 이유가 바로 여기에 있다. 이리하여 한국 남성들은 자신의 의사와 무관하게 동남아에서도 몇 째 안 가는 '외도국'으로 평판나게 된 것이다. 남성의 외도를 생태계 파괴라는 측면에서 고찰하는 생태여성주의자(Echo-feminist)들의 시각은 매우 흥미롭다. 식민주의 기치를 내걸고 땅(타국)을 정복한 인류는 점차로 산업개발주의를 내걸어 자연을 개발한 결과 생태계 파괴에 직면하고 말았다. 이제 마지막 남은 여성의 성을 식민지화하여 성-개발

주의에 진입하는 과정에 있다. 즉, 식민주의-개발주의-산업주의에 몰두한 결과로 인간성이 마몰된 산업 일꾼 남성들은 아직은 자연성—생명력이 훼손되지 않은 채로 남아 있는 여성의 육체를 통해 그들의 고갈을 채우고자 몸부림치는 행위로 분석하고 있다. 그러나 채울수록 갈증이 충족되지 않는 이유는 매매나 계약을 통해서 채워질 수 없는 것이 성과 사랑이기에 매매음의 악순환은 계속되는 것으로 해석하고 있다.[22]

VIII. '외도'라는 이름의 남성 매음의 정치적 의미

20세기 말에 한국 무대에 펼쳐지고 있는 매매춘 실태의 위험 수위는 어느 정도일까? 그것은 공권력의 묵인하에 팽창해 가는 향락 퇴폐업에 쾌락과 자본의 교환을 위하여 몰려드는 매춘 자원의 여성들만 100만 명을 훨씬 넘었다는 사실과 그리고 이들이 잠재 매매춘이 되어감으로써 은폐화 · 지하화되어 가는 데 문제의 심각성이 있다고 본다.

또한 위험수위로서 문제를 직시해야 하는 또 다른 시각이 있다. 한국의 100만 명을 웃도는 여성들의 '윤락'을 공급에 직면한 남성들의 또 다른 '윤락' 수요를 어떤 시각으로 조명해 봐야 하는가 하는 문제이다.

'향락 백화점'에서 성을 사는 행위는 백화점에서 물건을 사는 행위와 같은 것이 결코 아니다. 성은 팔고 사고 하는 '매매'나 '계약' 따위로 조건 지어질 때, 성의 생명과 영혼은 곧바로 파괴되는 생리를 갖고 있다. 여성이 자신에 대한 가장 깊은 자존심은 가부장 사회에서는 최후로 성과 자궁이 품고 있으며, 생명성으로 교육되어 왔다. 그것은 또한 신성(神性)에

---

22 쉬바·미즈, 손덕수 역, 『여성생태주의』 (창비사, 1997).

맞닿아 있는 것이기도 하다.

자, 그러면 여기서 문제의 그림을 그려보자! 매매음 시상이 성립되려면 공급자인 여성만으로 성사가 안 되며, 수요자인 남성이 존재할 때라야 가능하다. 그러므로 100만 명의 매음 여성은 100만 명의 남성 매음이 상존한다는 논리를 성립시킨다. 그것은 외도[23]가 아니라 실제 내용은 '준강간'에 가깝다고 선언하고자 한다.

왜 그럴까? 엄격하게 보자면 매음과 강간의 차이는 사실 종이 한 장 차이 격이다. 둘 사이엔 공통점과 차이점이 있다. 둘의 공통점은 성행위라는 것이고, 둘의 차이점은 하나는 화대 지불과 다른 하나는 부불(不佛)로 구별된다. 말하자면 매음 행위(男)는 화대를 지불함으로써 매음자(女)의 반항 의지를 소멸시켜 결과적으로 '자발적'으로 보이게 한다. 자발적인 수용과 응대를 유도한 것은 '화대'라는 화폐일 뿐 여성의 자의는 존재할 수 없다. 화폐가 주어지지 않을 때 그 매음 행위는 강간이나 다를 바 없는 것이다. 화폐 개입이야말로 남성의 준강간적 행위를 못 보게 만드는 장애물이다.

그러면 이 상황에서 '화대'라는 화폐는 어떤 역할을 하는 것인가? 아마도 중세의 '면죄부'와 유사한 역할을 하고 있다. 강간은 범죄행위이며, (때론) 여성에겐 혼을 죽이는 행위이기도 하다. 강간에 필적하는 매음 행위에 대해 돈을 지불했다는 성의 구매자로 (때론) 착각케 하는 것이 화대일진대 이것이 바로 '면죄부' 노릇을 한다는 것, 이런 맥락에서 강간을 거침없이 '외도'니, '매춘'이니 하는 전도된 개념으로 쓰는 이유가 바로 여기에서 연유된다.

이 문제에 한 발자국 더 깊이 들어가 보면 또 다른 면이 보이기 시작

---

23 '외도'는 말뜻대로 밖에서 도를 닦는 행위가 아니다.

한다. 남성 매음이라는 강간은 여성의 정조와 순결과 성, 더 나아가서 영혼을 빼앗고 파괴하며 도적질하는 행위에 버금간다고 할 수 있다. 자! 하룻밤에 100만 명의 한국 남성이 매매음 시장에서 화폐로 성을 산다고 했을 때 그 행위는 분명히 ㈜강간이고, 더 나아가 정조의 파괴와 '도적질'임을 천명하고자 한다.

한국의 기백만 명의 여성들이 거의 매일 밤 정조 도둑을, 뒤집어 말하면 매일 밤 여성의 성이 강간되고 혼이 죽는, 말하자면 '성의 전쟁'(war of sexes)[24]서 이 나라 딸들과 에미가 죽어가는데도 국가는 오늘날까지 속수무책으로 수수방관하고 있다. 인간성 마몰이라는 양분을 빨아먹고 자라는 매매춘 나무는 이제 그 무성한 잎으로 전국에 그늘을 드리우고 있다.

IX. 향락·퇴폐에 뿌려지는 화대와 국가 경제

그러면 퇴폐 향락업소에 뿌려지는 돈, 화대는 얼마나 되며, 국가 경제는 어떠한가? 매매춘 시장은 엄연히 존재하나 없는 것처럼 되어 있고, 보이지 않으니 업소에 뿌려지는 화대나 물 밑에서 유통되는 검은돈의 객관적인 통계를 추적할 길은 쉽지 않다.

한 조사(1990)에 의하면 40만 개 전국 업소가 벌어들이는 연간 매출액은 3조 2,323억 원 정도인데 이는 신고된 외형만 계산한 것이고, 업소의 신고누락분과 화대 등을 포함하면 무려 43조 원을 넘을 것으로 추정한다.[25]

국세청(1988)에 신고된 접대비만 약 7,700억 원이었는데 한국은행 통

---

24 박종성, 앞의 글, 54.
25 서울 YMCA 시민자구운동본부, "향락문화추방 시민운동보고서," 46.

계에 익하면 그것의 10배가 된다고 보고되고 있다. 이 접대비를 총취업자 수(1,600만 명)로 나누면 1인당 평균 접대비 수령액은 4만7천 원이고, 모든 취업자가 매월 평균 4천 원의 기업 접대비를 오용하고 있다고 할 수 있다. 향락업소 매출액 약 7조 원은 GNP의 약 6%에 해당되는 엄청난 액수인데, 이것이 생산에 투자되지 않고 인간 타락에 투입되고 있다.

이 엄청난 천문학적인 액수가 먹고 마시고 흔들고 주무르고… 등등의 향락 퇴폐산업에 뿌려진 돈이다. 이러한 퇴폐와 방탕 비용을 복지시설 등 생산적 산업에 투자한다면? 예를 들어 향락 자금 4조 원이나 6천7백억 원으로 고아원 · 양로원 · 장애자복지시설 등 1억 원짜리 건물을 짓는다면? 아마도 팔도강산에 6,700개를 세울 수 있다. 우리 현실은 6,000명의 고아를 키우지 못해 매년 외국으로 내보낸다. 점심 도시락을 못 먹는 우리 아이들이 8,000명이 넘는다고 했다. 아직도 가난에 허덕여 야간 도주하는 농민이 있다. 이 향락 자금을 가난한 이들을 위한 최소한의 복지시설로 쓸 수도 있는데 국가는 "가난은 나라도 못 구한다"고 핑계를 댄다. 그러나 문제는 돈(재화)이 아니라 복지에의 의지의 빈곤이다. 아비의 방탕 비용으로 소년소녀가장과 노인의 눈물을 닦을 수 있는데도 국가는 성을 좀먹고, 예산을 좀먹고 있는 현대의 쾌락 산업을 오히려 새로운 유통 구조로 장려하여 이윤을 꾀하고 있다.

X. 향락 퇴폐를 조장한 요인은 무엇인가?

이 문제는 "단속만 잘하면 된다"는 식의 민생치안 부재라는 차원으로 인식해서는 안 된다. 요인은 매우 복합적이고, 원인의 뿌리는 깊다. 세 가지 차원에서 논해 본다.

1. 정치경제적 요인

향락산업의 비대화는 선진국들의 산업화를 모델로 한 제3공화국 군사개발 독재시의 불균형적 경제개발의 부작용으로 볼 수 있다. 고도의 경제성장에만 열중한 나머지 그것에 장애가 되는 가치 규범은 무너져 버리거나 와해되었다. 그 결과 새로운 사회를 지켜줄 도덕이나 새로운 규범이 서지 못한 채 오늘에 이르렀다.

향락산업이 기형적으로 번창하고 있는 현상을 수요와 공급면에서 분석해 보면, 공급이 작용한다에서 여성들의 장기 실업 등 경제적 빈곤이라는 요소 이외의 요인, 즉 소득 증대를 높이고자 하는 황금만능주의 사상의 만연, 즉 '정절보다는 물질적 풍요'를 들 수 있다.

수요적 측면에서도 접대 문화가 관행이 되어 있다는 점과 투기로 인해 벼락부자가 된 졸부들의 과시적 소비 현상도 한몫을 한다. 향락산업은 자본 회수가 빠르고, 수익률이 높으며, 세무행정에 융통성이 있는 사회와 성의 타락이 수요시장을 형성하여 성의 상품화를 통한 이윤추구를 꾀한다.

2. 성차별적 요인

남녀 사이의 지배와 복종의 권력관계에는 이미 매매음이 잉태되는 법이다. 성역할 분담에 의해서 남성에게는 재화·명예·권위가, 여성에게는 빈곤과 비권위로 인한 (남성에의) 의존과 예속성이 결과되었다면, 이런 남녀 관계는 이미 재화 소유자인 남성이 빈곤한 여성을 매매할 수 있는 물적 기초가 된다. 뿐만 아니라 이러한 물적 기반을 지원해 주는 것은 다음의 성 이데올로기, 즉 남녀 간의 이중적인 성윤리 규범이다.

여성에게는 순결이나 정절 이데올로기를 고수하면서 남성의 동정이나 정절 파기, 외도가 허용된다는 것, 그리하여 남성에게 부여된 성적 자유와 특권은 여성에게는 일탈적 성격으로 보는 이중성이 바로 그것이다.

여성 통제적인 순결(정절) 이데올로기는 여성이 가부장제적인 결혼시장에 진입하는 데 아직도 장애 요인이 되며, 비순결녀는 급기야 매춘시장으로 전락된다. 순결 이념은 여성을 두 집단으로 분할하고 통치하는데, 여기에서 이득을 보는 것은 가부장제의 남편이다. 그리하여 '정숙한 아내와 타락한 창녀'를 한 품에 끼고 있는 모습이 가부장제의 야누스적 얼굴이다.

결론으로 성역할 분담에 의해 재화와 권력을 쥔 남성들은 순결 이데올로기에 의해 희생당한 가난하고 '타락한' 매음 여성을 매음해도 그것은 남성의 일탈이 아니라 '남성다움'에 속하는 자연스러운 일로 간주되기도 한다로 인정된다.

3. 물질만능주의와 폭력

지난 60년대 이후 "우리도 잘 살아보세"라는 기치 아래 경제발전에만 급급한 나머지 도덕적 · 정신적 함양을 간과하였다. 수단과 방법을 가리지 않고 물질 · 번영 · 출세가 지상의 과제였고, 따라서 한탕주의가 판을 치게 되었다. 이에 가세된 것은 폭력의 정당성인 바, 군사쿠데타와 광주사태가 뿌린 무력에 의한 인명경시사상을 들어볼 수 있다. 즉, 돈이면 다 되고, 폭력이면 다 된다는 사고방식과 가치관이 내면화된 것이다. 돈으로 인간을 살 수도 있고, 폭력으로 여자를 납치하고 강간할 수 있다는 사고방식이 향락산업에 반영된 것이다. 결론적으로 말하면 물질제일주의, 향락주의가 결합하여 오늘날의 퇴폐와 매매음이 성행하게 된 것이다. 그것은 곧 권력의 타락, 인간성의 타락, 이를 제지하지 못한 종교의 타락, 이 3자의 타락이 성의 타락으로 이어져 향락산업의 비대화로 결실된 것이다.

XI. 우리는 무엇을 할 것인가?

1. 도덕성 회복과 국민 문화운동의 전개

향락산업으로 인해 개인적으로, 국가적으로 그 피해가 극심하다. 인간의 성을 구입하여 쾌락을 누리는 사회, 그것을 팔아 호구지책 삶을 영위하는 여성들, 향락 퇴폐업을 통해 이윤과 자본을 축적하는 업소나 기업체들, 그것을 방조하거나 묵인하는 정부나 국가, 이러한 사회는 '소돔과 고모라'화 되어 가는 과정을 방불케 한다. 매매음 행위자가 이에 대한 죄책감이나 죄의식이 희박할 뿐만 아니라 도리어 직업의식, 구매자 의식을 가진다는 사실이 문제이다. 기성세대의 죄의식과 도덕의 진공상태는 더욱이 청소년 범죄와 각종 사회문제(가정 해체, 자녀교육 문제, 사회 비리 등)를 유발시키는 요인이 된다.

그러므로 물질만능주의, 인명경시사상, 폭력주의는 제거되어야 한다. 돈과 폭력으로 갈등을 해결할 수 있다는 파행적 사고도 우리의 삶과 일터에서 추방되어야 하며, 경제윤리 역시 재정립되어야 한다.

그리고 건전한 여가 문화와 대중문화의 개발, 특히 부부 동반 문화의 장려 등 남녀 문화의 개혁운동이 일어나야 한다. 이제 종교와 시민운동이 건전한 시민의식, 도덕규범 형성의 실마리를 제공할 수 있을 것이다.

2. 남녀 문제

남녀 간의 경제 배분에 있어서 형평의 원칙은 고수되어야 하며, 성윤리의 이중성은 사라져야 한다. 그러기 위해서는 남녀에게 동일 노동, 동일 임금, 동일 존경이 부여되어야 하며, 가사노동 역시 경제적 가치로서 측정되어 지불되어야 한다. 그리고 최소한의 삶의 조건과 자존심을 지킬 수 있는 수준의 임금 제도의 확보는 무엇보다 시급하다. 그리고 외도에 의해 오늘날까지 명맥이 유지되어 온 일부일처제가 과연 최선책인가 연구해볼 일이다.

3. 법적 통제

향락업소에 대한 법적·행정적 규제와 조치가 있어야 하며, 기업체에서 무절제한 향락·접대에 책정된 향응비에 대한 규제를 강화해야 한다. 접객 업소에서의 변태적 영업 행위는 근절되어야 하며, 합법적인 방법으로 자행되는 직업소개소와 신문(잡지)의 광고에 대한 단속과 제재가 가해져야 한다.

인신매매(단)나 강간·폭행·성추행에 엄격한 법적 규제와 처벌이 있어야 한다. 특히 인간(女)을 파괴하는 인신매매단과 강간범에게는 최고의 형을 집행해야 한다. 예를 들어 스웨덴(사우디)에서 강간범이 거의 존재하지 않는 것은 폭행에 대한 엄격한 통제 때문이다. 구타는 3개월 징역이고, 강간범은 종신형이다. 중국에서는 18세 이하의 어린 처녀 강간범은 즉시 총살형이라 한다. 매춘 여성에게만 적용되었던 윤락행위방지법 역시 매음 남성에게도 규제법을 만들어 제재해야 한다. 그리고 성범죄 남성들의 명단과 사진을 공개하고, 중형자에겐 거세 조치를 취해야 한다. 24시간 가동되는 성범죄 예방을 위한 신고 전화가 마련되어야 한다.

"Sex Line" 설치로 인권 보호선을 치자!

한국의 매매춘 문제를 해결하기 위한 대안을 제시해 보고자 한다. 매매춘 시장의 전면적 철폐는 우리 여성계의 궁극적인 목표이다. 그러나 현실적으로는 단시일 내에 불가능한 것이므로 단계적인 해결책을 제시한다.

1) 한국 매매춘 문제의 심각성은 개인의 도덕적·이성적 무장을 통해 변화될 수 있는 것이 아닌 구조적 차원의 문제이기에 국가의 강력한 공권력의 개입이 필수적이다.

2) 지금까지의 법적 규제(묵인, 전시적 통제, 단속의 이중적 태도 등)는 오히려 매매춘 시장을 지하로 숨게 하였으며, 그 결과 아노미적 상태를 증폭시켰다. 그리하여 잠재 매매춘 인구의 확산, 폭력의 난무, 성병과 에이즈 확산, 여성에 대한 착취 등등 최악의 상태이다.

3) 우리 발밑에서 쳐 받쳐 오르는 '독초'를 일단 가시화시키는 일이 무엇보다 급선무이며, 국가의 공적 책임 영역으로 이끌어 들여 국가의 완전 관리 체제로 만들어야 한다.

4) 매매춘의 전면 통제는 단기적으로는 불가능할 것이다. 그것이 최종 목표라 하더라도 매매춘의 부분적 허용, 즉 '공모의 합법화'(?)를 하되 엄격한 국가 관리하의 조건에서 가능하다. 이 길만이 매매춘 망국에서 매매춘 없는 천국을 만들기 위한 이 시대의 과도기적 해결책이 될 것이다.

참 고 문 헌

김경빈. "유흥업소 주변의 습관 중독성 물질 오·남용 실태 연구," 1990.
등에 편집부(편).『사랑의 품앗이, 그 왜곡된 성』. 서울, 1989.
박종성.『한국의 매춘』. 인간사랑, 1994.
번 벌로·보니 벌로, 박종만 외 옮김.『매춘의 역사』. 1992.
山下英愛. "한국 근대 공창제도 실시에 관한 연구," 이화여대 여성학과 석사논문,
　　　1991.
서울 YMCA 시민자구운동본부. "향락문화추방 시민운동보고서," 1990.
손덕수. "딸을 파는 부모, 에미를 파는 국가,"『태국방문기』. 베틀.
쉬바·미즈, 손덕수 역.『여성생태주의』. 창비사, 1997.
안용백. "사회병리현상에 관한 일연구," 고려대 교육대학원 석사논문, 1990.
장인석. "르뽀 매춘,"「신동아」, 1992.

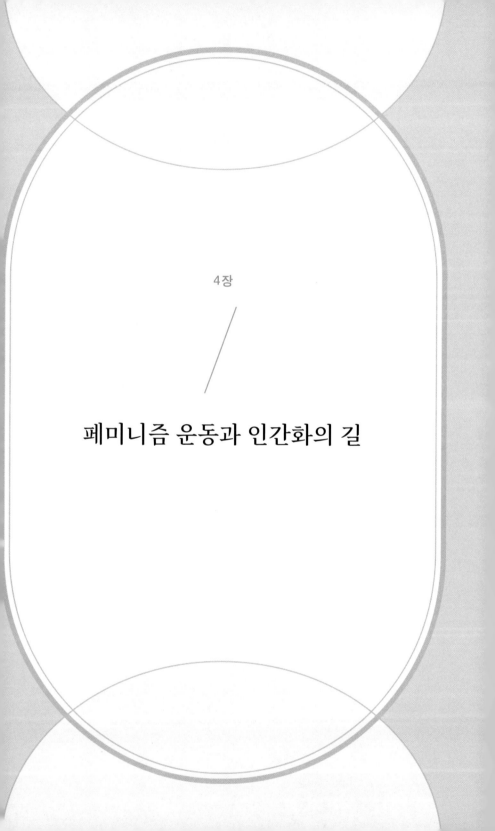

4장

페미니즘 운동과 인간화의 길

여성의 해(1975)와 여성의 인간화

　유엔은 사상 최초로 1975년에 '세계여성의 해'를 선포하였다. "인류의 절반이나 되는 여성의 인적자원을 사장 시켜 두고서 경제와 사회를 개발하고, 인간 생활의 질을 높인다는 난센스를 수천 년의 인류 역사가 오늘날까지 되풀이해 왔다"로 시작되는 유엔의 선언문은 여성을 무시하고 탄압해온 인류 문화사의 근원적 반성에서 출발한 것으로 볼 수 있다.

　인간의 존엄과 사회적인 역할 담당에서 조화를 잃은 남녀의 차별이 만인 평등을 추구하는 인류사의 이념에 위배 되며, 역사의 발전 법칙에 역행한다는 것을 자각한 이래 인류는 늦게나마 여성의 문제에 눈을 돌리게 되었다. 전쟁과 착취와 폭력으로 점철된 남성의 공격적인 역사가 한계에 이르자 평화로운 인류 역사를 창조하는 데 여성의 참여가 절실히 필요해졌기 때문인지도 모른다.

　여성의 해라고 하여 여성 예찬이나 여성을 위한 행사를 마련하는 데 그 뜻이 있지 않고, 여성이 억눌리고 학대받아온 역사를 근본적으로 반성하고, 여성을 남성과 동등한 지위와 역할과 인격으로 향상시키는 실질적인 운동을 전개하는 데 그 근본 취지가 있을 것은 너무나 당연하다.

1

우리는 무엇보다 여성을 비인간화 시켜온 인류의 역사와 여성을 항상 예속시키고 지배해온 사회의 구조를 파헤쳐 보지 않고서는 여성 문제에 관한 올바른 인식을 갖기 어렵다고 본다.

그것은 Kate Millet가 명쾌히 지적했듯이 여성을 남성의 부속물로 도구화 시켜온 수천 년의 가부장 제도와 부권사회의 구조 속에서 찾아볼 수가 있다. 부권사회는 인간을 성별에 따라 등급을 만들었으며, 남녀관계를 지배와 복종의 관계로 전락시켰고, 지배자인 남성의 우월성을 과시하기 위해 여성을 제도적으로, 문화적으로 억눌러 온 억압의 역사였다. 이러한 성의 지배는 인간이 만들어낸 모든 불공평한 것, 즉 인종차별주의, 식민주의, 계급주의 등에 가장 기본이 되는 원초적인 지배의 양식이었다고 볼 수 있다.

여성에게 노예적인 부덕을 강요해 온 부권사회는 중국의 '전족'이나 서구의 '과부화형', 이슬람교의 '베일' 그리고 문화사 속에 나타난 '정조대', '낙인', '음핵 절단', '유아 결혼', 오늘의 '국제 창녀 밀매단'에서 보여지듯이, 동서고금을 막론하고 여성을 인간적으로 소외시켜온 잔인과 야만의 역사였다. 부권사회는 적어도 여성에 관계되는 한은 진실을 감추어 온 거짓의 역사였다. 서구 문화의 핵심이 되어 온 신화와 종교와 철학들은 인간의 고통과 죄악의 원인이 바로 여성에게 있다는 허무맹랑한 이야기를 수천 년간 들려주었다. 남성들은 여성을 지배하기 편리하게끔 여성의 도덕적인, 신체적인 열등성을 강조해 왔고, 이것이 정치와 종교와 학문이 정당화 시켜왔다. 여성의 생리 구조를 이해 못한 남성들이 여성의 임신, 분만, 월경 등에 대한 '원시 공포'에서 이를 주술이나 악마의 세계와 연결시키는 신화를 만들게 된 것이 원시사회의 여성관이었다.

오늘날에도 여성은 신체적으로 야하다, 정신 능력이 모자란다, 대뇌의 크기가 남성보다 작다는 등 온갖 생물학적, 인류학적인 편견과 망상을 씻지 못한 상태에 있다.

부권사회는 또한 규범, 가치관, 도덕에 있어서 남성을 위주로 한 이중 구조의 역사였다. 남성에게는 허용되는 규범이 여성에게는 형벌로 내려지는 타부와 여성의 수절, 열녀의 미덕을 찬양하면서 여성을 남성의 성적인 욕구의 대상으로만 취급하고 사육해 온 역사는 부권사회의 가장 불합리한 모순이었다.

수천 년의 부권사회는 여성에 관한 얼마나 많은 그릇되고 악의에 찬 관념과 편견을 심어 놓았던가?

남성의 신체 구조를 기준으로 하여 결핍된 여성들이 '남성 성기 흠모증'에 걸려 일생을 열등의식에 사로잡혀 산다고 본 Freud의 여성관은 오늘날 많은 비판자들이 지적하듯이 병적인 것이었다.

"타고난 생김이 곧 운명"이라는 성차별주의적인 주장들을 여성에 대한 지배를 합리화했으며, 여성이 인간답게 성장하고 발전하는 데 말할 수 없는 장해의 요인이 되어왔다.

이러한 부권사회의 원리 위에 세워진 또 하나의 여성을 비인간화 시킨 기구는 바로 자본주의였다. 그것은 여성들을 경제적으로 완전히 남성의 손아귀에 예속시키고 말았다. 여성의 약점과 예속성을 교묘히 이용하여 가정에서는 무보수로, 사회에서는 저임금으로 착취해 온 것이다. 자본의 지배 욕구는 '사이비 여성 해방'을 유행 속에 조작하여 자아의식이 결핍된 여성의 욕구불만을 소비와 사치 속에서 풀도록 유혹해 왔다. "여성은 예뻐야 한다", "여성은 섹시해야 한다"는 상업적 관념을 만들어 더욱더 남성 앞에 예속되도록 만들고, 여성을 인격으로서보다는 욕구 충족의 대상으로서 물질화 시켜왔다. 부권과 자본을 한 손에 쥔 남성들은 제도적인 폭력과 경제적인 착취로 여성을 완전 지배하고 말았다.

불쌍한 우리 여성들은 부권사회가 창조해낸 그릇된 '여성의 상'을 본래적인 '나의 상'인 것처럼 교육되어 왔고, 제도와 힘에 의해 내면화되고, 규범 의식화되었다. 여성들은 그 비인간적인 역할과 대우에도 불구하고 이 그릇된 의식과 자신의 열등감, 자기 학대 그리고 숙명적인 체념 때문에 이를 의심하거나 반발하지 못해 왔다.

2

물론 이러한 억울한 지배의 역사 속에서 여성들이 가만히 앉아 당하고 있은 것만은 아니다. 그래도 여성들이 저항해오고, 투쟁해온 결과로 오늘날만큼이라도 지위가 향상되고, 야만적인 폭압을 제거해온 것이다.

그러나 거기에는 말 못할 탄압과 희생과 순교를 당해야만 했다. 서구의 근대적인 의미의 여권운동은 프랑스의 여성 운동가인 올림프 드 구즈 여사가 1793년에 『여성의 인간선언』을 써내고 봉화를 든 데서 시작되었다 할 수 있겠는데, 아이로니컬하게도 '여성도 인간이다'라는 선언 때문에 '자유·평등·박애'의 인간해방을 선언했던 프랑스 혁명군에 의해 단두대에서 처형되고 말았다.

19세기 초에 영국의 여성 운동가들은 무지몽매한 남성들에게 투표권과 참정권을 달라고 데모를 하고 단식투쟁을 하며 공공기관에 불을 지르는 폭력 궐기에까지 이르렀으나 많은 여성들이 감금되고, 호주로 귀양을 가는 희생을 치러야 했다. Pankhurst 여사를 비롯한 여성 참정권론자(Suffragetten)들의 희생의 대가로 여성의 사회 참여의 길이 열렸으며, 오늘엔 여성 정치가 당수에까지 결실을 맺은 것이다. 독일에서도 그 많은 남성들의 질시와 학대를 받아 가며 1865년 Luiseotto-Peters 등 소수의 여성들이 여성의 교육 기회균등을 위해 투쟁했으며, 지위 향상을 위해 노력했다.

이러한 자각된 여성들의 의지와 단결된 투쟁으로 오늘날 대부분의 서구 사회에서는 여성이 남성과 동등한 교육의 기회를 갖고, 직업을 가질 수 있으며, 능력에 따라 사회적으로도 진출할 수 있는 대폭적인 지위의 향상을 얻게 되었다.

그러나 이것으로써 여성의 문제는 과연 해결된 것일까?

시몬 드 보부아르 여사는 "여성의 지위는 많이 개선되었다. 그러나 여성의 지위는 변화하지 않았다"고 함축성 있게 표현했다. 여성이 교육과 사회적인 진출로 그 지위가 향상된 것은 사실이지만, 남성에게 예속된 그 위치 자체는 변하지 않았다는 것이다. 문제는 노예의 지위를 얼마나 향상시켰느냐가 아니고, 노예가 아닌 인간의 차원으로 여성을 올려놓아야 한다는 데 있다. 노예가 아무리 재주가 뛰어나도 그는 노예이지 자유인은 아니다. 아무리 고등교육을 받고 선거권을 행사해도 여성이라는 '성의 제약' 때문에 가정에서나 사회에서나 직장에서 차별대우를 받고 무시를 당한다면 이는 인간다운 대접이라 볼 수 없는 것이다.

따라서 종래의 여권운동은 남녀의 성별 차이를 인정하면서 단지 법적인 차별의 철폐를 위해 노력했으나 오늘의 여성 해방운동은 이러한 성적인 차별 자체를 사회 · 정치 · 교육 · 문화에서 폐기시키자는 새로운 운동으로 발전하고 있다. 남녀의 성에 의한 차별주의(Sexismus)를 극복하는 것은 여성의 인간화와 여성 해방운동에 핵심적인 과제이다. 60년대 말부터 서구 사회를 휩쓴 이 새로운 운동은 부권사회의 근본을 이루고 있는 성차별주의의 기저를 흔들며, 남성 문화권이 형성해 놓은 '굴종의 여인상'을 벗어나서 인간 본래, 여성 본래의 의식이 높고 독립적인 '자아상'을 구축해 가자고 외치고 있다. 이 문제의 중요성은 도처에서 인식되어 1974년 6월 세계교회협의회(W.C.C.)는 백림에서 Sexismus의 극복을 위한 최초의 세계적인 대회를 열게끔 되었다. 이것은 바야흐로 산업혁명, 민주 시민혁명을 거친 서구 사회에서 이브의 후예들이 새로운 여성 혁명의 경종을 울리는 것으로 보아야겠다.

이것을 Herbert Marcuse는 이미 예고한 바 있다. "오늘의 여성들은 가부장적 제도의 종말을 고하고, 부권사회의 무덤을 파는 새로운 세력으로 등장하고 있다"고.

3

새로운 혁명적 여성 해방은 어디에서부터 출발하는 것인가?

모든 혁명이 그렇듯이 우선 기존 사회를 지배하고 있는 관념과 가치 체계를 비판하고 거부하는 데서부터 시작되어야 한다. 프랑스의 Poulain de la Barre는 이미 1673년에 쓴 『남녀의 동등권』에서 "남성이 여성에 대해서 쓴 모든 것은 우선 의심해 보아야 한다. 왜냐하면 그들은 재판관이요, 성직자들이요, 당을 가진자들이기 때문이다"라고 밝힌 바 있다. 남성들이 쓴 것은 전부 예속적이고 열등적인 존재로 부각시켰다. 종교개혁가 루터는 여성의 이상적 상을 3K(Kinder, Küche, Kirche)라고 하여 여성의 위치를 지극히 예속적이고 보수적인 상으로 심어놓아 독일의 구세대 여성들은 아직도 이 상에서 벗어나지 못하고 있다. 전통적으로 기독교는 여성이 남성에게 순종해야 한다고 가르쳤고, 심지어 여성은 인간이 아니니 구원받을 수 없다고 주장하기도 했다. 19세기 신경과 의사 Paul Möbius는 여성은 날 때부터 선천적으로 어딘가 좀 모자라게 태어났다고 했다. 많은 학자와 지식인들이 여성의 사고력 · 비판 능력 · 단결력 · 자신감에서 남자보다 열등하다고 주장하고 가르쳐왔다.

과연 여성들은 이렇게 야하고 열등한 존재인가? 여기에서 우리는 나시금 시몬 드 보부아르 여사의 명언을 음미해 볼 필요가 있다. "우리는 여자로 태어난 것이 아니라, 여자로 키워지고 있을 뿐이다." 많은 인류학자들이 증언하듯이 여성은 바로 남녀 성의 차별에 따라서 열등하게 할당된 역할과 기능 때문에 그러한 존재로 키워지고 있을 뿐이라는 것이다. 흑인들이 교양 없고, 무능한 것은 바로 그렇게 눌리고, 착취되고, 천대받는 데서 오는 결과가 아니겠는가?

부권사회의 잘못된 정치, 사회, 문화의 구조 때문에 여성은 그 다양한 인간적인 능력이 개발되지 못했다. 모든 것은 훈련과 교육과 개발의 문제다.

August Bebel은 『여성과 사회주의』에서 여성의 신체적인 열등성을 반박하기 위해 서커스의 Akrobatik을 하는 소녀의 예를 들었다. 훈련만 하면 여자도 줄 위에서 자전거를 탈 수도 있다는 것이다. 여성이 밥이나 짓고, 빨래나 하고, 애나 키우며, 화장이나 하는 정도의 역할이 부여된 사회에서 지적 판단력이 높고, 결단력이 있고, 독립심이 강한 여성을 찾는다는 것은 나무에서 물고기를 찾는 고사와 같은 일이다. 마거릿 미드 여사의 연구에서 밝혀진 것처럼 원시사회에서는 오히려 남녀 양성의 역할과 기질에 차이가 없었다고 한다.

인간의 능력과 자질은 후천적으로 개발되는 것인 만큼 여성의 능력은 그에게 주어진 역할과 기대에 따라 또한 사회적 여건에 따라 개발되는 것이다.

그러나 남자들이 로켓으로 달나라를 방문하고, 문명의 첨단을 달린다는 현대사회 속에서 여성에게 주어진 역할은 무엇이며, 어떠한 여성상이 지배하고 있는가? 파리의 한 화장 전문 기술협회에서는 다음과 같은 현대의 이상적인 여인상을 밝힌 바 있다.

1) 섹시해야 하고 - 오직 가정용으로만

2) 지성적이어야 - 그러나 너무 지나치지 않게

3) 솔선수범적이어야 - 그러나 주어진 범위 안에서만

4) 불감증이 약간 있어야 - 그러나 가정 밖에서만

5) 열등감을 가지고 행동을 해야

6) 직장에선 남자보다 수입이 낮아야

7) 장래 전망이 없어야

8) 히스테리가 좀 있어야

9) 적응력과 눈치가 빨라야

이러한 여인상이야말로 여성을 가정적으로, 성적으로, 사회적으로, 종속적으로 만드는 반동적인 망발일 뿐이다.

　부권사회의 무덤 속에선 여성의 능력은 사장되어 있을 뿐이다. 이제 우려의 과제는 어떻게 이 잠재된 능력을 발굴하고 개발하여 활용하느냐의 문제로 등장한다. 유엔에서도 바로 이 점을 착안하여 인류의 반이 넘는 여성 자원을 오용과 낭비로부터 방지하여 인류 발전에 어떻게 활용할 것인가를 문제 삼게 되었다. Stephen Barley의 저술 『성 행상인』에 보면 매년 200만 명의 젊은 여성들이 국제 '색 마피아단'에 의해 납치되어 춘화업자나 매춘업자에게 팔리고, 감금·구타당하고 있다고 한다. 더욱 놀라운 것은 그들의 이윤금이 매년 미국의 국방 예산만큼이나 높다고 하니 이것이야말로 여성에 대한 남성 Phallus의 착취와 탄압과 테러가 아니겠는가?

　여성 해방은 여성의 신체와 미를 상업화하고 도구화하는 사회구조의 개혁 없이는 불가능한 일이다. 오늘날 세계에 만연된 Porno와 매춘사업이 국가적인 지원과 보조를 받으며 번창하고 있으니 경제적으로 사회적으로 약한 여성은 이 굴종적인 제도에서 벗어나기 위해 단결해서 투쟁해야 한다. 앞으로의 사회혁명은 반드시 여성의 문제를 함께 취급해야 한다. 이것은 사회주의 혁명에서도 마찬가지다.

Marx는 'Judenfrage'에서 "여성의 해방은 사회의 해방이 된 뒤에야 될 수 있다"고 했지만, 사회적인 계급이 없어졌다고 반드시 여성 해방이 이뤄지는 것은 아니다. 사회주의국가에서는 물론 여성의 사회 참여도가 높은 것은 사실이지만, 아직 남녀동등에는 미치지 못하고 있다. 소련에서는 의사의 80%가 여자이지만, 여자들이 하는 의사는 교사의 직업은 여자의 업이기 때문에 임금이 지극히 낮다고 한다. 그리고 사회·정치·문화의 최고기관에까지 진출하는 여성은 지극히 적다는 것이다. 중국을 방문하고 온 프랑스 여성 운동가들은 실망하는 보고서를 썼다.

여성의 노동 참여에는 괄목할 만한 진보를 보였으나, 성적차별을 극복하고, 여성의 자율적인 자기상을 만드는 데는 아직 요원하다는 것이다. 성급한 결론인지 모르겠으나 여성 해방의 문제는 정치경제의 변혁만으로는 달성될 수 없고, 사회혁명 이후에도 계속 추구되어야 할 "문화혁명"의 과제이다(Klaudie Broyelle, *Die Hälfte des Himmels*).

양성의 인간화를 목표로 하는 서구의 여성 해방운동은 물론 엄청난 과제이다. '성차별주의'의 극복을 오늘의 정치적·경제적·사회적 제도 하에서 부르짖는 우리는 그야말로 이단자의 외침일 것이다. 그러나 어느 시대, 어느 사회건 혁명이란 그 시대의 이단자였다. 그러기에 여성 해방은 노동자의 경우와 마찬가지로 남성들이 가져다줄 수는 없고, 여성들 자신이 자각하고 뭉쳐서 노력하는 데서라야 이루어질 수 있는 것이다.

아직 여성 문제에 관한 근원적 인식이 부족하고 여성의 자각도가 낮은 우리 한국의 여성들은 어디에서 '여성의 해'의 의미를 찾아야 할 것인가?

우리의 여성사는 여성 적대적인 유교 전통과 혹독한 가부장적 제도 하에서 그야말로 남성이 여성을 모질게 지배해온 남성 유아독존의 횡포의 역사였다.

"열두 폭 치맛자락에 눈물 마를 날이 없었다", "시집살이 삼중고 9년" 등으로 점철되는 불행한 수난의 과거사를 가진 한국의 여성들은 아직도 너무나 억울하고 서러운 생활을 하고 있다.

그러나 「독립신문」 1896년 4월 21일 자 사설에는 이미 다음과 같은 여성의 각성을 촉구하는 글이 실려 있다. "세상에 불쌍한 인생은 조선의 여편네니 우리가 오늘날 이 불쌍한 여편네들을 위하여 조선 인민에게 말하노라. 여편네가 사나이보다 조금도 낮은 인생이 아닌데, 사나이들이 천대하는 것은 다름이 아니라 사나이들이 문명개화가 못되어 이치와 인정은 생각지 않고, 다만 자기의 팔심만 믿고 압제하려는 것이니 어찌 야만에서 다름이 있으리요…."

조선 부인네들도 차차 학문이 높아지고 지식이 넓어지면 부인의 권리가 사나이 권리와 같은 줄을 알고, 무리한 사나이들을 제어하는 방법을 알리라. 그러기에 우리는 부인들께 전하오니 아무쪼록 학문을 높이 배워 사나이들보다 행실도 더 높고, 지식도 넓혀 부인의 권리를 찾아라.

그 후 80년이 지난 오늘 불쌍한 인생인 우리 여편네들이 사나이들의 "팔심(팔뚝의 힘)의 야만"에서 과연 얼마나 해방되었는지는 우리의 부모 형제들을 돌아보면 스스로 알 수 있는 문제다. 아직도 "암탉이 울면 집안이 망한다"느니 "여자는 재주가 없는 것으로 그 덕을 삼는다"는 등 자학적인 도덕관이 우리의 의식구조에 사라지지 않고 있으며, 남편 섬기고 자식 키우는 삼종지덕의 역할이 대부분의 여성을 제도적으로 얽어매고 있다. C. Dallet는 『조선사』(1874)에서 조선의 부인을 다음과 같이 서술했다.

> "처는 남편에 대하여 의무만 지게 되고, 남편은 처에 대하여 아무런 의무를 지지 않는다. 어떠한 모욕과 멸시를 받을지라도 처는 질투를 보여선 안 된다. 처는 남편에 대하여 그에게 아이를 낳아주고 필요할 때는 육욕을 만족시킬 운명을 가진 조금 고급의 여비에 불과하다."

그런데 그 후 100년이 지난 오늘 놀라운 것은 의식구조가 크게 달라지지 않았다는 점이다. 「조선일보」 1973년 6월 21일 자에 보도된 한 사회 조사에 의하면 "아들이 없을 경우 딴 여자를 얻어서라도 아들을 원한다"는 데 도시 여성의 50%가 긍정적인 답을 보이고 있다. 어머니와 아내로서의 현모양처론에 따라 교육된 우리 여성들은 순종의 미덕만 익혀왔고, 인간으로서의 자아실현은 일찍부터 포기해 버린 채 남편의 출세에다 모든 기대를 거는 수동적 삶을 살아왔다.

심지어 대학을 다니더라도 여자는 '간판'을 따서 좋은 데 시집을 가는 게 문제지, 인류문화와 사회발전에 기여해 보겠다고 노력하는 여성은 지극히 드물다.

모교의 흠을 봐서 안 되었지만, 이화여대 80년사에 법정대학 졸업생이 수천 명이건만 아직 판검사 한 사람 나오지 못했다는 것은 무엇을 말해주는가? 이것은 결코 우리 여성들만이나 이화여자대학의 잘못만은 아니다. 여성의 역할을 현모양처 상에다 고정시켜 놓고, 여성을 폐쇄적이고 비사회적으로 길러온 우리 사회구조의 책임이 더 클 것이다.

물론 여성의 사회 참여도는 높아졌고, 상당한 여류 명사들도 배출되었지만, 대부분의 우리나라 여성 인구들은 어디에서 어떤 일에 종사하고 있는가?

여성의 사회나 직장에서의 역할은 아직 직업수행 능력보다는 분위기를 부드럽게 하는 데 더 기대되고 있다. 어느 회사의 비서 모집 광고엔 "용모가 아름다운 미혼 여성을 구함. 키는 160cm 이상이어야함"이라고 썼다. 우리나라 여성의 평균 키가 153cm인데, 이것은 Miss Korea나 신붓감을 구하는 광고가 아니겠는가? 그래서 직장 여성들은 업무보다는 자신의 몸치장에 더 신경을 쓰게 되고, 남자들보다 일찍 출근해서 사무실 꽃을 가꾸는 일이나 커피를 끓이는 일을 하게 된다.

도무지 결혼해서 아이를 낳으면 쫓겨날 직장인데 구태여 기술을 배우고, 능력을 키워 진출해 보려고 해도 헛일이다. 우리 사회의 미혼녀 우선주의 때문에 여성의 사회 참여 의식은 제도적으로 저하되어 왔고, 노동 경제적인 면에서도 여성 자원과 노동력의 커다란 낭비와 국가적 손실을 가져오고 있다. 71년도 통계에 의하면 여성 근로자의 77.5%가 미혼 여성이며, 취업인구의 60%에 불과하다. 특히 근대화의 역군이라 불리는 방직 공업이나 수공업 계통의 여성 근로자들은 남성 임금의 46% 정도밖에 못 받고 있으니 우리나라의 직업구조가 얼마나 여성 소외적인지는 가히 짐작할 수 있다.

근로기준법은 근로시간의 제한, 야간근무 금지, 유일 노동 금지, 생리휴가, 산전산후휴가, 모성보호 등을 그럴듯하게 써놓고 있지만, 이는 현실적으로 운용이 안 되는 휴지에 불과하다. 실제는 여자가 남자보다 더 많은 야간근무, 초과근무를 하고 있고, 생리휴가의 혜택을 받는 여성 근로자는 14%에 불과하다.

우리나라의 수많은 방직 공장, 외자도입 공장에서 젊은 여공들이

12~14시간의 노동을 하며, 기아임금과 영양실조, 산업 질병에서 고생하고 있다. 특히 마산 공업단지에선 여공들이 기업주에게 성적인 농락을 당하고, 병을 얻으면 부당해고를 당한다니 이 근로 여성들의 인권을 누가 찾아줄 것인가? 가난했고, 여식이었기 때문에 교육을 못 받았고, 그로 인해 값싼 노동력으로 팔려 여성 천대의 직장에서 인간 이하의 취급과 대접을 받는 대다수 하층 근로 여성들의 인권 문제를 해결하지 않고서는 우리나라 여성 운동은 사상누각에 불과한 것이다.

더구나 외화 획득을 위해 일자리가 없는 처녀들을 일본 놈의 매춘부로 팔아넘기는 이 망국적 풍토는 여성의 인간화에 가장 위험한 적신호이다. 앞으로 아버지의 사업이, 남편의 공장이 저들의 손에 넘어갈 때 어미와 마누라의 몸을 바쳐 그 부채를 갚게 할 것인가? 이 암담하고 통탄할 현실을 놓고 어느 여류시인의 말처럼 바늘이라도 들고 찔러버리고 싶다.

'여성의 해'가 우리에게 최소한 문제의식의 계기라도 되었으면 다행이겠다.

「광장」 제3호, 1975년 3월 15일

성차별(Sexism) 해소와 여성의 가시화(Herstory)

I. 성차별 해소는 세기적 과제

인류 역사의 진보는 지난 수십 세기 동안 크고 작은 변혁기를 통해 조금씩 완성되어 왔다. 최근사에 한 획을 긋는 '성(性)의 혁명'이야말로 17세기 영국의 경제혁명과 18세기 프랑스의 정치혁명에 버금될 만한, 그야말로 20세기의 '문화혁명'으로 칭송할 만하다. 왜냐면 성 혁명을 부르짖는 세계여성 해방운동과 이론은 2,000년간 침묵 속에 묻어둔 여남(女男)의 관계를 낱낱이 폭로하면서 그 기초를 완전히 흔들어 놓았기 때문이다. 따라서 여남 관계를 재정립하지 않으면, 인류 역사의 번영과 진보는 불가능하다는 것을 오늘 현실의 사회상을 들어 제시하고 있기 때문이다.

인류는 야만의 원시림에서 휘황찬란한 현대 고급질의 문명·문화를 일궈내는 인간의 능력과 위대한 잠재력을 가지고 있으면서도 한편으로는 인류는 역사에서 폭력과 전쟁, 억압과 착취, 기아와 빈곤, 독재 등으로 신음하며 시달리고 있다. 이에 대해 희망의 신학자인 독일인 몰트만은 현대사회에 있어서 고질병을 ① 후진국 가난과 독재, ② 인종차별주의, ③ 성차별주의, ④ 현대의 관료주의, ⑤ 자연 파괴라고 보았다. 그는 다섯 개의 질병에 시달리고 있는 현대 문명은 이 모두를 완치하지 않는 한, 바꿔 말하자면 그중 어느 하나라도 치유하지 않는 한 인류는 파멸의 길로 치달을 것이라고 장담한 바 있다.

그것은 곧 하나의 사회 모순은 다른 여러 모순들과 직결되어 있고, 그 작은 하나가 풀어지지 않으면 다른 것들의 변화와 발전 또한 억제 · 방해한다는 의미인 것이다.

II. 여성은 사회 진보의 척도

그야말로 150년 전에 갈파한 프랑스의 초기 사회주의자인 푸리에는 이를 두고 한 말이 아닐까? 즉, 여성은 그 사회의 위계질서에서 맨 마지막 계단에 놓여 있다. 그런데 이 마지막 위치에 놓여 있는 여성을 남성의 수준으로 끌어올리지 않는다면, 그 사회는 다음 단계로의 발전을 포기하고 만다.

그러므로 여성은 그 사회와 남성들이 향유하는 자유와 진보의 척도로 삼아야 한다.

이제 여기서 몇 가지 분명해지는 것이 있다. ① 소위 '여성 문제'라는 것이 몇몇 여성들의 불만이나 사적인 문제 차원이 아니라는 점, ② '여성 문제'는 공적인 차원의 사회적 문제라는 점, ③ '여성 문제'는 사회 발전의 척도라는 점, ④ '여성 문제'는 여성만의 문제가 아닌 '남성 문제'이며, 남성과 함께 풀어가야 할 인간적 문제라는 점이다.

200년 전 영국의 페미니스트 J. S. 밀도 이에 동조하면서 인간관계의 기초는 여남의 관계이며, 이 양성 관계가 잘못되어 있을 때 모든 사회관계는 일그러지고 만다고 경고한 바 있다. 필자는 그리하여 현대사회의 고질병인 폭력, 독재, (신)식민주의, 제국주의, 자연 파괴 등은 인간의 원초적 관계인 여남 관계가 (사랑과 조화의 관계가 아닌) 지배·종속적 관계에서 출발했기 때문이라고 본다. 즉, 인간-인간, 인간-사회, 인간-자연과의 왜곡된 관계의 원형은 여남의 잘못된 관계, 즉 성차별주의(sexism)에서 비롯되었다고 보는 입장이다.

그러면 성차별주의란 무엇이며, 그것의 핵심 내용은 무엇인가? 성차별주의란 여남을 성에 의해 우대하고 경시하는 차별 사상이며, 이것은 여성을 일생 따라다니며 괴롭히는 괴물이다. 아이는 커서 어른이 되고, 가난한 이는 부자도 될 수 있지만, "여자는 일생 변함없는 여자"로 되어있는 한, 이 딱지를 면할 수 없다는 의미에서 성차별주의는 이 사회에서 여성에게는 카스트적 성격을 갖는다. 그러면 성차별주의의 핵심은 무엇인가? 그것은 "단지 여성이라는 이유" 때문에 사회에서 여성을 무시하고 제한하며 차별하는 것이며, 그것은 결국 여성을 통제하여 남성의 사적인 소유를 그 목적으로 한다.

역사에서의 인간의 궁극적인 목표란 "인간이 인간됨"에 있다고 할 때 그것은 인간의 자율성, 독립성, 주체성을 통해서 가능한 것이다. 그러나 현대사회에 팽배해 있는 성차별주의는 여성이 자율성, 독립성, 주체성을 이룩하는 데 절대적인 장애물이 된다고 단언할 수 있으며, 이 점을 꿰뚫어 보아 천명해 준 것이 75년 UN의 '세계여성의 해' 선포의 의도이기도 하였던 것이다.

그러나 실은 여(남)성 문제를 진단하는 것은 그리 간단치가 않다. 그것은 적어도 세 가지 측면에서 조명·분석해야 하는데 첫째, 성 모순, 둘째, 계급 모순, 셋째, 민족 모순 그리고 한국은 후진국이라는 특수성을 감안해야 하는 다중적 측면에서 고려되어야 할 것이다.

III. 여성, 빈곤의 새로운 이름

오늘날 우리가 사는 현대사회는 수천 년간 남성 중심의 가부장제 사회로 그 제도와 구조가 굳혀졌으며, 현대 산업사회를 지배하고 있는 자본주의 가부장들의 손아귀에 장악되고 있으므로 (대부분의) 여성들은 가부장제와 자본이라는 이중적 지배와 질곡에서 어려움을 당하고 있다고 하겠다. 그것은 곧 여성을 지배하는 자본과 이념이 가부장과 자본가에 의해서 규정되고 실천되며 현실화되고 있다.

이러한 현실을 정확히 반영하는 의미심장한 통계는 UN 여성위원회에서 이미 발표한 바 있다. 즉,

세계 총 노동시간의 3분의 2%를 해내는 세계여성 집단은 세계 총임금의 10분의 1만을 받고, 세계 총자산의 100분의 1만을 소유할 뿐이다.

이를 바꾸어 말하면 다음과 같다.

세계 총 노동시간의 30%만을 담당하는 세계남성 집단은 세계 총임금의 90%를 받고, 세계 총자산의 99%나 소유하고 있다.

이러한 여성 집단의 경제적 · 사회적 현실이 바로 여성에 대한 성차별주의와 남성에 대한 성우월주의의 결과물이며, 자본주의는 성차별(우월)주의를 활용하여 이윤 확대를 꾀하고 있다. 이러한 현상은 세계의 여성들은 일과 노동을 하면 할수록 의존되고 주변화되며 가난해지고 있음을 반증하며, 이런 현상을 최근 여성학계에서는 "빈곤의 여성화"라고 새롭게 명명하고 있다.

그렇다면 20여 년 전 성의 혁명을 들고나온 서구 여성 해방운동의 강력한 주장과 이념에도 불구하고 오늘날의 여성 현실이, 즉 사회의 주변화라는 현실이 변하지 않는 이유는 무엇인가? 여성을 사회 주변적 존재로서 유지시키는 기재는 무엇이며, 여(남)성 문제의 어떤 고리를 건드려야 하는 걸까? 서구의 여성 해방의 역사만 보더라도 정확한 고리를 잡아서 풀어오는 데 200여 년이 걸렸다. 여성의 교육권·선거권·노동권, 즉 삼권을 획득하기만 해도 여성 문제는 다 해결되리라 믿었었다. 그러나 여성의 고질적 문제는 또다시 제기되었고, 여(남)성 문제는 미해결인 채로 200년의 세월이 흘러 오늘에까지 연기되어온 것이다.

IV. 여성 억압의 고리

그러면 여(남)성 문제는 이 3권 획득 외에 무엇이 또 남아 있을까? 어느 고리를 건드려야 마침내 풀어지는 것일까?

이미 언급했듯이 인간이 인간되기 위한 조건으로서의 자율성·독립성·주체성은 요약하면 우선 다음의 두 가지 요소가 전제되어야 할 것이다. 즉, 노동과 성의 두 요소이다. 이 두 요소는 인간이 육체적·정신적·경제적으로 독립되고 자율적이며 주체적으로 서는 데 기본 불가결의 요소이다. 그러나 여성에게는 이 기본권이 전적으로 주어지지 않고 있다. 말하자면 남성이 여성에 대한 노동권과 성권(性權)을 장악하면서 이를 통제하고 있다. 여성의 노동과 성은 가부장에 의해 소유되고 사유화되고 있다는 말이다.

이 점이 바로 여성이 아무리 노동을 해도, 헌신과 공헌을 해도 가난하고 의존적이며 주변화된 채로 있어 온 역사적 이유이기도 하다. 이 점이 바로 여(남)성 문제를 푸는 핵심일 수 있겠다.

V. 역사를 밀고 가는 두 개의 수레바퀴: 노동, 성

인간 역사는 생명생산노동과 상품생산노동에 의해 유지·번영·발전
되어 왔다. 전자는 전적으로 여성에 의해, 후자는 남성(절반 여성들)에 의
해 수행되어 왔다. 그들은 상호의존적이나 생명생산노동은 모든 노동의
기초이자 전제된 노동이다. 그러나 가부장제 사회는 오직 상품생산만이
노동이요 생산이요 가치 있는 노동으로 간주하여 경제적·사회적 권위
를 부여하여 왔는데 비해 생명생산노동은 자연적 사적 서비스로 격하시
켜 경제적 가치를 부인하고 모두 사적 소유화하고 말았다. 그 결과가
사회와 역사에서의 여성의 경제적·정치적 무력화이며, 여성이 사회적
으로 주변적 존재로 격하된 이유이기도 하다.

VI. 여성은 남성의 "마지막 식민지"

여성은 역사적으로 아내와 어머니, 주부, 사무원, 여공으로서, 때로는
부불노동자로서, 저(차별)임금노동자로서 가정과 국가사회에 경제적으
로, 정서적으로 봉사하여 왔다.

이 위에서 가부장제와 국가의 번영은 가능하였고, 더 나아가 자본주
의의 잉여가치와 이윤추구는 가능하였다. 이런 현상에 대해 J. S. Mill은
또다시 지적하기를 "여성의 퇴보와 희생 위에서 남성과 국가의 번영과
발전은 가능했으니"라고 갈파하고 있다. 이를 가리켜 독일의 여성사회학

자인 베를호프는 "여성은 남성에게 마지막 남은 식민지"라고 꼬집고 있다.

그렇다면 이 지구상에서 여러 형태의 식민지는 이미 해방되었건만, 여성 식민지만이 유독 21세기까지 지속될 수 있었던 이유라도 있는 것일까? 그것은 어떤 힘일까? 요약하면 ① 성별 차이는 신의 조화요, ② 성역할 분담은 '자연적', ③ 여성-가정, 남성-사회라는 이데올로기 등이다. 즉, 여성-남성 간의 복종 지배적 관계를 자연적이요 조화이며 신의 섭리라고 믿고 실천한 종교, 경제, 철학 등 일절의 모든 가부장제 역사가 그 주범이다.

신이 설정한 여-남 간의 생물학적 차이를 사회적 · 경제적 차별로 둔갑시켜 버린 인간의 무지와 이기성과 탐욕이 그 두 번째 주범이다. 피부가 검거나 누렇거나(황인종) 하는 것이 인간 능력과 의식의 차이, 인격의 우열을 의미하지 않듯이 성의 다름이 여남 간의 인격의 차이가 더더욱 아님은 말할 나위도 없다. 인종이 다를 뿐이지 인격의 차이가 있는 것은 아니다. 그러나 최근래에 와서는 여-남 간의 상이점보다는 유사점이 더 많다는 연구가 나와 주목된다.

그러면 여-남 간의 생물학적 차이가 사회에서 어떻게 경제적 · 정치적 차별로 나타나는가 그 실례를 간단히 들어본다.

노동력 통제와 그 구조

한국의 여성 인구는 총인구 4,532만 명 중 49.8%로 남성보다 적다. (1990년) 여성은 전체 경제 활동 인구(1,797만 명)의 40.4%를 그리고 전체 취업자 수의 40.7%를 차지한다. (1989년) 미혼 여성 취업률(45.6%)은 기혼 여성의 취업률(46.8%)과 비슷한데, 이들 대부분은 저임금, 저생산, 비공식 노동, 서비스 산업 등에 집중적으로 취업되어 있다.

한국의 여성고용정책은 매우 성차별적이다. 우선 여성에게는 취업 기회가 제한되어 있고, 소위 '여성 직종'(여공, 파출부, 비서, 판매원 등)만이 개방되어 있다. 일의 특징도 보조적, 단기적, 주변적 허드렛일이며, 승진과 재교육의 기회도 매우 인색하다. 수입이 높고, 생색이 나며, 빛인 나는 일은 남성 점유물이다. 노동의 하이라키(Hierarchy)에서 여성의 밑바닥을 점유한다.

이러한 노동도 결혼 · 임신이라는 조기퇴직이 위협하고 있다. 여성의 제1차적 임무는 가정(부불노동)이라는 명분을 앞세워 불(호)경기의 진폭을 조정하며, 여성 세력의 도전을 약화시킨다. 산업 여성의 평균 노동시간은 월 222.3시간으로(31시간의 초과 근로시간) 남성보다 높으며, 일본 여성 근로자(161.1시간)보다 월등 높다(7.6시간). 여성의 임금 구조 역시 매우 빈곤선이다. 즉, 여성 근로자 총평균 임금은 월 336,879원이며, 남성 임금 639,578원의 52.7%에 지나지 않는다. 생산직 여공은 298,468원에 비해 사무직은 402,756원으로 상당한 격차가 있다(89년도 매월노동통계조사 보고서). 한국 여성 취업 구조의 특색은 "고학력 여성은 부엌으로, 저학력 여성은 일터로, 장시간의 노동자는 최악의 노동조건에서 최저의 임금을 받는 것"으로 요약될 수 있다.

여성의 사회 노동에서의 억압과 낮은 지위는 여성의 가정적 지위를 억압하고, 반대로 가정에서의 낮은 지위는 사회의 낮은 지위를 불러일으킨다.

VII. "Her-story"를 찾자(여성의 가시화)

그렇다면 여기서 잠시 가정에서의 낮은 지위를 주목해 볼 필요가 있다. 한국 주부 700만 명의 8시간 가사(생명)노동은 남성(편) 8시간 상품생산과 맞먹는 5,600만 시간이다. 미·기혼 취업 여성의 상품생산 시간을 추가하면, 한국의 가정과 사회를 이끄는 총시간 중 410억 시간이 여성에 의해, 220억 시간이 남성에 의해 수행된다.

노동시간뿐 아니라 노동가치를 추적해 보면 여기엔 엄청난 비밀이 숨어 있다. 한국 주부의 경제적 실정을 환산해 보면(한 달 가사노동의 가치: 88만 8천 원, 여성민우회 연구) 1년생 주부 약 1,000만 원, 10년 주부 1억 원, 20년 주부 2억 원이 넘는다. 700만 주부가 올린 경제적 값어치는 1년에 약 70조 원이라는 천문학적 수에 이른다.

이 숫자는 어디에도, 누구에 의한 기록도, 기억도 없다. 그래서 역사는 그 남자의 이야기(his-story)로 꾸며져 있다. 그 여자의 이야기(her-story)는 역사엔 없다. 그래서 여자가 안 보인다.

다수로 존재해도 소수로 주변으로 침묵해 있다. 막대한 재화를 계산한다면 지구의 절반, 나라의 절반, 사회의 절반, 가정의 절반은 여자의 몫이고, 여자의 공헌이다.

그러나 사회는 선언하기를 주부는 집에서 "놀고", "먹으며", "아무 일도 않고", "소비만 한다"고 한다. 여자가 하는 일과 노동이 안 보이므로 여자가 불가시해졌다. 여자가 하는 일이 가시화될 때 여성이 바로 보이기 시작할 것이다.

여성이 일터에서, 법에서, 정치에서 경시되고, 헐값으로 취급되는 이유도 바로 여기에 있다. 부부싸움과 가정 구타에서도 "무능한 마누라를 부양하는 가장이 좀 손찌검을 하기로서니…" 하는 남편의 당당함의 이유가 여기 있다.

부불의 가사노동이야말로 저(차별)임금과 여성의 이중 역할 부담을 정당화시키고 있다. 이는 더 나아가 매매춘의 발생을 촉진한다. 독일의 C. Werlhof 교수는 세계 경제질서에서 규명되지 않는 가사노동은 주부와 모성을 새로운 형태의 피억압 집단으로 만들었으며, 이는 곧 "주부의 프로레타리아화"라고 꼬집었다. 부불노동 이외의 생활 수단이 없어 남편만을 의존해야 하는 주부는 새로운 빈곤 계급으로 부상하고 있다.

생명생산노동은 인간과 역사의 조건에서 필수적이며, 대체 불가능한 근본적인 일임에 틀림없으나 남성 중심 사회에서는 여성은 주변화로 경험된다. 다시 말하면 여성은 근본적인 일을 하기 때문에 주변적인 존재로 취급되는 데에 역사와 인간의 모순과 아이러니가 숨어 있다.

사회에서의 성차별주의는 근원을 거슬러 올라가 보면 여성이 역사의 근본적인 노동을 담당하고 있기 때문에 유발되는 것이다. 예를 들어 여성들이 가사 · 육아 살림을 떠맡지 않은 남성이라면 성차별주의는 그 빛을 잃을 것이라는 말이다. 여성은 그 한 몸으로 역사의 근본성과 사회의 주변성 사이에서 갈등하며 그 모순을 가정과 직장의 이중 역할, 부불 · 저(차별)임금, 구타, 성폭행, 매매춘을 겪어내고 있다.

그러면 성 통제 측면을 잠시 보자.

성 통제와 구조

노동 통제에 의한 사회경제적 힘을 박탈당한 여성은 남성에게 경제적 의존을 할 수밖에 없는데, 이때 성적 예속─굴종─폭력의 현상이 수반되기도 한다. 그러므로 성에 대한 통제는 인간의 행동과 의식을 제한시켜 인간의 자율성을 포기케 하므로 결국 힘에 이르는 길을 차단시키는 것.

그러면 성 통제는 어떤 구조를 통해 일어나는가? 가부장제의 물적 소유는 (여)성이데올로기, 이중적 성도덕을 창안하고 정당화하기에 이르렀다. 이러한 이중성의 실천장이 곧 가부장제 결혼과 가정이라 할 수 있다.

(1) 성 통제는 결혼을 통한 출산의 통제이다.

여성의 지상 목표로 설정된 자녀(특히 아들) 출산은 가문과 부계 혈통을 잇는 상속인을 확보케 하는 것이다. 부계에 귀속되는 자(子)는 법적으로 모(母)의 소유는 아니라고 볼 때, 이때 성은 가부장의 것이며, 오직 출산의 도구적 역할을 하는 것(임신중절 한 해 120만 명).

(2) 성 통제는 순결(정절)의 통제이다.

여성에게 부과된 순결(정정) 이데올로기는 남성에게는 적용되지 않는다. 이러한 이중적 성도덕에서 가부장은 이중의 이득을 누린다. 하나는 자신의 상속인의 확인이요, 다른 하나는 외도 문화를 합법적으로 즐기는 것, 결혼의 입문을 거절당한 비순결 여성은 남성의 쾌락을 위한 성적 봉사를 강요받는 매춘 여성이 된다. 결국 정숙한 아내와 타락한 창녀를 품에 안은 가부장제 결혼은 정숙과 매춘을 품은 일란성 쌍생아이다.

(3) 성 통제는 강간과 구타로도 비약되며 정치적으로도 이용된다.

경제적·성적 예속화와 사유화는 강간과 구타도 독점한다. 성차별주의와 군사 문화가 결합했을 때 정치적 강간은 난무한다(권인숙 경우).

피해자에게 '죄인'의 오명을 씌우는 이중적 성도덕에서 일반범죄시에 피해자의 고발을 막기 위해 강간은 남용된다. 미국에서는 시간당 15명, 독일은 9명, 응답자의 99%가 강간의 위협을 일상적으로 느낀다고 고백한다(한국 형사정책연구소, 1990).

(4) 향락산업과 성의 자본화

출산과 매춘의 대상이었던 성은 이제 성산업(Sex-Industry)과 '대리모' 산업으로 국제화·자본화되어 가고 있다.

한국은 현재 45만 개의 향락산업이 번창하고 있으며, 도합 150만 명의 여성이 소위 '산업 기생'으로 종사한다. 향락업소의 매출액이 1년에 55억 달러(화대비는 1억 달러)이며, 이는 군사비와(GNP의 6%) 맞먹는 액수이다. 이제 여성의 성은 개인 가부장제 사유에서 국가사회로 넘어가 소유됨으로써 국고의 GNP를 불리는 원천으로 타락되어 가고 있다.

VIII. 결론과 전망

여성의 생명 생산과 남성의 상품생산노동은 인간사회와 역사를 유지시켜온 기본적 노동이다. 여성의 노동이야말로 모든 노동의 기초이자 근본적 노동이다. 이 근본적 생명 노동이 남성 개인과 가정, 자본가와 국가의 생명과 부의 근원의 역할임에도 불구하고 차별되어온 것은 가부장 사회의 무지 이기성과 탐욕에 근거하며, 자본주의는 그 원리를 활용하여 부를 맘껏 축적하여 왔다.

여성이 근원적 노동을 담당하기 때문에 일어난 성차별주의는 오늘날 여성이 산업사회에서 주변적 존재로서의 여러 갈등과 모순적 양상으로 나타나고 있다.

이 근본성과 주변성 사이에서 여성의 정체성 위기와 딜레마는 야기되고, 가부장제와 국가는 이 사이에서 끝없는 이득과 특권을 세습적으로 향유하고 있다.

그러나 여남이 한 단위인 가정 · 사회 · 국가는 이로 인해 그 도덕성이 좀먹어 들어가고 있으며, 총체적 힘은 반감되어 가고 있는 것이 오늘의 현실이다.

두 체제의 번영과 발전에 핵심적으로 기여함으로써 수탈된 여성의 성과 노동은 사회와 역사의 주변적 요소로 밀려났으나 여성의 삶과 생명력은 억압과 파괴 속에서도 생명을 다시금 살려내는 살림성과 근원성이 있음으로 해서 21세기의 주도적 가치와 도덕성으로 기대해 본다. 이 모든 것을 제 길로 회복하는 길은 새로운 가치와 체제 개혁을 주도해 가는 여성의 정치 세력화이며, 여기에는 신사고를 꿈꾸는 남성들과의 연대가 불가결이다.

현재 여성들이 남성과 힘을 합쳐 선결해야 할 일은 사적 차원에서 ① 가정에서 성역할 분담 지양, ② 자녀교육을 양성적으로, ③ 함께 서기 위한 홀로서기 연습, ④ 눈높이에서 대화하기, ⑤ 핵가정 문빗장 열기이며, 공적 차원에서 ① 저(차별)임금을 높이기, ② 탁아 운동 확대하기, ③ 성희롱 · 성폭력 상담하기, ④ 동일 노동조건 · 동일 노동 · 동일 임금, ⑤ 생명제일주의운동 · 평화 운동 등이라고 할 수 있다.

새 시대의 페미니즘과 생명 문화

I. 신문명의 대안은 페미니즘(여성주의)

인류 역사에는 하나의 불변하는 원칙이 있어 왔다. 그것은 그 세대의 갈등과 모순이 극에 다다르면, 새로운 에너지가 감돌아서 그 낡은 것을 치유하고 재편성하여 새 시대를 만들어 간다는 것이다. 영국의 경제혁명이 그러했고, 프랑스의 정치혁명이 그러했다. 이제 이에 버금갈 만한 역사적 사건이 20세기 말, 현재 우리의 눈앞에 펼쳐지고 있으니, 그것이 바로 '성의 혁명', 페미니즘의 등장인 것이다.

비등점에 달한 세기말적 부패를 거부하고 나선 페미니즘의 등장은 가부장제 사회원리로는 더 이상 가정도 국가도 현대 문명도 치유하며 이끌어나갈 수 없다는 한계점에 와 있음을 예고해 주고 있다. 그 한계점이 우리 주변과 국가사회 더 나아가 세계 각처에서 여러 모양으로 붉어지고 터져 나오고 있는데 공통점은 두 가지로 요약할 수 있다. 하나는 미시적 관점에서의 성차별주의 현상이고, 다른 하나는 거시적 관점에서의 생태계 파괴와 핵무기의 등장이 그것이다. 이 둘의 해괴한 몰골은 수천 년 동안 인간과 지구와 자연을 관리해온 가부장제에 대한 '파산 선고'나 다름없다.

한 마디로 오늘날의 정치 타락은 한 시대의 모순과 갈등이 집약된 현상이며, 새 시대의 도래를 예고하는 지나간 시대의 피날레임이 분명하다. 나라를 뒤흔드는 세기말적 부정부패는 정치에만 존재하는 것은 아니다. 경제·문화·종교·가정 등 각 분야에서 그 증상들은 심각한 지경에 이르렀다. 봄은 왔어도 새들은 더 이상 울지 않고, 자연은 사람들에게 더 이상 수유하기를 거부하고 있다. 여성들은 더 이상 성의 환희와 사랑의 기쁨을 노래하기를 그치고, 자본주의 시장에서 상품으로 일대 행진해 들어가고 있다. 드디어 인간이 너무 비대해져서 신들이 춤추실 공간이 없어져 간다. 휘황찬란한 현대 문명은 지금 서서히 종말을 고해가는 듯하다. 세상 어딜 둘러보아도 소위 성공·성취했다는 사람들조차 "사는 게 이게 아닌데…", "숨 쉴 구멍이 없다"고 호소하고 있다. 어찌 된 일인가? 어느 고리를 건드려야 확 트일까? 이러한 20세기의 어둠을 뚫고, 등불 하나를 들고 등장한 페미니즘이 동트는 21세기 아침에 그 대안들을 선언하고 나선다. 그 대안은 초라하기 그지없다. 우선 "어린이의 얼굴을 보라"고. 그리고 "21세기는 할머니에게 맡기라"고. 당치도 않은 말인 듯싶다.

어린이와 노인(특히 할머니)은 현대 문명에서의 가장 큰 덕목인 경쟁·공격성·소유·정복·탐욕 등 자기 확대증과는 거리가 먼 주변인들이다. 그러나 가만히 보면 어린이는 순수한 마음으로 가득 차 있고, 할머니는 초라한 겉과는 달리 생명이라면 껌벅 죽는 사랑으로 그 가슴이 빛난다. 생명을 가슴에 품는 자이며, 자신보다는 타인 위주로 사는 이들이 그네들이다.

새 문명의 시대의 주인공은 옆 사람, 이웃 사람을 행복하게 해주는 사람이며, 그런 사람이 새로운 인간의 모델이라고들 한다. 그런 의미에서 가난의 땅, 인도에서 꺼져 가는 생명들을 가슴에 품고 의연히 일어서는 할머니, 테레사 수녀는 동트는 문명 새벽녘에 우리에게 큰 의미로 다가온다. 나는 황금 지팡이로 축복을 빌어주는 교황보다는 죽어가는 이들을 껴안고 고뇌와 환희를 보여주는 그 할머니에게서 '빛'을 본다. 그 '오로라'를 문명의 전환점을 알리는 빛으로, 신호탄으로 우리는 볼 수 있어야 한다. 생명이 싹트고 쉬어 가는 '품', 생명이 쉬어갈 수 있는 곳, 할머니의 품, 모성의 손길, 여성(일부 남성)들의 생명 돌봄의 철학과 삶의 진가가 드러나는 20세기의 말기에 선 우리 여성들은 19세기 말기에 문명 청산을 나섰던 신여성들에게서 그 지혜와 실천력을 끌어다 새 인류 건설에 앞장서야 할 것이다.

한 생명을 키우는 데 "한 마을이 필요했다"는 미국 대통령 부인 힐러리의 말처럼 지금은 그 이상, 즉 한 생명을 사람으로 만드는 데 온 이웃과 온 우주와 온 자연을 끌어다 쓰는 시대에 우리는 살고 있다. 새 문명 시대는 이제 나와 이웃과 우주가 한 심장을 가진 한 몸이 되었다. 이웃을 살리는 것이 내 생명 살리는 (순)사랑의 원리로 점철된 것이 신문명의 새 얼굴이다. 백 년 입었던 낡은 옷, 천 년 썼던 공허한 언어, 이 천 년 사용한 도구와 제도들을 엄밀히 점검해 보자! 자! 동트기 전에…. "21세기는 대모(大母)에게 맡겨라."

얼마 전 미국 예일 대학 유학 중인 딸아이를 방문할 기회를 가졌었다. 나는 우연히 대학 캠퍼스에 걸린 한 플래카드를 우연히 발견하고 멈칫섰다. 그리고 놀랐다. "21세기는 대모에게 맡겨라"였다. 난 순간 "아하! 인류는 드디어 '깨달음'에 접근하고 있는가?" 내 가슴은 설레고 환희에 떨었다. 왜 그러했을까? 요즘 세상이 어떤데? 특히 여자가 젊고 아름답고 섹시하지 않으면 사람 구실도 못하게 되는 세태가 되어 가는데 늙은 할머니에게? 더구나 미국(서구)은 한술 더 뜨는 사회가 아니더냐? 그런데다 늙어빠진 할망구에게 21세기를 맡기라니, 말이나 될 소리냐!

할머니는 아무런 힘도 매력도 없는 오히려 애물단지로서 가정에서 외면당하고 국가에서도 기피하는 존재가 아니더냐? 그런데 할머니라니?! 나는 그러면 어떤 맥락에서 할매를 '깨달음'과 연결시키게 되었는가, 왜 할머니가 새로운 천년 21세기를 맡아야 된다고 주장하는 근거는 어디에 있는가? 결론부터 말하자면 죽음으로 침몰해 가는 현대 문명의 구원은 화려한(?) 자본주의·가부장제적 원리로서가 아니라, 그것들로부터 억압되고 소외되어 폐기 처분된 늙은 생명체에 있다는 역설 속에서 찾아야 한다는 말이다.

II. 현대 문명과 생명 파괴

20세기 현대 문명은 갈 데까지 다 간 문명이다. 막다른 골목에 처한 말세적 문명·문화라 할 수 있다. 온갖 실험과 실수를 통하여 물질적 풍요로움을 역사 이래 최대로 누리고 있으나 가장 중요한 인간과 생명을 담보로 하여 또한 역사 이래 생명-자연을 최대로 파괴시키고 있다.

그리하여 한 손에는 물질 혜택, 다른 한 손에 생명의 마모 현상의 모순 속에서 인류는 고통당하고 있다. 자연이란 어머니는 인류에게 수유할 것을 거부하고 있다. 마실 물, 숨 쉴 공기, 먹거리 등은 보약이 아니라 독으로 화가 나 있다. 지구전도 이제는 낭만적인 총원이 아니라 핵전으로 으르렁거린다. 대형 사고는 연일 터지고, 새로운 무서운 균(AIDS)이 탄생하듯 신종 범죄와 타락은 상상을 능가한다.

이전 화약고의 위험에 노출되어 있으면서도 위기의식이 얄팍한 것, 그래서 태평성대로 착각하게 하는 둔감성은 어디에서 오는 걸까? 그것은 역사와 신에 대한 막연한 믿음, 게으름, 무지에 의한 것이며, 편리성과

안일성이 또한 한몫을 한다.

우리 인류는 역사에서 어떤 의미의 '유토피아'에서 산다고 할 수 있다. 우리는 우리의 욕망, 소원, 탐욕을 즉시 채우는 시대에 살고 있다. 즉, "금 나와라 뚝딱" 세태를 즐긴다. 다시 말해 맛난 음식, 멋진 주택과 옷, 문명의 이기들, 여행, 환상 등등이 즉시 현실화되는 속도성, 다양성, 편리성 속에서 결국은 생명이 죽어가는 것을 못 보고 있다. 즉, 인간은 인간 효율을 챙기느라고 자연계(생명) 효율의 절대성을 놓치고 말았다. 이 현상은 30년 전에 '로마 클럽'이 경고한 바 있었다. 이런 식의 '사고와 개발'은 인류의 공멸을 부른다는 경고였다.

그러면 이런 식의 사고와 개발은 무엇이던가? 한 마디로 "돈이 된다" 면 무엇이나 수단 방법을 가리지 않고, 무엇이나 개발하여 상품화하여 팔아먹는 것을 가리킨다. 자궁의 상품화에서 전쟁 산업, 대외 전쟁까지 (월남전 종식은 윤리적 결단이 아니라 경제적 손익계산에 의해 종식된 것이다), 이 모든 그럴싸한 대의명분 뒤에 은폐된 것은 꼭 하나뿐, 그것은 이득—경제, 돈이다. 오늘의 문명 결산 보고서는 다음처럼 쓰고 있다. "맞다! 이 세상에서 신은 존재치 않는다. 오직 돈뿐이다." 그러나 돈보다도 어떤 의미에서는 신보다도 더 중요한 것은 인간(생명)인 것이다. 그래서 얼마 전에 이 침몰해 가는 지구 국가를 건지자는 명분으로 모여 '지속 가능한 발전'을 하자고 굳게 약속했건만, 파괴로 달리는 지구 속도는 그 누구도 막을 자 없는 '말세'에 도달하였다. 우리의 꽉 막힌 체증은 누가 어떻게 뚫어줄 수 있을까? 이때 할머니(大母)를 발상한 것이 핀란드의 평화연구가 갈퉁 박사였다.

III. 생명을 살리는 모성과 여성주의

할머니가 지혜와 생명의 힘으로 꽉 막힌 역사의 명치를 뚫어줄 수 있지 않을까? 치유자 대모, 돌봄의 대명사 할머니가 대안으로 떠올린 발상은 참 근사하다.

왜냐하면 할머니와 어머니, 여성과 아내는 평화시에는 잔잔한 '미풍'에 머물러 있기도 하나 위기 시에는 '돌풍'으로 전환되는 생태적 소질이 있다. 가난과 전쟁 국가의 위기 시에 생명을 살려내고, 사회 재건에 혁혁한 공로자는 남성 이상으로 여성들, 어머니들이시다. 그녀들은 역경과 좌절에서 인간을 구해내는 기술과 지혜로 탁월하다. 갈등 속에서 문제를 풀어내는 조화의 천재들이시다. 그녀들은 갈등(싸움)보다는 화평을, 지배보다는 협동을, 분리보다는 통합을, 독점보다는 나눔을 그리고 소유보다는 '존재'를 더욱 사모하기 때문이다. 전자가 남성주의적 산물이라면, 후자는 여성주의적 산물일진대 그것의 화신이야말로 생명을 잉태하고 자신 몸을 찢으며 출산하고, 허리가 휘도록 양육하여 '인간'을 만들어 내는 데 60년을 '곰살아 본' 할머니들이 아니겠는가? 타인을 위하여 봉사하고 헌신하며, 용서와 인내로서 인간 거목(巨木)들을 키워내는 데 전신 전력의 값진 희생을 마다않는 당당한 할머니에게서 오늘의 현대 문명은 생명을 되살리는 지혜와 철학, 용기와 헌신을 배워야 할 것이다.

주부는 세계를 "살림" ― 주부는 세계경제의 핵심이다.

이 세상의 음식은 누가 만드나?

이 세상의 집안일은 누가 치우나?

이 세상의 빨래는 누가 빠나?

이 세상의 아이들은 누가 키우나?

이 세상의 짊어지는 사람들은 누가 낳는가?

어느 날 모든 여성들이 일에서 손을 다 뗀다고 가정해 보자. 온 사회 구조가, 경제 제도가 흔들릴 것이다. 또 여성이 출산을 안 한다고 가정해 보자. 아마 역사는 막을 내려야 할 것이다. 그렇다면 세상만사 돌아가는 데 주축을 이루는 핵심은 우선 여자의 몸(자궁)이고 손발이 아닐까 생각해 본다. 세상은 공장에서 물건 찍어내는 일만 노동이고 생산이라고 단정했지 가사노동은 허드렛일과 노는 일이라고 규정해 왔다. 여성의 가사 노동은 보지 못 하였다(不可視)고 해서 가치가 없는 일(無價値)로 여겨져 왔다. 이 세상에 알려진 것이 있다면 그것은 오직 남자들의 공적뿐이었다. 여자는 가정을 위해 옷감을 짜고, 주방을 지켜왔다. 그녀의 등불은 밤늦도록 꺼지지 않는다. 그리하여 그녀의 노동은 그를 자유롭게 예술과 학부모 가치에 진력할 수 있게 해 주었다. 그 결과 그들의 공덕은 크게 알려지고 기록되었으나 그들의 뒤에 있는 그녀의 공로는 무시되었다. 여성은 보이지 않게 뒷전에 다소곳이 머물러 있어야 한다. 이것이 '여성적'이요 '부덕'이었다. 그러므로 여성의 역사(herstory)는 강탈당하고, 역사는 마침내 그의 이야기(history)로 이어져 왔다.

이렇게 여자들의 성취를 은폐하고 망각한 것이 바로 여성 차별의 근원인 것이다. 이제 여성학의 등장은 여성의 성취를 질량으로 측정하여 '여성 신화'의 허구를 파헤쳐 주고 있다. 즉, 가치 있는 일, 생산적인 일이란 공장에서 '죽은' 물건을 만드는 작업만이 아니라, 가정에서 온 식구의 생명을 살리는 '살림'에의 작업이 진정한 '생산'이라고 단정지었다.

그리고 인간의 노동이란 얼마만 한 화폐가치로 전환될 수 있는가에 따라 규정할 것이 아니라, 얼마만큼 인간의 행복과 복지에 기여하고 있는가에 따라 측정해야 한다는 새로운 선언을 하고 있다. 가사 일을 시간으로 환산을 해보자. 여성들이 일하는 시간은 남자의 약 두 배가량이다 (필자의 논문 "가사노동" 참조). 다른 나라도 이와 흡사한 실정이다. UN여성 위원회에서도 "세계 노동의 1/3과 세계 노동시간의 2/3는 여성이, 그러 나 세계 임금의 1/10, 세계 자산의 1/100은 여성이 차지한다"는 보고를 낸 적이 있다. 장시간 노동에 저임금 · 무보수 일이 바로 여성 특유의 무력함을 결정짓는 요소이다. 그러면 주부의 가치는 얼마나 될까? 지난 10월 8일 서울 YMCA에서 여성(김애실 교수)들이 모여 산출해 낸 주부의 (한 달) 가사노동 값어치는 월 16만 원에서 46만 원 사이였다.

줄잡아 한 달 30만 원이라고 환산을 해보니 결혼 생활 1년 된 주부는 360만 원을, 10년 된 주부는 3,500만 원, 20년 된 주부는 4,200만 원, 30년 된 주부는 1억여 원이 생산과 업적을 사회를 위해 올린 셈이다. 한 여성의 일생을, 여성 대대로 해온 가사노동, 그것도 세계 모든 주부들 의 가사노동의 성취는 천문학적인 수치를 헤아린다. 온 주부에게 돌아와 야 할 재화와 화폐가치를 주부들은 포기하고 사회에 헌납한 셈이다. 이 렇게 주부에게 돌아와야 할 재화는 차단되어 여자는 "남자 없이는 못 살게" 되었고, "여자는 약하고, 여자는 열등하다"는 신화는 창조된 것이 다. 이 신화는 허구이다. 그리하여 노동시장에서는 늦게 고용되고도 먼 저 해고당하며, 차별 임금이 정당화된다. 모성을 찬양하다가도 이혼 시 에는 아이들은 아버지 독차지라던가, 가사노동의 공적은 인정되지 않아 상속도 분할도 없이 다 남자에게 귀속된다. 엄청난 재물과 시간이 착취 되어 여자는 남자에 기식하지 않으면 빈털터리가 된다.

현대사회의 새로운 형태의 프로레타리아는 (전세계의) 주부들이다. 가 사노동을 개혁하지 않으면 여성의 프로레타리아화는 계속될 것이다. 여 성 노동의 피라미드 위에 남성 가부장들이 우뚝 솟아 군림하며, 명령하 고, 재판한다. 그들은 마치 초인간적 지혜와 막대한 권력을 가진 것처럼 보여지나 실은 나약한 여성의 땀과 노고가 기초가 되어 있다. 이 기초가 흔들리면 부권과 자본주의 사회는 근저에 충격을 받게 될 것이 분명하다. 여성의 신비만을 찬미할 뿐 여성의 역사가 기록되지도 인정되지도 않은 숨은 이유가 바로 여기에 있는 것이다. 그러므로서 가사노동은 무시당하지 않고 가장 생산적인 일로 인정받는 사회가 올 것이다.

현대 여성 해방운동의 실태와 전망

I. 서론

여성이 해독(글 읽기)하기 시작할 때 이미 여성 해방 의식은 잉태되기 시작하고, 여성을 억압하는 곳에 이를 거부하는 운동은 일어나기 마련이다. 그러나 항거나 운동도 어떤 조건이 성숙해야 '싹'이 튼다. 즉, 억압+의식+주체→운동으로, 독일 여성 운동은 경제적 원인으로 촉발됐다면, 영국은 정치적, 이태리는 문화(교육)가 그 주원인으로 작용하였다. 조선에서는 민족 문제와 아울러 성(gender) 문제로 인해 여성 운동이 촉진되었다고 할 수 있다.

21세기의 여성(남성) 문제를 겨냥한 한국의 현대 여성 운동의 시기를 우선 해방 이후(1945~90년) 45년으로 잡고, 이를 세 단계로 대별해 보았다. 즉, 군정기(1945~48년), 독재기(1950~70년대), 산업화기(1980년대)에 있어서의 여성 단체 활동과 여성 해방의 진보적 운동은 법과 제도와 국가

---

* 손덕수, "한국의 현대여성(해방)운동의 실태와 전망," 「여성문제연구」 20 (1992): 105-122(효성여자대학교 사회과학연구소, 별책).

의 요구와 지배에 어떻게 각각 대응히고 반응히는기를 보았다.

한국의 여러 역사적 과정, 식민지-해방기-독재기-산업화기 등의 변동기를 거치면서 그 시대마다 정치·경제·문화적 상황에서 여성 운동은 시대의 요청과 여성 대중의 욕구를 얼마나 수렴하고 대변하였고, 이를 관철하기 위하여서 어떤 이념과 전략을 사용하였으며, 그들의 목적은 어느 정도 달성하였는가를 보았다. 그러나 자료와 연구물의 제한성으로 극히 평면적인 서술의 단순성을 피하지 못하였다.

지난 반세기 간의 여성 운동을 개념화·범주화함에 있어서 사건과 이슈 중심의 평면적 서술의 단순성을 피할 수 없었던 것은 크게 보면 첫째로 역사적으로 조선과 한국의 역사는 식민지적·정치적 탄압과 독재만 있었을 뿐 어느 시대에도 "정치적 실험"[1]이 존재하지 않았으며, 둘째로 여성 해방운동에 대한 종합적인 분석과 철학을 토대로 한 자료나 축적된 연구물의 절대적 부족에 기인한다. 끝으로 필자의 미숙성도 한몫할 것이다.

본 논문은 주로 1980년대 중반부터 쏟아져 나왔던 단체에서 발간된 출판물, 잡지, 소책자, 성명서 등의 자료들도 참고로 하였다. 여기에 언급된 여성 운동의 기록 역시 치열하게 일어났던 1970~1980년 여성 노동운동의 극히 일부분에 지나지 않은 것이다.

한 시대의 역사와 운동(史)을 서술한다는 것은 그리 수월한 일은 아니다. 사건이 다양하고 복잡적이므로 서술자의 관점이나 철학, 가치관에 의해 같은 사건이라도 전혀 다르게 조명될 수 있기 때문이다. 서술자의 입장은 자주화, 사회의 민주화, 여-남의 평등화를 주장하는 한 페미니스트의 입장임을 밝힌다.

---

1 서구의 경우에서처럼 Socialism, Marxism, Feminism, Utopianism의 이념적 혹은 정책적 실험을 의미한다.

II. 여성(해방) 운동의 사회적 조건
: 한국 여성 운동을 보는 관점

한국 현대사는 강대국의 침탈, 남북분단과 독재정치, 후진성 빈곤과 독점재벌의 횡포로 점철된다. 1945년 일제에서의 해방의 기쁨은 곧 미군정의 점령으로 대체되었고, 미군정은 자주적·민주적 독립 국가의 건설을 저지시키면서 친미적 자주, 자본가 중심의 남한만의 단독 정부를 지지·지원하였다. 이런 과정에서 남한의 경제는 미국 자본주의에 종속되고, 정치는 반공, 식민지 종속형 사회의 특성을 갖게 되었다. 여성(해방) 운동은 그 민족과 사회가 처한 여건에 따라서 그 전개 방향과 내용이 달라지고, 사회구조의 변화에 따라 여성 운동의 이념과 방향도 달라져 왔다. 따라서 한국 현대 여성 운동사는 선진국(자본주의)의 여성 운동과는 그 성격과 흐름을 달리한다. 자본주의 선진사회에서의 여성(남성) 문제는 계급과 성의 두 가지 모순의 해결이라는 과제를 갖지만, 후진국형 자본주의 사회에서의 여성 문제는 다음의 세 가지, 즉 계급 모순, 성 모순, 민족(후진국) 모순이라는 삼중고의 모순을 풀어야 하는 무거운 과제를 짊어지고 있다.

그러면 한국 현대 여성 운동사를 어떻게 이해해야 하는가? 여성 해방 이념은 크게 보면 인간(여성)해방과 사회해방의 양면성에서의 해방에서 출발해야 할 것이다. 즉, 여성 문제의 해결은 성차별과 불평등을 정당화하는 여성 열등성·예속(의존)성에 뿌리를 둔 가부장제 이데올로기에서 해방 그리고 여성의 저임금과 무임가사노동에서 무한한 이윤을 취하는 자본주의의 극복에 있다. 이러한 부권과 자본에서의 성차별주의(Sexim)를 극복하는 여성 인간해방은 사회해방, 즉 계급·빈곤·민족(외세) 모순을 떨쳐버리는 사회운동과 연대를 하면서 상호연관성을 가져야 한다고 본다.

부권과 자본에서의 해방의 세부적 내용은 노동 통제, 성 통제, 법을 통한 통제로 요약될 수 있다. 이런 과정에서 보면 여성은 남성과 다른 사회적 존재 영역과 조건을 가졌기에 여성 운동은 여성 고유의 영역과 운동의 독자성을 고집하되 타 운동과 연대성을 통해 전체와의 통일성을 잃지 않아야 할 것이다.

여성에 대한 세 분야에서의 통제와 지배는 부권과 자본과의 관계뿐 아니라 그 둘과는 연대 및 갈등 관계를 맺고 있는 국가와의 이해관계에 의해서도 다르게 나타난다.

여성의 억압과 차별의 극복을 주장하는 여성(운동)의 이해관계는 그러면 부권·자본·국가와의 그때그때의 이해관계와의 충돌과 합의점에서 어떻게 성취되었으며 혹은 좌절되었는가? 여성 운동의 주체·대상·목표는 무엇이었으며, 여성 대중들의 문제를 얼마나 인식하고 대안을 제시하였는가? 정치운동으로서의 여성 운동의 성격은 어떠하였으며, 운동의 지향점은 무엇인가? 이러한 관점에서 여성 운동을 고찰하면서 해방 이후 45년간의 한국 여성 운동을 편의상 세 단계로 나눠 간단히 요약한 뒤 1980년대 이후의 여성 운동을 중심적으로 다룬다.

1) 미군정기하의 여성 운동의 진출과 좌절(1945~48년)
2) 독재하의 어용적·자선적 여성 단체 활동(1948~70년)
3) 여성(해방) 운동의 태동기와 그 발전(1980년 이후)
4) 사회 변혁운동으로서의 성차별 철폐 운동과 평화 운동
5) 여성 운동의 성과와 과제

III. 독재하의 분열된 여성 단체와 여성 운동

1. 미군정하의 여성 운동의 진출과 과제

일제 식민지에서 해방된 조선인의 감격이 사라지기도 전에 한반도의 '해방군'으로서 상륙한(1945. 9. 7.) 미군은 국내에 이미 조직된 망명정부나 인민공화국 모두를 부인하고 미군정의 통치권을 확립시켜 나가기 시작했다. 우리 조선인으로서는 새로운 독립 국가를 자주적으로 건설하려는 희망과 기대는 수포로 돌아갔으며, 여성 운동 역시 이러한 흐름과 궤를 같이하였다.

그러나 해방 직후 여성 운동의 분출은 일제 치하에서 억눌려 왔던 운동의 축적인 민족·계급·성적 모순이 자유와 해방을 향한 에너지로 아무도 막을 길 없는 불길처럼 솟아올랐다. 해방 즉시 결성된 '건국부녀동맹'2(1948. 8. 17.)에는 좌우익 여성 지도자들이 총망라된 '조선부녀의 유일한 대표적 조직'이었으나 한 달도 못 되어 일부 지식인 여성들의 탈퇴로 분열되었고, 이는 곧 '조선부녀총동맹'(부총, 1945. 12. 22.)으로 개편되었다(부총은 1947년 '조선민주여성동맹'으로 다시 개칭된다).

그러나 유감스럽게도 미군이 점령한 1947년(9월 7일)부터는 여성 운동 단체들이 좌우익의 입장으로 분열 대립하게 되었으니 우익 계열의 '전국여성단체총연맹'과 좌익 계열의 '전국부녀총동맹'으로 갈라졌다. 그럼에도 불구하고 양진영의 여성 운동 단체의 강령은 "조국의 자주독립, 국토의 남북통일, 세계여성과의 제휴" 등 남녀 통일의 남녀 해방과

---

2 조직 취지문은 인간해방과 사회해방의 양면적 해방을 강조하고 있다. 즉, 조선 전국적 문제가 해결되야 여성 문제가 해결되며, 동시에 여성 문제가 해결되지 않으면 나라 문제도 해결되지 않을 것임을 경고하고 있다.

남북통일의 독립 국가를 갈망한 것이다.[3]

　미군정기하의 여성 운동은 급진적 여성 지식인의 공허한 구호가 아니라 여성 대중들의 이해와 요구에 근거한 것이었다. 특히 '부총'이 내건 행동강령은 40여 년이 지난 오늘날의 여성 해방운동의 요구사항 바로 그것이나 다름없는 것이었다.[4]

　부총의 조직적 기반은 모든 계층 여성을 망라한 폭넓은 것이었다. '맹렬여성' 200만 명을 확보하자는 기치를 걸고(당시 여성 인구의 10%) 전국적 조직에 들어갔다(148개 단체와 대표 458명이 모여 도, 시, 군, 면, 읍, 리에 분회를 두었다).[5]

　미군정에 의해 자극되어 결성된 '민주여성동맹'의 남녀평등권인 여성선언의 요지는 경제·노동·법의 평등만이 아닌 성과 사랑과 가정에 있어서의 평등과 민주화가 주장되었다. 1945년 9월에 조선 최초로 결성된 '여자국민당'(당수 임영신)의 여권 신장은 특히 성 모순과 억압에 주목하고 있다.[6]

　이러한 용감하고 과감했던 여성 해방운동의 주장은 해방 직후 수년

---

3 근 반세기가 되도록 이러한 염원은 미결인 채 계속되고 있다.

4 ① 남녀평등 선거권과 피선거권, ② 여성의 경제적 평등권과 자주성 확립, ③ 남녀 임금 차별제 폐지, ④ 8시간 노동제 확립, ⑤ 산전산후 각 1개월간의 유급 휴양제 확립, ⑥ 탁아소, 산원, 공동식당(세탁소), 아동공원 완비, 공사창제 철폐, 인신매매 철폐, 보자보호법 제정, 봉건적 결혼제 철폐. 부총이 우선적으로 요구한 공사창제 폐지는 미군정(하지 중장)에 제출되었고, 이는 1948년 2월에 폐지실시법령(제70호)은 공고되었으나 미군에 의한 강간 사건 등으로 여성 단체와 여학생 대표는 '공창폐지연맹'을 조직하는 등 강력한 항의를 하였다.

5 이 운동에 참여한 여성은 기/미혼 여성, 도시/농촌 여성, 주부/취업여성, 학생/무직 여성, 노동자, 식모, 침모, 접대부 등 총망라하였다.

6 ① 축첩·중혼 금지를 요구한 일부일처제의 결혼법과 이어서 "축첩자 입각반대 성명서" 발표, ② 간통죄는 일벌주의에서 쌍벌제로 할 것, ③ 부인의 독립된 재산소유권을 인정하는 부부별산제를 건의함. 이러한 요구는 1948년 7월 17일 공포된 대한민국 헌법에 수렴되었다.

사이에 표현되었던 해방 이념과 사상이었을 뿐 실천된 것이 아니었다. 그 결실이야말로 오랜 시간이 필요한 것이다. 그러나 이러한 여성 해방의 구호나 선전 활동도 미군정하의 간섭과 통제로 말미암아 역사적 과제를 다하지 못한 채 좌절되고, 단절의 역사를 걷지 않을 수 없게 되었다. 왜냐하면 미군정에 의해 야기된 좌우 양 진영의 대립과 갈등으로 변혁적 여성 운동은 역시 그들의 조직력, 투쟁력, 헌신성이 여성 운동 사상 최대의 쟁점을 이뤘음에도 불구하고 체포, 투옥, 사살, 월북 등 여성 운동 사상 유례가 없는 유혈로서 막을 내리게 되었기 때문이다.[7]

잔혹했던 일제 치하의 지하에서 다져온 민족해방 · 성해방이라는 싹은 (일제)해방적 후 단 몇 년간 햇빛을 보았을 뿐 미군정 치하 6 · 25전쟁 및 이승만, 박정희 독재정권까지 근 30년간의 기나긴 동면을 했어야 했다.

2. 독재하의 어용적, 자선적 여성 단체 활동

그러면 1950년대 이후 1980년 전까지 독재정치와 군사 문화에서의 여성 운동의 실태는 어떠하였는가? 남북(민주-공산) 양 진영으로 분리된 남한의 정치적 강령은 반공-친미적 보수주의 노선이었으며, 정권 유지 차원에서 내건 북진통일, 승공통일에 전국민적 단합을 호소 · 강요해온 정권이 불가피하게 필요로 했던 것은 독재적 가부장적 권위주의였다. 정권을 위한 국시는 모든 인권에 우선시되었으므로 사회 · 여성 개혁을 위한 모든 이념과 행동은 통제되고 금기시 여겨졌을 뿐 아니라, 6 · 25동란으로 인한 인명 손실 재산 파괴는 인간의 일차적 욕구인 생존권 문제 해결에 급급케 했다.

---

7 이승희, "한국 현대운동 단체사," 현국여성연구회, 『여성학 강의』(서울: 동녘, 1991), 307.

그러면 구체적인 활동을 보자. 남한만의 단독 정부가 수립된 후 여성운동의 개시는 '대한부인회'였다(1949. 5. 1). 단체의 강령은 파괴된 새나라 건설에 초점을 두면서 생활 개선, 문맹 퇴치, 반공과 예의범절 교육이었다. 대한부인회는(남북통일이 될 때까지) 정치와는 절대 무관한 순수여성단체임을 표방하면서 군경원호 불우여성돕기 등을 선전하였으나 실제로는 여권 확보보다는 우익 정치운동에 여성들을 동원하는 활동에 치중했다. 그것은 이승만 정권에 의해 친일적·친미적·반공적 여성 지도자들이 발탁되었고 또한 여성 단체들의 조직과 통합·정비에 이르기까지 행정관서의 통제와 지원에 의존했기 때문이다. 즉, 조직 자체가 위로부터 만들어졌으며, 그 결과 정부 정책을 실시하는 데 여성 선동과 조직과 동원에 앞장서지 않을 수 없었기 때문이다.

대한부인회는 여성 문제 해결을 위해 노력하기보다는 친여 단체로서 동원, 봉사, 자선 활동적 성격에 국한되었다. 정권에 의해 주도된 운동 단체는 정권과 운명을 함께 한다. 5·16군사쿠데타가 나고 사회단체가 해체되면서 여성 단체 모두가 해체되었다. 해체된 대한부인회는 1964년에야 비로소 '한국부인회'로 개명한 후 재개업을 시작할 수 있었다.

1972년 박정권은 유신독재의 장기화를 강화시키는 데 있어서 여성 지배와 통제의 수단으로서 새마을부녀회를 창설·조직, 선전·홍보를 시도하였다. 또한 새마을 여성정책(1971)에 따라 여성 단체들은 자기 고유의 독자성을 포기한 채 새마을 부녀운동 단체에 재편되는데, 예를 들면 한국부인회는 160만 명(3만 개소)의 회원을 이끌고 '새마을 부녀회'로 개칭 변신하기에 이르렀고, 한국여성단체협의회(26개 단체 가입), 전국주부교실중앙회 등 역시 새마을 주부 운동의 조직적 기반이 되어 식생활 개선, 소비 절약 계몽 등 정부 시책을 주부에게 적극 선전·홍보하는 일을 하였다.

이들은 또한 관주도의 인상을 씻고 민간여성의 자발적인 새마을운동을 보이면서 이를 범국민적 운동으로 확산시키는 데 주도적 역할을 하였다. 한국 여성 단체들은 1970년대까지 관변 단체적 성격을 벗어나지 못한 채 정권의 기간 단체화하여 독재정권을 위한 여성 동원과 교육에 앞장섰다.

민중과 여성이 당하는 후진적 빈곤, 노동의 악조건, 가부장제적 법제도, 이중적 성의 모순과 부당함 등 여성이 당하는 2중, 3중의 고통인 여성 문제 해결에 주력해야 할 여성 단체들은 어찌하여 정권의 시녀가 되어 민중 여성들의 삶을 외면하였는가는 오늘날 여성 운동과 단체들에게 깊은 반성과 함께 역사적 교훈으로 삼아야 할 것이다.

IV. 1970년대 여성 해방운동의 태동기

1970년대는 세계여성(해방운동)사적으로나 국내 여성 운동사적으로나 일대 전환기를 맞이한 10년의 해이기도 하다. 즉, UN의 '세계여성의 해' 선포를 통해 '여성 문제'의 '세계문제화'를 공식적으로 공표한 해이며, 국내적으로는 근우회(1929년) 이후에 단절되었던 한국 여성 운동의 맥이 다시 연결되어 본격적 여성 운동이 태동되는 해이기도 하다.

1970년대는 크게는 다음 세 개의 여성 운동이 주류로 시작된다. 즉, ① 생존권 쟁취를 위한 여성 노동자 운동, ② '세계여성의 해' 선포에 따른 한국 여성학 이론 및 연구의 기초적 작업, ③ 중산층 여성을 주축으로 한 성차별 철폐 운동.

1. 생존권 쟁취를 위한 여성 노동자 운동

이미 언급된 것처럼 1970년대 군부독재가 더욱 강화되면서 여성 노동자에 대한 감시와 탄압은 가중되었고, 이에 여성 노동자들의 열악한 노동조건과 기아적 저임금의 개선을 위한 생존권 투쟁은 필사적이며, 극한 상황에까지 치달았다.

이들 1970년대 여성 노동운동의 특징과 양태는 크게 세 가지로 분류되는데,[8] 첫째로 노조가 없는 상황(있어도 어용노조)에서 여성 노동자들이 중심이 되어 독자적으로 노동의 악조건 개선을 위해 싸운 경우이다. 예를 들면 체불임금 및 잔업수당 지급, 법정 휴일제 실시를 관철시킨 대한모방(1973), 해태(1976, 1979), 방림, 남영나일론(1977) 여공들의 투쟁이 그것이다.

둘째, 어용(男)노조를 민주노조로 만들거나 민주노조 결성, 이를 성공적으로 운영하는 데 앞장섰던 경우, 즉 노조 부녀부가 뭉쳐 노조민주화에 성공한 호남전기(1976~79), 민주노조 와해 공작에 맞서 싸우다가 똥물 세례를 맞으며 이룩한 노조 결성(인천동일방직, 1975), 신민당사에 농성시위(1979)에서의 여공 김경숙 씨의 죽음을 불사한 항거 등은 결국 유신체제 종말의 기폭제가 되었다.

셋째, 노동자의 최저 생존권 확보가 중요한 주요 공동과제였으나 한편 여성 노동자의 특수 문제에 눈을 뜨고 권리를 쟁취한 경우, 즉 결혼 임신 퇴직 철폐, 출산휴가 60일 쟁취, 탁아서 설치를 모색(콘트롤데이타, 1976~77)한 경우 등으로 분류된다. 그 외에도 동일방직 노조는 1972년에

---

8 김지수, "한국여성노동운동의 현황과 과제," 한국여성연구회, 『여성 2』 (서울: 창작과 비평사, 1988), 298.

여성 지부장을 선출, 생리휴가 등을 쟁취하였다.

1970년대 여성 노동자들은 이념과 조직적 연대에 있어 한계와 미성숙성을 가질 수밖에 없었으나 살벌한 노동운동의 최선봉에서 최선의 투쟁을 하였다. 이들은 숨 막히는 탄압 속에서도 민주노조를 만들고 지켜냈으며, 남성 노동자들이 폭발적, 전투적, 일회적으로 운동과 투쟁을 끝나버렸던 것에 비해 여성 노동자들은 지속적·단계적으로 이를 이끌어왔으며, 그 치열함은 세계 여성 노동자 투쟁사에 기록할 만하다.

1980년대 여성 노동운동은 1980년의 '정치적 봄' 민주화 열기가 전국에 넘치고, 유화 국면이 전개되자 노동(男)운동이 폭발적으로 고양된 것과 궤를 같이한다. 노동쟁의만도 무려 2,200여 건(1979, 105건)에 도달했고(정부 발표), 투쟁 형태도 농성, 파업이 주류를 이루는 등 그 격렬한 양상은 치열함에 있어 유례가 없는 것이었다.

노동운동이 격양된 가운데 역시 1970년대 민주노조 결성의 경험과 조직 역량을 축적했던 여성 노동자 운동도 활기를 띠기 시작하였다. 우선 29%의 임금인상과 퇴직금제의 실시를 관철시킨 청계피복 노동운동, 3천 명의 노조가 모인 노동기본권 확보를 위한 전국궐기대회에 여성 노동자가 주축을 이뤄 전국 서명운동 전개, 노조민주화(어용 퇴진) 요구 등 눈부신 투쟁을 하였으나 회사·정부·계열사 탄압과 강제해고로 여성이 중심이 된 민주노조들은 깡그리 해산·파괴되고 말았다. 결과적으로 볼 때 여성 노동자들의 투쟁은 자연 발생적으로 일어난 그러나 외부와의 연대 없이 개별성을 극복 못한 채 수세적·방어적으로 그때마다 임의로 대응하였던 것이다.

1985년 이후 여성(男)노동운동의 특성은 연대 활동 및 여성 특유 문제에 대한 자각으로 요약될 수 있다.[9]

대중적 기반을 다지기 위한 노동(노조)운동의 탄압에 맞서면서 10개

사업장 3천여 명이 연대파업 투쟁에 돌입한 것은 두 가지 면에서 전환기적 의미를 지닌다. 하나는 개별적 사업장을 뛰어넘어 연대투쟁을 현실화했다는 점과 탄압 규모의 정도가 엄청나게 확대됐다는 점이다.

여기서 특기할만한 점은 1970년대의 개별적 분산성을 극복하고 연대투쟁으로 전환하는 과정에서 여성 노동자들이 주요 역할을 담당했다는 사실이다. 이들이 바로 1970년도 민주노조운동의 주축을 이뤘던 여성들임을 밝힌다.[10]

여성 노동자들의 운동 역량은 여기서 멈추지 않고 '85 근로여성대회'라는 형식을 빌려 여성끼리의 연대 공동 작업을 시도하여 여성 노동자로서 동질감과 연대감을 과시했으며,[11] 이것은 노동운동에서 여성 노동자 문화의 중요성을 제기하는 계기가 되었다.

이러한 연대 공동 작업은 12개 타 여성 단체와 18개 여대생회와의 연대 활동으로 이어졌는데 이는 개개별의 차원을 극복하고, 여성 운동과의 연대운동의 틀을 마련한 최초의 시도였다고 할 수 있다.[12]

타 여성 운동체와의 연대 활동을 통해서 여성 노동자들의 '여성(남성)문제'에 대한 특별한 각성과 함께 여성 독자적 조직의 필요성이 제기되었다는 점이 부각 된다. 다시 말하면 노동(운동)영역에서의 성차별주의(Sexism)에 대한 각성과 요구는 10여 년의 생존권 투쟁을 거친 후에야 비로소

---

9 한국노동자복지협의회(한노협 1984년 3월 10일 창립)의 창립선언문: "… 비조직적이고 고립분산적인 한계를 극복하고 노동운동의 주체성, 통일성, 연대성을 드높이고자…."

10 김지수, 앞의 글, 303.

11 비록 1회에 그쳤으나 7개 사업장 노조원 25,000명 참가하여 여성 자의식, 주체성 확립에 기여하게 된 사건이다.

12 1985년 6월 여성의 전화, 여성평우회, 한국여신학자협의회 등이 여대생 간부들과 함께 '복지추진위원회'를 결성하고, 톰보이 불매운동(5개월)을 전개하였다.

일어났던 것이다. 각성의 결집으로서 1987년 3월 '한국여성노동자회'가 창립되었다. 이의 탄생은 여성 노동운동이 사회운동의 본궤도에 동승함으로써 공식적인 대표성을 인정받게 된 것이다.

잇따라(1989) 여성노동자회는 부산, 광주, 부천, 성남 등지에 연이어 창립되었다. 이 회의는 (성)차별정책, 모성보호, 성폭행 등의 문제를 본질적으로 검토·토론·제기하기 시작하였다. 이외에도 노동운동이 치열할 시 노동자 부인의 '가족투쟁'이 특기할 만하며, 소몰이 시위(1985), 고추싸움을 필두로 1989년에는 전국 여성농민회가 발족되었다. 결론으로 말하면 1980년대 전후의 여성 노동자 운동은 다섯 가지의 단계로 분류된다.

1) 생존권, 평생노동권 확보, 임금인상 및 민주노조 건설을 위한 투쟁.
2) 여성 차별정책 철폐의 요구.[13]
3) 여타의 여성 해방운동 단체들과의 연대 활동.
4) 여성 노동운동의 독자적 조직의 필요성 및 건립.
5) 노동자 가족들의 연대 투쟁.

위와 같은 성과는 여성 노동운동의 양·질적 발전을 의미하며, 앞으로의 과제는 산업자본주의의 계속적 부산물인 저임금과 실업과 함께 시간제 노동을 통한 수탈을 어떻게 대중 여성의 욕구에 맞게 풀어가고 조직·유도하느냐 하는 것이다.

아울러 노동문제와 여성 문제를 동시적으로 해결할 것인가 아니면 우선순위를 정해야 할 것인가 하는 것이 중요한 문제로 제기된다. 말하

---

13 차별정책의 철폐의 요구는 다음과 같다. 남녀 차별 임금 철폐(태광산업), 남녀 휴식 시간 차별 철폐(국제상사), 상여금 남녀 차별 대우 반대(한일합섬), 가족수당 남녀 동일 지급 요구(경원세기 기계), 여사원 장기 근속 수당 지급(현대중공업).

자면 계급 모순이냐 성 모순이냐의 헤묵은 논쟁거리이다. 노동 운동 내에서 여성 노동운동이 그 독자성을 주장하되 전체 노동운동의 역량 강화에로 그리고 민족민주운동의 지도성을 강화하는 데 기여해야 하며, 여성 운동 내에서는 가장 선도적 주체적인 부분으로서 여성 운동의 방향을 제시해야 할 것이다. 즉, 양 운동은 분리된 것이 아니라 동시적으로 제기되고 해결되어야 한다.[14]

2. 범가족법 개정 운동의 시작

대한민국 헌법 제11조에는 성에 대한 근거 없는 차별과 우대를 국법으로 금지함을 선포하고 있다. 그러나 가부장제 원리가 사회의 지배 원리가 되어 있는 한 여성들은 헌법의 허위성과 이중성에 현실적으로 시달리며 고통과 부당함을 감내해야 한다.[15]

이러한 성차별과 부당함에 있어서 여성의 눈이 뜨기 시작한 1970년대는(이미 언급된 것처럼) 한국 여성 노동자의 생존권 쟁취가 시작된 해이기도 하고, 국제적으로는 여성 해방운동이 고조되기 시작한 시기이기도 하다. 특별히 UN이 선포한 '세계여성의 해'는 한국 여성계(와 정부)에 대해 여성 지위 향상에 관심과 연구를 갖게 하는 촉진제 역할을 한 해였다고 볼 수 있다. 이의 영향은 각계에서 여러 양상으로 나타났다.

'세계여성의 해'의 선포는 국내에서는 여성의 사회적 지위를 점검·반성케 하여 의식화 교육으로 이어지며, 여성 해방운동과 "여성학"(Women's studies) 출현에 결정적으로 작용하였다. '여성의 해'의 준비 작

---

14 김지수, 앞의 글, 312.
15 '만인평등'이라는 원리는 단순한 표방원리가 아니라, 싸워서 성취해 나가야 하는 현실적 과제가 아닐까?

업을 계기로 해서 모인 여성전국대회(1974년, 여협 주관)는 64개 여성 단체, 2천 명이 참가하여 정부의 여성에 대한 정책적 관심을 촉구하였다.[16] 이의 영향으로 인해 1977년 가족법개정운동이 YMCA, 여성유권자연맹, 전국여성단체 등에 의해 활성화되기 시작하였다.

그러나 여성들의 이러한 강렬한 요구에도 불구하고 그것은 단지 연례행사로 그쳤을 뿐 정부의 정책적 대응은 나오지 않았다. 오히려 다음의 두 가지 점에서 정부는 여성 운동에 반동적으로 대처하였다. 하나는 '한국예지원'(1974)의 설립 지원[17]과 다른 하나는 가족법개정 저지 범국민협의회를 결성한 것이다.[18] 이들이 반대하는 주요 입장은 "한국의 아름다운 가족 제도를 파괴시킬 독소를 내포하고 있으며, 이로 인해 국론이 분열되고, 총화 유신에 차질을 자아내서 결국 국가안보가 와해될 것"을 우려하는 것이었다.[19]

국가의 막강한 지원 세력을 목전에 두고도 1970년대 가정법률상담소를 중심으로 한 여성 운동 단체들은 비인간적·가부장적·반여성적 가족법개정을 위해 1973년에는 17회, 1974 300회를 걸쳐 계몽 강연을 해냈다.[20] 마치 미국(백인) 여성 역사에서 투표권을 획득하기 위해 370번

---

16 ① 정부는 1975년을 국내에서 여성의 해로 선포할 것, ② 대통령 직속하의 여성 지위 향상위원회를 설치할 것, ③ 가족법 개정안의 통과를 골자로 하는 건의문 채택하였다.

17 한국의 미풍양속과 부덕을 계승하며 교육 대상은 지도적 여성과 고급공무원 부인들이다. 박정권은 충효 이데올로기를 강조하는 문화교육정책의 하나로 여성 교육기관을 만들어 냈다.

18 이 협의회는 고급공무원, 유명 인사 등을 총망라한 73명의 인사들로서 대표에는 정주영 씨가 추대되었고, 8도 시민협의회, 219개 부녀협의회, 75개 유도회협의회, 95개 종교협의회, 1,002명의 통일주체국민회의 대의원 등이 조직되었다. 이들은 100만인 반대 서명 날인을 받아 1975년 12월에 국회에 반대 측 청원을 제출하였다.

19 이효재, 『한국의 여성운동』 (서울: 정우사, 1989), 256.

20 유림과 보수층은 집단적 저지하기 위해, '50만 유림의 총회'로 결사 반대함을 결의 채택했다.

의 계몽 강연을 했던 역사를 상기시킨다(흑인[男]은 70여 빈).

가족법 개정의 집단적 결의는 여성의 인간적 해방과 가족 제도의 민주화, 개혁을 통해 한국사회의 민주화와 사회정의를 실현하려는 기초로서의 법의 정의 구현이라고 볼 수 있다. 1960년부터 30년간을 시행되어오던 남성 중심의 가족법은 비로서 1989년 12월 19일에 새 가족법으로 개정되었다. 이로써 불평등한 가족법 10개 중 5개 조항이 개정되었다.[21]

이러한 정부의 비협조적이며 보수적인 대응에도 불구하고 국내의 민주화 운동의 열기와 국제 여성(해방) 운동의 영향은 지식인·주부·학생들에게 매혹적인 영향력을 행사하였다. 여성 문제에 대한 의식화교육은 이미 1973년 '크리스챤아카데미'에서 처음 시작되었고 1977년에는 이화여대에 국내 최초로 여성학과가 설치되었다(1992년 현재 125개 대학에서 교양과목으로 강의한다).

한국의 소수 엘리트 여성에 대한 여성 해방 의식화 교육은 '세계여성의 해'의 영향과 이에 격려되어 정예 그룹을 키워낸 크리스챤아카데미(강원용)에 의해서 실시되었다. 여성 사회에 신선한 '충격'을 던져주었던 크리스챤아카데미의 "여성인간선언"(1975)의 내용에서 그것을 알 수 있다. 즉, "우리의 운동은 문화 개혁, 인간해방운동이다. 남성의 정치적 배려에서의 은혜에 불과한 약간의 관리 개선을 의미하는 단순한 지위 향상이 아닌 일체의 주종 사상, 억압 제도를 거부한 여성의 인간화와 인간 전체가 해방된 공동체 사회를 지향하는 운동"이라고 선언하면서 모든 제도적 장치는 여성 억압의 본질인 가부장제 문화에서 여성 스스로가 벗어나 남성들의 허위의식과 우상을 발본색원하여 파괴해버리지 않고는 불가능하다고 근본적인 선언을 하고 있다.

---

21 친족 범위, 재산상속, 친권 공동 행사, 이혼시 재산분배청구권, 적(계)모(서)자 관계 등.

아카데미 여성 교육은 여성 각계각층의 다양한 집단을 대상으로 하였으며, 후속 모임과 사회적 활동(action)으로 이어졌다. 이들이 노동운동, 가족법 개정, 매매춘 관광 폐지, 여성의 전화 등에 참여하여 오늘날까지 여성 운동의 주도적 역할을 담당하고 있다.

3. 매매춘 관광 반대운동

외화의 파행적 획득을 위해 동남아국의 제일세계 남성을 향한 후진국적 발상이 "매매춘 관광"이었다. 1973년 70만 명(80%가 일본인), 1978년에는 외국인 매매춘관광단("賣春강간단"이라고 부르면 어떨까?)이 100만 명을 돌파했다고 온 나라가 축제 분위기였던 일은 그들이 화대로 뿌리고 간 외화 4억 불 때문이었다.[22]

이에 항의하는 교회여성연합회(이우정, 박영숙, 공덕귀)는 매매춘 관광 실태를 조사해 전단을 뿌리고, 정부 관할부에 중지의 압력을 가해 어느 정도의 효과를 거두었다. 그러나 오늘날 경주와 제주도에 정부의 지원하에 들어선 외국인 향락사업은 국제 관광 수입에 큰 몫을 하고 있다.

---

22 100억 불 수출해야 8억 불 남는데 골치 아픈 (노조) 노동자도 필요 없는 사업이니 이 "관광 기생단이야말로 훌륭한 여성들이 애국 행위를 수행하고 있다"고 그 당시 모 문교부 장관이 감탄했다고 전해진다. 이화여대 학생(20명)들은 공항에서 "일본인은 유곽지 대화하는 '매매춘 관광'을 즉시 중지할 것"을 호소하였고 일본 여성들도 이에 호응, 연대 활동을 하였다.

V. 사회 변혁으로서의 성차별 철폐 운동과 평화 운동

1. 남녀고용평등법·평생노동권 확보 운동

한국의 경제성장의 주역이 여성 노동자임에도 최장의 노동시간, 최악의 노동 환경, 최저 생계비에도 못 미치는 임금을 받는다. 그것은 남성 노동자 임금의 절반에도 미치지 못한다(차별 임금). 그 외에도 여성들은 모집 채용, 즉 고용에서부터 차별(혹은 배제)당하고 있으며(고용기회 불평등), 채용된다 하더라도 보조적 업무를 맡게 되며(직무 분리/배치에서의 차별), 승급·승진, 퇴직(조기 정년, 결혼 퇴직)에서도 차별된다. 또한 남성 사이에서가 아니라 여성 내부에서도 미혼/기혼으로 분리·차별되고 있다.

한국여성단체연합을 중심으로 한 여러 여성 단체와 민주노조들은 여성 노동에 대한 성차별 철폐 운동을 전개해 왔다. 예를 들면 은행 여사무원에 대한 결혼 각서 폐지를 시도하였고,[23] 중견여행원 공개채용실시라는 성과를 얻어냈다. 또한 25세 여성 조기 정년 판결에 대한 소송(1985), 대한투자신탁의 결혼·임신·퇴직 강요 사건에 대한 대책(1987) 등을 여성의 전화, 민우회 등과 함께 이끌어 왔다.

이러한 여성 노동자의 현실에 대한 정부 정책은 무관심이며 소극적이다. 뿐만 아니라 이러한 상황에서 민정당이 1989년에 남녀고용평등법안을 각계의 의견을 수렴하지도 공청회도 않고, 국회 통과를 시킨 후에야 일반 국민에게 알렸다. 더욱 중요한 것은 통과된 법에는 남녀평등의 핵심인 "동일노동·동일임금" 규정이 빠져 있다는 사실이다. 여기에 '여

---

23 YMCA는 1974, 1975, 1976년에 걸쳐 조흥은행 산업은행에서 제기된 결혼 각서 폐지를 철폐시켰다.

연'을 중심으로 한 여성 단체에서는 현행 고평법의 개정 시안을 만들고 교육과 함께 개정 운동을 전개하였다.

1) 25세 여성 조기 정년제

한 여성이 1983년 교통사고로 직장 일을 할 수 없게 되자 가해자에게 손해배상청구 소송을 한 데 대해 재판의 부당한 판결24에 여성의 전화 등에서 조사 연구·항의한 끝에 "조기 정년제 무효"라는 승소 판결을 받아 내었다(1986. 3. 14). 이 사건으로 인해 "가사노동의 가치"를 연구하여 주부 권리 신장에 큰 공헌을 한 바 있다.

2) 평생 노동권 확보 운동

1980년대 중반 이후 민족민주운동과 여성 운동 특히 기층 여성 운동이 급격히 성장됨에 따라 여성의 평등한 노동과 모성보호 및 탁아입법화 문제가 여성 운동의 중심 과제로 설정되었다. 특히 모성보호 문제는 한국여성단체연합이 1990년 '모성보호의 해'로 설정하고 운동의 중심 과제로 그 중요성을 부각시켜 왔다.25

1990년에 부각된 이 모성보호의 문제가 쟁점화된 것은 1980년대에 일어났던 다음의 사회적 요인에 기인한다.

① 기혼여성 노동자의 증가(1977년 말 7만 8,474명-전체 여성 노동자 中

---

24 한국 여성의 평균연령인 26세부터는 가사노동에 종사하는 것으로 보아 여성 회사원은 25세까지 수입이 인정되며, 26세부터 55세까지는 일용도시(女) 근로자 일당 임금 4,000원으로 인정, 퇴직 연령인 55세까지 환산하여 846만 원을 배상하라고 판결을 내렸다(원고의 요구액 3천 5백여만 원).

25 민주여성(1990) : 한국여성단체연합, 33.

9.7%, 85년 18만 6,483명-진체 여성 노동자의 20.4%): **기혼녀의 증가의**
원인은 저임금인 반면 숙련도가 높고, 노동쟁의에서 완충제 역할
을 하기 때문에 기업가에 의해 선호되었기 때문이다.

② 여성 노동자의 증가에도 불구하고 열악한 노동조건은 구태의연하
며 최소한의 근로기준법도 준수되지 않는 상태로 생리휴가나 육
아휴직은 커녕 산전산후가도 지켜지지 않는다. 또한 임신과 출
산이 여성 조기퇴직으로 이어지는 실태이다.

③ 개별사업장의 성공 사례26가 이를 사회문제로 부각시키는 도화선
으로 작용했다.

④ 평생노동권에 대한 여성 노동자의 의식이 높아져 평생직장 확보
를 위한 모성보호는 필수적으로 전제돼야 된다는 인식의 팽배.

그 외에도 산업구조 개편이라는 요인이 작용했다. 그러나 여성 운동 내
에서는 보호는 차별을 유도해내는 결과를 빚는다는 논쟁이 계속되다가
모성보호에 대한 관점을 재정리하였다.27

3) 탁아 문제 · 탁아 정책

1990년 3월 초 맞벌이 부부가 일하러 나간 사이 어린 두 남매가 방안
에서 질식한 사건은 사회에 큰 충격과 함께 여성 운동 내에서는 탁아
문제 원년이라 할 만큼 여성 운동의 핵심과제로 내놓았다. 지역탁아소연

---

26 삼성제약의 1일 2시간 수유 시간 확보. TND, KBS, MBC, 서울대병원 등의 육아휴직 12
개월 쟁취, 인쇄업체(을지로) 생리휴가 쟁취 등(민주여성, 33).
27 사회적 약자에 대한 보하는 관점에서 모성의 사회적 기능이라는 관점으로, 따라서 이는
사회적 권리라는 것. 모성보호는 '아이 낳는 성'에 대한 사회적 의무와 배려일 뿐 약자에
대한 강자의 친절이 아니라는 것이다.

합회(지탁연)을 중심으로 '탁특위'[28]를 구성하고, 두 남매를 위로하며 위령제를 개최하면서 탁아 문제에 대한 대중적 관심을 증폭시키면서 현행 탁아 정책과 아동복지 정책의 문제점을 지적하며 동시에 이를 사회복지적 차원에서 다뤄줄 것을 촉구하였다.

이 같은 사회적 확산 산업은 여성학계, 유아교육계 등지에 파급되어 학자들 사이와 정부 간에 광범위한 의견과 토론이 있었으며,[29] 그로 인해 각종 모임이 전개되었다. 그러한 작업의 결과, 탁아입법 가두서명, '어머니 대회' 등을 통해 올바른 탁아입법 · 특별입법을 제정할 것과 당사자인 자모가 현실에서 출발한 탁아 정책을 수립함에 적극 참여할 것이 결의되었다.[30]

정부 차원에서도 뒤늦게나마 탁아 정책이 사회복지적 차원에서 새롭게 정화되어야 할 필요성을 인식하고, 탁아 예산을 확보하고 있다.

2. 성폭력 반대운동

1983년 6월, 한국에서 최초의 아내 구타 상담소 '여성의 전화'가 개설되었고, 1991년 6월 한국 성폭력 상담소가 개설되었다. 한국 남성의 61%(여성은 48%)가 여성을 한 번 이상 손찌검을 한 경험이 있다고 고백하고 있다. 10년 상담에 모두 8만 건, 그중 외도 · 구타 · 음주(3총사라 불림)가 큰 비중을 차지한다. 1988년에는 구타당하는 아내를 위한 '쉼터'도

---

28 여기에는 지역탁아소연합회, 감리교사회선교여성회, 한국여성노동자회, 도시빈민연구소, 기독여민회, 가톨릭지역아동연합회가 대책위원회로 구성되었다.

29 이들 간에는 탁아소는 유아 보호냐, 아니면 교육에 치중을 둬야 하는가, 중산층을 포함한 탁아 아니면 기층여성을 우선순위로 하는 탁아 정책이냐로 논쟁과 토론을 벌인 바 있다.

30 '경남여성문화' 한마당에서는 "아이에게 보호받을 권리를, 엄마에게는 일할 권리를!" 호소하였다.

미련히였다.

폭력을 보고 자란 자녀가 국민(폭력정치)은 폭력의 악순환에 희생됨을 강조하면서 가정에서의 평화가 나라의 평화의 기틀임을 계몽 교육 운동을 하고 있다. 1987년 부천성고문사건(권인숙 양)이 터지자 대책위원회를 구성하여 성을 정치적으로 오용하는 당국에 항의하는 연대 활동이 마침내 '여연'을 탄생케 하는 촉진제가 되었다(24개 단체가 연합). 성(강간)에 대한 공개적 활동과 정치적 투쟁을 계기로 '성의 정치학'이라는 관점, 즉 성을 이용한 정치적·경제적 지배와 이득이 개인 차원을 넘어서 국가에까지 연결됨을 재인식하고, 이런 차원에서 향락산업·매매춘·성의 상품화의 문제에까지 접근, 여성 시각의 지평선을 넓혀준 사건과 운동이었다.

강간과 성폭력은 산업화의 급진전에 못 미치는 (성)윤리와 가치 부재 시대에 양적으로 폭증하고 질적으로 흉포화하는 사회의 심각한 문제로서 대두되었다. 한국의 GNP가 무색하게도 1년에 성폭력(미수 포함)이 약 25만 건이 발생한다는데, 2분에 1명의 여성이 당하거나 성 공포 속에 사는 셈이다. 그러나 신고율은 오직 2.2%에 머문다. 한 연구소[31]에 의하면 응답자(女)의 94%가 강간 위협 때문에 늘 불안하고 공포에 살며, 안전하다는 주택 안에서조차 42%의 응답자가 불안하다고 호소해 온다고 보고한다.[32]

이제 강간범은 낯선, 먼 남자가 아니라 친척이며 식구들이란 충격은 김보은, 진관 사건을 통해 확인이 되었고, 성폭력 상담소에 상담된 근친 강간이 1년에 134건이지만 이 역시 '빙산의 일각'에 지나지 않는다. 그 외에도 우리에게 잘 알려진 안동의 변월수 여인, 대구의 장정순 씨, 21년

---

31 한국형사정책연구원, "성폭력의 실태 및 대책에 관한 연구" (1990).
32 미국이 1위, 스위스가 2위이다.

만의 복수로 마감한 "나는 사람을 죽인 게 아니라, 짐승을 죽였다"고 고백한 김부남 씨의 피맺힌 절규는 강간의 문제가 심각함에도 불구하고 법과 국가는 속수무책으로 방관해 온 듯한 인상을 준다. 이에 '여연'에서는 성폭력 대책위원회를 마련하고 연구, 조사, 토론 공청회를 통해 계몽과 법 개정 및 시설을 서두르고 있다.

강간(위협)은 여성의 삶을 치명적으로 손상시킬 뿐 아니라 강간의 위협 때문에 행동반경을 제한시키게 되는데(기회와 정보에서 소외) 이는 결국 사회적 힘(Power)에서 소외, 여성의 무력(탈권력)의 근본적 원인으로 작용한다는 것이 강간 연구에서 주장되고 있다. 즉, 강간(위협)은 가부장 사회에 의한 최소의 투자로 성 통제에 있어 최대의 지배 효과를 가져다주는 성의 정치경제학인 것이다.[33]

3. 시민 주도적 반핵·평화 운동과 주부 운동

반핵·평화 운동의 전설로 통하는 영국 그린햄커먼 여성들이나 덴마크의 '평화를 위한 여성'이, 남성이 발명한 전쟁을 거부하자며 가정을 내팽개치고 미사일 기지 주변에 평화의 캠프를 치고 감시하는 곳으로 세계 각지에서 몰려온 3만 5천 명의 여성들이 함께 모여 행동한 유명한 사건이 일어난 것은 1982년 12월 12일이었다.

한국에서 핵전쟁의 공포를 인식하기 시작한 것은 그로부터 거의 10년이 지난 후였다. 완력(성)의 폭력과 제도적 '폭력'에 10여 년을 싸워온 여타의 여성 운동 단체들은 1990년도에 들어서야 "군사대결청산, 한반

---

33 손덕수, "현행 성폭력 관련법, 무엇이 문제인가," '여연' 주최 공개토론회(1992. 5. 28.)에서 행한 주제발표논문 참조.

도를 비핵지대로!"라는 슬로건을 내걸 수 있었고, 공청회를 개최하며, 계몽교육에 나섰다(1990. 12).

반핵 · 평화 운동에 평범한 가정주부들이 운동의 주역으로 참여한 것은 세계의 조류이며 공통점인 듯싶다. 이들은 "사람을 죽이는 군사비용을 사람을 살리는 생명 복지에 쓰라"고 촉구하면서 다음과 같이 '죽음의 비용'을 계산해내었다. 즉, 한국의 국방비가 전체(국가) 예산에서 30%를 차지하는데, 사회복지비는 이의 1/3도 못 미친다.[34] 그런데 더욱 안타까운 것은 취업모들이 그렇게 목말라하는 탁아소 운영 및 신축비는 총예산의 0.06%라는 것이다. 국방비 단 1%만 줄여도 탁아소는 지금의 5배로 늘고, 국방비를 10%만 줄여도 전 인구의 무상의무교육이 가능하고(중학교), 전 국민의 무상 의료가 가능하다는 것이다.

여성(해방) 운동의 한계점에 도달한 구라파 여성들이 평화 운동에 집결했듯이 한국에서의 평화 운동도 '무관심과 이기주의' 늪에 빠지기 쉬운 주부들이 참여할 수 있는 가능성의 운동으로 확산되어 가고 있다. 한국교회여성연합회와 여연에서도 '여성복지와 군비축소'라는 기치하에 여성 정서에 맞는 운동 방법의 모색, 외국의 참여 사례, 홍보와 계몽을 할 계획에 있다. 이와 마찬가지로 공해 문제 연구 홍보하는 주부들만의 '환경'을 살리는 여성 모임의 활동도 활발하다.

그 외에도 주부들이 주도하는 운동으로는 '소비자 모임', '여신학자협의회' 등이 있다.

---

34 남한은 정부 예산의 30.3%를 군사비에 쏟아 부었는데, 이를 절반 수준인 15% 선으로 감축할 경우 3조 4천여억 원의 경제 잉여를, 사회복지비로 돌릴 경우 ① 전 국민의 노후 무상연금, ② 100만 명(절대빈곤층) 무주택가구 해결, ③ 100만 명 장애인 급여 등이 해결된다. ④군축은 여성복지를 증진시킬 것이다(「새누리신문」, 1991. 4. 13.).

VI. 여성 운동의 성과와 앞으로의 과제

1. 1970~80년대 여성 운동의 성과

한국 여성 역사에서 1970년대가 여성 운동의 발아기였다면, 1980년대의 운동은 만개기로 접어드는 시기였다고 할 수 있다. 1970년대 여성 운동이 개별적, 한시적, 비조직적, 일회적이었다면, 1980년대는 연대적, 공개적, 조직적, 항시적이었고, 1970년대는 민중 여성과 중산층 고학력 여성 운동이 분리되어 양극화 현상을 띤 것에 비해 1980년대 여성 운동은 운동의 주체와 대상이 그 폭을 넓혀 확대되었고, 운동의 종류도 다양성과 복합성을 띠고 있다. 운동의 승부는 이념, 노선, 조직, 선거 홍보를 한 틀에 묶는 연대에 달렸다고 볼 때, 운동이 산재해 있으면서 수공업적 방식의 개별 단체를 엮어 하나로 연대함은 운동의 성과라 할 수 있겠다.[35]

첫째, 여성 대중 조직의 기반의 확대(생산직, 사무직, 전문직, 주부, 농민 여성).
둘째, 노동과 가정에서의 성차별, 성폭력, 아내 구타 문제 등이 사회 문제로서 제기되었고, 법적 제제와 관심이 고조되었다.
셋째, 노동법, 가족법에서 여성을 위한 권익보호법을 확보했다(고평법, 모성보호, 탁아법, 결혼 퇴직, 가사노동).
넷째, 민주화를 위한 정치활동이 활발하게 이뤄졌다(성[물]고문, 시청료 거부, 생존권 대책위).

성차별주의(Sexsim)에 대한 도전과 가부장제 중심의 법과 제도 개선

---

35 이승희, "한국 현대여성운동사," 319.

에 총력하였으며, 성차별을 이용한 자본주의적 여성 착취에 항거하였다. 1987년을 기점으로 여성 운동은 진보적 민주 세력으로서 사회적 · 공적 인정을 받게 되었다. 특히 사회의 전반적인 성차별과 억압을 주목하기 위해서는 여성 조직과 운동이 민주적 · 정치적일 수밖에 없다는 것을 재확인하게 된 것이다. 이 점이 어용적 · 자선적 재래의 여성 활동과 다른 질적인 변화요 성과라 하겠다.

2. 여성 운동의 정치화가 필요함

여성의 전통적 삶의 틀을 송두리째 흔든 것은 산업화 과정의 영향, 경제적 요인, 의식화와 교육 그리고 여성의 정치세력화된 운동을 들 수 있다. 산업화 과정이 여성 지위 변화(향상)에 결정적 역할을 한 것은 분명하지만 또한 여성이 겪는 모순과 억압이 새로운 차원으로 부상하여 하나의 사회문제로서 제기되고 있다.

한국 여성이 겪는 모순은 민족 · 계급 · 성의 삼중고의 모순과 억압이며, 그 위에 저임금 · 무급가사노동의 이중적 착취와 성의 폭력 및 성의 상품화가 가중되어 이제 한국사회 위기에 있어서 '여(남)성 문제'는 '주변'에서 '사회의 중심'으로 서서히 이전되고 있음이 분명하다. 중심적 문제로서 인식되어야 함은 다음의 세 가지 이유에서다.

첫째, 인구 절반 -이상을 점유하고 있는 여성 인구의 경제적 업적(옥내외의)이 어느 사회집단보다도 월등하다는 점(양적 측면).
둘째, 그들의 정신적 정서적 영향력이 2세와 국가미래상을 형성한다는 점(질적 측면).
셋째, 여성에 의해 수행된 양적/질적 공헌에 대한 조직적 은폐와 차별이 결국 여성 개인을 왜소화 · 여남 간의 반목을 유발시키고, 가족과 지역사회 해체를 유도하여 결국 국가 발전을 억제시키는 역할을 한다.

양적/질적 공헌과 영향력에 있어서 여성 집단을 능가할만한 역사적 예가 없을 만큼 높고 큰 여성 문제의 심각성이 여성 해방운동과 더불어 서서히 '중심적'으로 부각되고 있는 것은 한편으로는 인류 문제 해결의 서광일 수도 있다.

이러한 여(남)성 문제는 정치 · 경제 · 사회 체제를 위협하는 요소로서 부각되고 있음에도 불구하고, 비정치적으로 간주되어 왔다. 왜 그러한가? 그것은 여성이 실체의 조직도 없었을 뿐 아니라 이익단체로서도 조직되지도, 실력행사도 하지 않았기 때문이다. 오직 동원 · 교육 · 조작의 대상으로서만 존재해 왔기 때문이다. 이러한 요인들이 여성 이슈(issue)에는 국가가 느리게 반응하게 하고(가족법 개정, 고용, 강간), 여성에게 이득이 돌아가는 일에는 빠르게 반응을 보여 온 이유이다(교육의 여성화, 현모양처 만들기 등). 말하자면 산업화 과정에서 야기된 여성 문제에 직면해서는 국가는 침묵으로 일관하거나 방해적 요인으로 둔갑하기도 하였다(탁아법, 모성보호, 아내 구타).

그러면 과연 여(남)성 문제에 대해 국가가 취하는 행위는 어떻게 결정되는가? 달럽(Dahlerup)은 이를 네 가지로 요약하고 있다.[36]

1) 자본의 이익: 여성의 저임금노동력을 쓰기 위해 아동보호시설/ 유산

---

36 D. Dahlerup, "Confusing concepts-confusing reality : a theoretical discussion of the patriarchal state," *Women & the State*, ed. A. S. Sassoon (London : Routledge, 1987).

허용/ 출산 휴가제를 수용한다.

2) 가부장제 이익: 여성의 종속적 지위는 가부장제에 이득을 가져온다. 즉, 성차별(순결 강조)에 의한 미혼부(부권)의 책임 해방, 간통-강간에서의 남성유리. 그러나 저임금(자본)-모성 강조(가부장제)-여성인력 정책(국가) 간에서 삼자의 이해관계가 상충되기도 하나 이때는 부권이 패배되기도 한다.

3) 국가의 이익: 경제 번영-국제(경쟁) 지위 유지-국내 질서 유지라는 측면에서 여성정책을 견지하는데, 이때 고용/인구정책은 여성에게 영향을 미친다.

4) 여성 이익: 국가는 성에 있어서 중립적이지 않다. 그러면 국가는 여성 억압적인가? 간단히 대답할 수는 없으나 결론은 국가는 이점에 대해 능력도 의향도 없다는 게 통설이다.

즉, 요약하면 1세기간 여성의 사회적 지위 변화의 주도 역할은 국가가 아니라 사회경제적 발전이(었)다. 국가는 단지 그 변화에 적응해 왔을 뿐이다.

여성의 종속적 지위 문제는 정치 영역에선 주요 관심사가 아닌 것으로 나타난다. 왜냐하면 정당 강령이나 선언서에도 주요 현안으로도 다뤄지지 않았을 뿐 아니라 '여성 문제' 때문에 연립내각이 사표나 와해 된 적도 없(었)고, 있다면 오직 성추문(Sex-Scandel)으로 인해서였다.

여성(해방) 운동은 현 단계에서는 사회에서의 무관심과 무반응에 도전하는 차원일 뿐이다. 국가로부터 어떤 반응을 얻어낸 것은 서구에서는 제이 여성 해방기(1970년대)의 실세가 과시된 때부터이고, 한국에서는 1990년대 이후에 이르러서이다.[37] 최근에 이르러서야 국가의 의도적 개입이 시작된 것은 여성 임금노동의 대거 진출, 여성 해방운동의 부활과 세를 과시함으로써 여성 문제에 대한 정치적 토론도 가능케 되었다(여성 개발원 창설, 평등위원회, 가족법 개정 등 이뤄졌으나 국가 feminism 등장은 요원할 것이다).

3. 여성 해방을 위한 신사고와 제도 개혁

우리는 발상의 전환을 통해 새로운 사고, 새로운 사회운동을 전개해야 한다. 인간과 사회와 문명과 그리고 자연을 바라보는 태도와 가치에 새로운 혁명적 전환이 일어나야 한다. 국가는 이를 제도적 차원에서 지원하여 주고, 여성은 남성과 자연을 포함한 인간의 성 해방운동과 자연 해방운동(평화 운동)으로까지 확대 혹은 합류해야 한다.

첫째, 사고 발상의 전환.
1) 성 이념의 평등성: 여성 열등-남성 우월의 이분법적 사고에서 탈피 '양상성' 혹은 '성역할 초월'에로 진화해야 한다.[38] 더 나아가 남녀 노소 빈부귀천의 분열적 이념에서 과감히 탈피해야 한다.
2) 역할의 통합성: 성역할 분담의 철폐 및 가정적 · 사회적 통합과 그에 따른 가치의 평준화 작업이 선행되어야 한다. 역할의 분리는

---

37 여성(문제)정책에 의도적/비의도적 결과는 구분해야 한다. '의도적': 여성의 공식적 권리 획득에는 관심을 가지나 삶 구조는 변화시키지 않는다. '비의도적': 공적 조치의 부수적 결과이다. 예: 인구억제정책으로 성차별을 수행한 기업체는 법의 제재를 받는다.

38 미래의 다원사회가 요구하는 인성은 고정관념이 개인의 고유한 잠재력을 마음껏 추구, 창의적이고도 자유로운 개성이라는 점에서 성초월주의가 주장되고 있다(R. Hefner, M. Rebecca & B. Oleshansky, "Development of Sex-Role Transcendence," *Human Development* 18 [1975], 143).

힘의 분리를 초래하므로.

3) 제도의 다양성: 결혼·가정·기관·집단의 위계질서적 획일적 제도에서 다양한 형태의 결합 및 다원주의로 개편되어야 한다. 가정은 그 외에 공동체나 대가족 제도로 지원되어야.

둘째, 정치적 제도적 지원.

1) 사회 각 집단에 여성 참여율을 쿼터제로서 예를 들면 20~30%는 여성의 수로 충원되어야.

2) '평등위원회' 설치: 형평성을 위반하는 노동·임금·고용·가족법에서의 성차별을 시정하는 공적 기구를.

3) 여성의 건설적 잠재력을 발굴·발휘케 하는 '여성문화센터'를 각 구청(교회)마다 설치하여 재고용·재등용시킬 것.

4) 여성 문제를 총괄하는 '여성부'를 설치하여 대통령 산하 기구로 편입시킬 것 등이다(여성의 '자율성'이 보장되어야).

셋째, 문명 위기의 관리를 여/모성에게.

1) 여(母)성은 생존의 최고 전략가이다.
파괴되는 인간성-사회-자연 생태계의 문제와 생명을 살려가는('살림') 능력가인 여성에게 전담시켜 문명의 위기를 관리케 할 것.

2) '문명위기관리처'를 만들어 여성이 관리.

3) 신사고운동이야말로 21세기를 더 인간적이게 만드는 핵심체임에 틀림없다.

참 고 문 헌

강영수. "한국사회의 매춘에 관한 연구." 이화여자대학교 석사학위논문, 1989.

길먼. C. P. "여성과 경제,"『여성의 권리』. 미리암 슈네어 편/강기원 역. 서울: 문학과지
성사, 1981, 250-260.

김선영. "강간에 대한 통념의 수용에 관한 연구." 이화여자대학교 석사학위논문, 1989.

김지수. "한국여성노동운동의 현황과 과제,"『여성 2』, 한국여성연구회 편. 서울: 창작
과비평사, 1988.

김지하. "보고싶은 여장부,"「샘이 깊은 물」(1984).

김혜경. "가사노동 이론에 관한 연구." 이화여자대학교 석사학위논문, 1985.

밀레트, 게이트/정의숙·조정호 공역.『성의 정치학』. 서울: 현대사상사, 1976.

노동부. "직종별 임금실태조사 보고서". 1983.

류터, 로즈매리/손승희 역.『새여성, 새세계』. 서울: 현대사상사, 1980.

_____/안상님 역.『성차별과 신학』. 서울: 대한기독교출판사, 1985.

Rich, A./한정자 역. "Of Born,"『현대여성해방사상』. 서울: 이화여대 출판부, 1989.

마르쿠제, H./유효종·전종덕 역.『위대한 거부』. 서울: 광민사, 1979.

문은희. "성역할의 사회화과정," 연세대학교 여학생처 엮음.『남녀 평등과 인간화』. 서
울: 현상과인식, 1989.

미즈, 마리아 & 반다나 시바/손덕수 역.『에코페미니즘』. 서울: 창비, 2020.

미첼, J./이형랑·김상희 공역.『여성해방의 논리』. 서울: 광민사, 1980.

밀러. S. B.『성, 성폭력, 성폭력의 역사』. 서울: 일월서각, 1990.

베벨, A./선병렬 역.『여성과 사회』. 서울: 한밭출판사, 1982.

베이커, R. & F. 엘리스톤/이일환 역.『철학과 성』. 서울: 홍성사, 1982.

보건사회부.『부녀복지 장기계획 수립을 위한 기초자료 조사연구』. 1980. 12.

보봐르, 시몬느/조홍식 역.『제2의 성』. 서울: 을유문화사, 1977.

서진영.『여자는 왜?』. 서울: 동녘, 1991.

손덕수. "성폭력의 정치경제학 - 여성복지적 측면에서 본 성폭력의 사회적 의미와 그
대책들,"「사회과학연구」 3 (1994): 95-109.

_____. "한국의 현대여성(해방)운동의 실태와 전망,"「여성문제연구」 20 (1992):
105-122. (효성여자대학교 사회과학연구소, 별책.)

_____. "가사노동과 여성의 사회적 지위,"『한국여성과 일』. 서울: 이화여대 출판부, 1985.

水田珠枝/김은희 역.『여성해방사상의 흐름』. 서울: 백산서당, 1983.

스트럴, P. & A. 재거.『여성 해방의 이론 체계』. 서울: 풀빛, 1983.

시카고, J. "Dinner Party," E. 피오렌자 편/김애영 역.『크리스챤 기원의 여성신학적 재
건』. 서울: 종로서적, 1986.

심영희.『여성의 사회참여와 성폭력』. 서울: 나남, 1992.

윌리엄스, 피오나/이영철 외 역. 『사회복지정책』. 서울: 홍익재, 1994.

이만옥. "도시가정 주부의 작업량에 관한 조사연구," 「여성문제 연구」 8 (효성여대, 1979).

이삼열. 『평화의 철학과 통일의 사명』. 서울: 햇빛출판사, 1991.

이승희. "한국현대여성운동사," 한국여성연구회. 『여성학 강의』. 서울: 동녘, 1991.

이화여대 한국여성연구소. 『여성사회철학』. 서울: 이화여대 출판부, 1987.

이효재. 『한국의 여성운동』. 서울: 정우사, 1989.

_____ 편. 『여성해방의 이론과 현실』. 서울: 창작과비평사, 1979.

윤후정. "여성문제의 본질과 방향," 『여성학』. 서울: 이화여대 출판부, 1980.

임돈희. "문화와 성역할," 여성학교재편찬위원회 편. 『여성학의 이론과 실제』. 서울: 동국대 출판부, 1990.

장상. "여성신학과 창조신앙의 의의," 한국여신학자협의회 편. 『한국 여성신학의 과제』. 서울: 한국여신학자협의회, 1983.

조혜정. 『한국의 여성과 남성』. 서울: 문학과지성사, 1989.

피오렌자, 엘리자벳. "여성해방을 위한 성서해석 방법." 이우정 편. 『여성들을 위한 신학』. 서울: 한국신학연구소, 1988.

한국성폭력상담소. "성폭력이란 무엇인가." 교육자료, 1991.

한국여성개발원. 『여성복지관례법제에 관한 연구』. 1990.

한국여성단체연합. "성폭력 없는 사회를 위하여." 한국여성단체연합 성폭력특별법제 정추진 특별위원회 자료집, 1992.

한국여성단체연합. 『현행 성폭력 관련법 무엇이 문제인가』. 공개토론회 자료집, 1992.

한국형사정책연구원. 『성폭력의 실태 및 대책에 관한 연구』. 1989.

한완상. "여성과 사회의식," 「세계여성의 해 기념자료」. 한국여성협회, 1975.

황필호. 『철학적 여성학』. 서울: 종로서적, 1986.

"여자교육론," 「여자계」(女子界), 1918.

Beechey, V. "Woman and production." *Feminism and Materialism*, ed. Kuhn Wolpe, 157-197. London, 1978.

Benston, M. "The political Economic of womens Liberation." *Women in a Man-made World* (1972).

Bock, G. & B. Duden. "Zur Entstehung der Hausarbeit in Kapitalismus." *Frauen & Wissenschaft*. Berlin, 1976.

Dahlerup, D. "Confusing concepts-cofusing reality: a theoretical discussion of the patriarchal state." *Women & the State*, ed. A. S. Sassoon. London: Routledge, 1987.

Dale, J. & P. Foster. *Feminists & State Welfare*. London: RKP, 1986.

Dalla Costa, M. *Die Macht der Frauen und der Umsturtz der Gesellschaft*. Berlin, 1973.

Engels, F. *The Origin of the Family, Private Property and the State*. Marx-Engels Selected Works II. London, 1884.

Fichte, J.G. "Fundamental Principle of the Rights of the Family"(1975).

Frankfust Allgemeiner Zeitung 1979.10.10.

Firestone, S. *The Dialetic of Sex*. N.Y.: Botam Books, 1970.

Galbraith, J.K. *Economics and the Public Purpose*. Boston, 1973.

Gauger, W. "'Haushold work' can we add it to the GNP?" *Tonsnal of Home Economics* (1973.10).

Hartman, H. "Toward's a more Progressive Union: The Unhappy Marriage of Marxism and Feminism." *Women and Revolution*, ed. L. Sargent, 51-76. Boston, 1981.

Hefner, R., M. Rebecca & B. Oleshansky. "Development of Sex-Role Transcendence." *Human Development* 18 (1975): 143-158.

Lieres, D. "Woman sir Lohn fuer die Arbeit an den kindern fordern." *Frauen & Muetter*. Berlin, 1978.

Marx and Engels, *Deutsche Ideologie*.

Mill, J.S. *The Subjection of Women*(1989)

_____. *Die Hörigkeit der Frau*, ed. H. Schröder. Frankfust, 1976(1869).

Oakley, Am. "Myth of Women's place." *Woman's Work*. New York: Pantheon Books, 1977.

Ortner, Sherry. "Is female to male as nature is to culture?" in *Woman, Culture, and Society*, eds. Michelle Zimbalist Rosaldo & Louise Lamphere, 97-87. Redwood City: Stanford University Press, 1974.

Rich, A. Of Woman Born, *Mothergood as Experience and Intitution*(1976).

Rosaldo, Michelle Zimbalist & Louise Lamphere, *Woman, Culture, and Society*. Redwood City: Stanford University Press, 1974.

Rowbotham, S. "A woman sork in never done." Women's Consiousness, Men's World. London, 1975.

Savramis, Demosthenes. Das sogenannte Schwache Geschlecht. München, 1972.

Schneider, L., C.W. Stephanm, Human Responses to Social Problems. Illi: Dorsey Press, 1981.

Schirmacher, K. *Die Frauenarbeit in Hause, ihre oekonomische, rechtliche und soziale ueeruiong*. 1905, 1979.

Schirmacher, K. "Wie and in welchem Masse lasst sick die Wertung der Frauenarbeit steigern?" *Frauenarbeit und Beruf*, Hrsg. G. Brinker-Gabler. Fraukfust, 1979.

Schrader-Klebert, K. "Die kultur Revolution the Frau." *Frau, Familie, Gesellschaft*. Frankfust, 1974. (손덕수 역, 미간행).

Schroeder, H. "Zn einer politischer oekonomie des Houses." *Frauen arbeitshaefte*, 108-1183. Berlin, 1977.

Secombe, W. *Die Internationale* 7 (1975), 11-42.

von Werlhof, C. *Die Frau, die letzte Kolonie*. Hamburg, 1983.

Wygodzinsley, W. "Die Hausfran und die Volkswirtschaft." *Hausarbeit*, J. Kittles Muenchen, 1916.

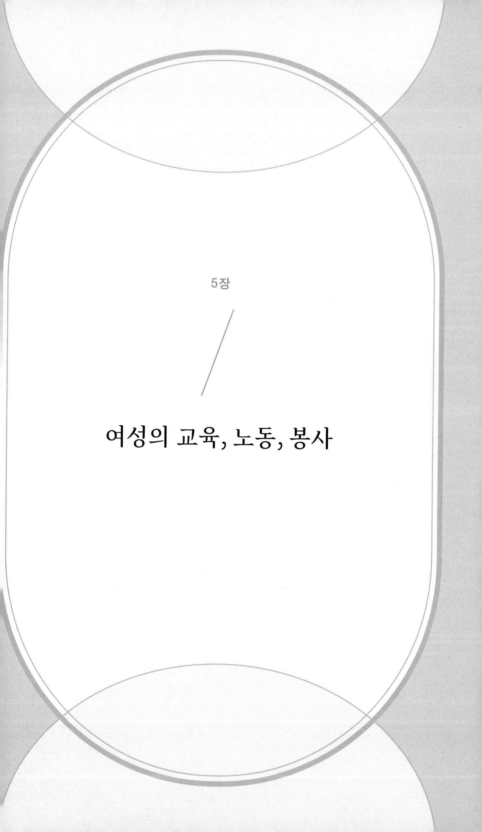

5장

여성의 교육, 노동, 봉사

독일의 인성교육에서 본 여성 교육

　세계로 진출하는 한국의 위상이 날로 높아지는 가운데 온 세계를 깜짝깜짝 놀라게 하는 대형 사고와 사건들이 연이어 터지는 한국을 향해 어느 독일인이 나에게 위로한답시고 슬쩍 꼬집는 말이 아직도 내 가슴에 꽂혀 있다. 말인즉슨 "탄탄한 독일국가를 건설하는 데 장장 200년의 산업화 과정이 필요했다. 이제 20여 년의 개도국 과정에 있는 한국의 대형 사건들은 뭐 그리 놀랄 만한 일도 아니다. 독일도 그랬었으니깐, 무사고 국(?)의 한국을 만들려면 200년 더 가야 하지 않겠는가?"였다.

　'20년의 한국'을 '200년의 독일'과 비교치 말라는 이 말은 역사엔 월반이 없다는 말일까? 옆에 있던 일본 외교관이 한술 더 떠 거든다. "나라는 경제 건설로만 안 되는 법, 국민교육이 뒷받침되지 않으면… 공든 탑은 무너지는 법." 말하자면 일본은 150여 년의 국민교육이 오늘의 '경제국'과 '문화국'을 만들었다는 얘기였다.

　탄탄한 건물과 안전한 다리, 복지제도, 위대한 인물 등의 탄생은 산업화의 기술과 사람을 만드는 '인술', 즉 인성교육이 함께 따라야 하고, 그것도 단기간이 아닌 백 년, 이백 년 걸리는 일이라는 것.

　우리는 지금 역사에서 어느 시점에 와 있는가? 10여 년의 독일 유학

생활을 공부하고 사회운동하고 살림하며 애들 키워 본 체험을 통해서 느꼈던 독일의 인성교육에 대해 가정교육-사회교육-남녀관계 교육의 순으로 소박한 체험담을 풀어볼까 한다.

1. 가정교육: "Ich will"(내가 할래요)

한국에서의 '순종'이 가정교육의 핵심이라면, 독일에서는 아마도 자립심 교육이 중점이 될 것이다. 거기엔 질서, 청결, 책임, 개인주의 등이 포함되어 있는 개념이다.

아이가 말귀를 알아듣는 시기가 되면 일상생활에서부터 아이의 자립심 교육은 시작된다. 무엇이나(입고, 먹고, 자는데) 제 혼자 하도록 부모는 옆에서 지켜보고 서서 말로만 거들어 주며 격려해 준다. 아이가 혼자 앉을 수만 있게 되면 홀로 숟가락질을 하도록 지켜봐 준다.

우리는 흘릴까 봐, 안(못) 먹을세라 다 큰 아이도 먹여주며 애정(?)으로 간섭하는데, 독일 부모는 '냉정한 사랑'을 하는 것 같다. 숟가락질 배우는 아이가 온통 '밥 나무'를 만들며 주위를 지저분하게 만들어도 '청결광'으로 이름난 독일 사람이라도 그것만은 인내해 준다.

길 가다가 제 아이가 넘어졌을 때 우리와는 대조적이다. 우리는 달려가 우는 아이를 일으켜 세우며 한술 더 떠 돌부리를 나무라며 아이를 위로한다. 그들은 아이 자신이 스스로 털고 일어날 때까지 기다리며 잘못이 어느 쪽인가 물어간다. 실수의 현장을 잽싸게 잡아 교육장으로 바꾸는 독일 부모는 어떻게 보면 다들 냉엄한 교사들 같다. 이와 같은 교육철학을 가진 이들은 어린아이에게도 인간존엄성을 부여하고, 독립된 인격체로 여겨 민주적 실험을 가정 안에서 하고 있다. 그래서 부모는 자녀에게도 과격한 명령법이나 무시하는 말은 삼간다. 자녀를 존중하고 의사를 묻는 대화법(möchtest Du?, willst Du?)을 쓴다. 독일인에게 가장 큰 수치는 자기 책임 방기나 의타심이며, 타인을 쓸데없이 간섭하고 타인을 존중치 않는 일 등이라 말할 수 있다. 우리와 전혀 다른 문화권을 이룬 독일인이 한국 정서로 보면 썰렁하고 때론 '살맛 덜 나는 사회' 같지만, 그러한 자립심—책임감—개체 의식을 통해 오늘날 선진 문화 대국을 이뤘다고 생각하면 우리의 순종적·적응적 교육의 문제점을 재고해야 하지 않을까!

2. 사회교육: 성년 되면 집 떠나는 청소녀(년)들
― 자립심, 공동체 의식 심다

가정 안에서 습득된 자립심·자율성·책임감을 자기 것으로 더욱 확고하게 키우기 위해서는 제2단계의 실험장을 거쳐야만 한다. 그것이 바로 18세 생일을 맞는 성년식에서 선포된다.

18세면 어른이므로 부모의 의존을 벗어나 사회 시민, 세계 시민으로 책임과 자립을 배우기 위해 부모 집을 떠나야만 한다. 부모 집에 더 있고 싶어도 특별한 허락 없이는 불가능한 관계로 변한다. 18세 성년은 그때부터 자립 경제를 세워야 한다. 학비는 거의 무료이므로 생활비 조달은 부모의 최소한의 보조금과 자신의 아르바이트(arbeit)를 통해 해결한다. 이때 부모 지원이 빈약할 시만 정부 보조금이 나온다. 출가(出家)한 독일 청녀(년)들은 졸지에 학업에, 생활에, 경제 생활까지 스스로 책임져야 하는 3중고에 시달린다. 생활 필수품 사들여오기, 밥, 빨래, 청소, 정리 정돈하기, 기숙사 함께 청소, 시간 쪼개어 아르바이트하기, 밀린 숙제하기, 축제와 토론하기, 데이트하기.

이때 독일 청녀(년)들은 인간으로, 사회인으로 훌쩍 커버린다. 이것은 그들이 '홀로서기' 몇 달 만에 부모님 집을 찾아가 머리를 조아리며 고백하는 첫마디에서 알 수 있다. "일상생활을 유지한다는 것이 이렇게도 어렵고 귀한 것입니까? 이제야 부모님의 은공을 알 수 있을 것 같습니다."

젊은이들의 "자기 삶 자기 손으로 꾸려보기" 실험이야말로 어떤 교육보다 더 빠르고 정확하며, 깊고 넓은 교육법이라 생각된다. 왜냐하면 생명을 유지시키기 위해 필요한 자질구레한 일들, '하찮고' 번거로운 일들 속에서 생명이 살아난다는 숨겨진 진리를 몸소 체득할 때 인간은 생명(부모)을 알고 사회와 역사를 감지하여 허세가 없어지고, 겸손해지며, 내적으로 성숙하게 되기 때문이다.

자기 삶을 자기가 책임져 보는 18세의 실험적 생활은 그들의 전 생애에 튼튼한 기틀이 되어 준다. (나) 혼자 사는 독립적 생활은 여기서 끝나는 것이 아니라 곧 (우리) 공동체 삶과 공동질서 지키기와 이어진다.

공동체 의식은 하나의 명령에 따르는 군대식 일사불란한 움직임이 아니라 개성적, 개방적, 창의성, 다양성을 최고의 가치로 하는 21세기적 삶의 모델이 되는 공동체를 지향한다.

바르도프라는 자유주의 학교에서는 학교 수업은 학생들이 이끌고, 교사는 끝에 잠깐 논평만 한다. 그들의 교과서는 그들이 만들어온 숙제가 한 학기가 끝날 때 한 권의 책으로 묶여진다. 1, 2등이나 반장, 대표가 두각을 나타내는, 다수를 기죽이는 교육이 아니라 모두가 자기 맡은 바 분야에서 두각을 나타내고, 모범이고, 그래서 모두가 합격이고, 진급이고, 이기는 승자-승자(win-win) 식의 살리는 교육제도이다. 졸업식 때 혹 상이 있다면 봉사상, 인솔상, 청소상, 웃음상 등 각 개인이 가지고 있는 재주를 최대한 끌어내어 '승자'임을 안겨준다.

타인과 모질게 경쟁하지 않고도 자기 속의 숨은 잠재력을 끌어내어 나를 개성 있게 발휘함으로써 풍요로운 공동체를 만드는 것 그래서 나를 빛내고 타인을 즐겁게 하는 일이 무엇인가를 골머리 앓게 한다. 이 일은 생활 속에 자연히 녹아들어 있어 생활을 기름지게 만든다. 시를 쓰는 초등학교 교사 집에 초대되어 간 일이 있었다. 방문객들은 모두가 최대로 변장하여 5분짜리 대사로 연극을 하는 것으로 서로를 사귀는 모임이었다. 오페라의 나비부인, 파우스트, 보봐르, 퀴리부인…, 난 그때 춘향으로 분장하여 박수갈채를 받은 기억이 난다.

공동체 의식은 무엇보다도 그들의 질서 의식에서 잘 구현되어 있다. 그들은 한마디로 '줄서기 천재들'이다. 은행, 버스 정류장, 계산대, 공중전화, 공중변소에서조차 줄줄이다. 아무리 급해도 앞선 이가 용무를 끝내기 전에는 절대 자기 일은 시작 안 한다. 말하자면 '새치기'를 하는 것은 자존심 상하는 일, 비문화인, 야만인 정도로 취급한다. 그래서 우리처럼 동시에 여러 고객과 앞뒤 순서도 없이 해치우는 주인과 고객 상담 장면은 독일에선 거의 없다. 이것이 사회 · 정치 질서에도 적용되어 '낙하산부대'니, '고속 통행', '사바사바'가 (거의) 없는 깨끗한 사회를 만든 것이리라.

3. 남녀관계 교육: 양성적 되기 — 성 초월하기

사람 됨됨이를 만드는 인성교육에서 무엇보다도 남녀관계 교육은 모두 타 관계의 기초적 모델이 되기에 매우 중요하다. 왜냐하면 이 관계가 잘되어야 다른 관계가 잘되는 '첫 단추 잘 끼우기'격이며, 이 관계가 뒤틀려 있으면 그 사람의 전인적 통합은 불가능하기 때문이다. 또한 이성 관계처럼 인간을 직접적으로, 본질적으로, 핵심적으로 건드리는 관계가 또한 없기 때문이다. 말하자면 옛날의 자기를 깨야 타인과도 사랑과 조화 · 평등 관계가 이뤄지므로 이성 관계의 성공은 그런 의미에서 도(道)를 트는 일의 시작이라고나 할까? 이때에 비로소 인류가 염원하는 '관계의 절정'은 가능해진다고 본다.

독일인의 반성이 바로 여성 해방은 승리했으나 남성과의 '관계'에서 실패했다고 자인하는 데서도 나타난다. 그러면 이들의 성관계 교육은 어떠한가?

성교육: 유치원, 국민·중·고등학교에서 실시하는 성교육은 매우 자연스럽다. 성은 (우리처럼) 금기시, 신비화, 죄책감을 갖지 않게 한다. 몸에 대한 생리적 정보, 기능, 쾌락, 위생, 출산에 관해 그 나이에 맞는 언어와 상황을 설명해 주며, 자기(타인) 몸에 대한 긍지와 감사를 갖게 한다. 각 가정에서 딸아이의 첫 월경날이 그 가정의 경사날임을 선포하는 것은 흔히 있는 일이다. 그때 아빠와 오빠가 월경대를 한아름 선물하는 것을 부끄럽게 여기지 않는다. 남자아이의 사춘기적 몽정에 대해서도 책을 펴놓고 설명해 주며 안심시켜 주는 장면을 흔히 볼 수 있다. 생리와 몸의 자연성을 자연스레 대하는 것은 매우 부러운 일이다.

역할 분담에서 역할 공유하기: 이들은 언제, 어디서나 무얼 하든지 간에 남녀가 함께 어우러져 있어 우릴 부럽게 만든다. 그들은 자신(타인)의 성(sex)을 (우리처럼) 예민하게 느끼지 않는다. 그냥 '사람'으로 보기다. 그러므로 학교에서 남자아이에게 뜨개질, 바느질, 요리, 애기 보기를 자연스럽게 가르치고, 여자아이들에게는 소홀히 여겼던 소위 '남성적 일'을 (원하면) 가르친다. 요리학원(대학가)에 넘치는 수강생은 예비 신부가 아니라 남학생들이다. 왜 이렇게 변했을까?

21세기 신사회는 성(sex)을 가리지 않고 능력을, 그것도 전인적(holistic) 능력을 가려낸다. 그런데 성역할 분담에 의해 양성이 모두가 '반쪽 인간' 밖에 될 수 없었다는 게 그들의 반성이었다. 그리하여 성에 의해 분리되었다. 남녀 모두가 성을 초월한 역할 공유화로 달려가고 있다. 아이도 함께 키우기, 살림도 공유하기, 경제 생활도 같이 책임지기 등이다. "내가 너 되어보기"다. 내가 장애자, 노인, 여(남)자가 되어보니 불편함, 부당함을 느껴 문제 제기하고, 동조하고, 개선하고 ― 이것이 갈등의 관계를 평화로 만드는 작은 길임을 인간관계 훈련에서 가르치고 있다.

　인간사회에서 물질 관계로 인해 '계급'이 생겼다고 한다면 인성(인품)에도 '계급'이 있다고 본다. 질 좋은 교육으로 인품이 개선되지 않을 때라도 남녀 성관계 교육은 그 마지막 치유책이라 생각된다. 이제 한국에서도 교육의 사각지대에 있었던 남녀관계 교육에 그 초점을 서서히 옮길 때라고 본다.

숨김없이 말해주세요(성교육)

　독일 유학 시절, 잠시 독일 유치원에서 보모로 근무한 적이 있었다. 그곳에서 느낀 것은 그녀들은 우리와는 다르게 아들의 자립성과 창의력─개인의 개성─을 높이 사며 교육에도 그것을 반영한다는 점이었다.

　특히 독일의 성교육은 놀라울 정도로 진보적이고도 솔직했으며, 있는 그대로의 자연스러움을 성교육의 모토로 삼고 있었다. 성(sex)에 대해서 하나도 감추지 않았고, 선입견이나 수치심을 갖는 것을 제일 큰 터부로 생각했다. 유치원 자모회에서도 성교육을 진지하게 논했으며, 이를 바탕으로 아이들 교육 프로그램이 운영되었다.

　우선 그녀들은 성을 인간 심성의 기초로 여긴다. 3세부터 성교육을 실시하는데 아이의 지적 발달과 사회적 성숙에 맞추어 그 아이에게 걸맞는 답을 제시하되 '완전하게' 설명해 준다.

　성에 대 왜곡을 하면 그 아이가 성인이 되어 이중적이고(솔직하지 않고) 인격이 뒤틀릴지 모르며 잠재력을 충분히 발휘하지 못할 거라는 우려 때문이다.

　그리고 그녀들은 성교육도 글자 교육의 말하기, 쓰기, 걷기처럼 단계적으로 가르친다. 그리고 반드시 '에티켓'을 빼놓지 않는다.

그런데 성을 생리적·과학적으로 설명하면 지식으로만 알게 되어 실제로 적용을 못 하고 또 윤리만 강조하면 죄악감이나 수치심을 가질 수 있다. 이 둘을 어떻게 조화시키는가가 성교육의 관건이라고 할 수 있다.

독일 유치원에서는 성에 대한 아이들의 끝없는 질문에 솔직하고 정직한 대답을 해 주는 것을 원칙으로 한다. "엄마, 아이는 어떻게 만들지? 어디서 나오지?" "나는 왜 고추가 없어?" "난 아빠와 결혼할래!" 등등 아이들의 어처구니없는 질문에 "시끄럽다"며 구박하고 면박을 준다든가, "글쎄" 하면서 얼버무린다든가 거짓말을 한다면 오히려 부작용이 생길 수 있으므로 가능하면 솔직하고 올바르게 대답을 해 주는 것이다.

그것을 보면서 성과 관련된 질문이 나오면 무조건 감추려 하고, "애들은 몰라도 돼" 하면서 얼버무리는 우리네 교육 방법을 다시금 되돌아보게 되었다. 아름답고 신비한 성이 성폭력이라는 뒤틀린 이름으로 나타나는 요즈음 우리의 아름답지 못한 현상도 이런 잘못된 교육 방법과 무관하지만은 않을 것 같다.

복지사회와 가정 해체

　구라파의 사육제(謝肉祭)는 그야말로 온몸으로 뜨겁게 바치는 제사인 듯싶다. 스위스만 하더라도 이 사육제의 축제를 위해 1년 전부터 준비한다고 하는데 필자가 머물렀던 스위스 중세 종교 도시인 바젤(Basel)에서의 축제는 정말 꿈에서나 언뜻 경험할 수 있는 환상적인 것이었다. 만여 명의 시민들이 갖가지 분장에 가면을 쓴 채 피콜로라는 독특한 소리를 내는 피리를 불며 이에 맞춰 엄숙하게 시가를 행진하며, 3일간의 이 축제 기간에는 금욕적으로 산다. 이 기간엔 음악과 가면의 축제만 아니라 토론회와 강연회, 명상도 함께 곁들인다.

　이번에 필자가 초청되어 간 것도 이 사육제를 '인권사육제'라 명명하고, 제3세계 사람들을 강사로 초빙하여 후진국의 문제를 함께 나누는 '나눔의 행사'를 위한 것이었다. 한국 대표로 초빙된 필자는 한 달간 스위스 전 지역의 교회와 교육기관 등을 돌며 제3세계의 문제와 제1세계의 복지병(福祉病)에 함께 관심을 갖고 토론해 보는 계기가 되었다고 본다.

　스위스는 한국보다 1인당 국민소득이 10배나 넘는 복지국가라 할 수 있다. 수입원은 조상이 넘겨준 알프스 절경과 시적(詩的)인 고풍의 도시들을 보여주고 얻는 관광 수입과 후진국 독재자들이 맡긴 고액의 달러와

굄덩어리의 보관료, 그리고 화학약품의 수출을 통한 고소득 등이다. 그들은 아침 식탁에서 세계 각국에서 들어온 잼과 차를 즐기고 있고, 사시사철 알프스 스키장을 옆집 마실 가듯 가는 등 남부러울 것 없는 풍요를 한껏 누린다. 그야말로 원시 인류가 수만 년 전부터 꿈꿔오던 이상사회가 있다면 아마도 이런 사회가 아닐까 싶기도 했다. 그들은 이구동성으로 말한다. "이 사회에선 내가 하고만 싶다면 무엇이나 다 할(살) 수 있다"(Ich will alles tun, was ich will)라고.

그러나 한편으론 이것이 복지사회의 병폐의 요인이 아닐까? "우리는 무엇이나 돈으로 해결할 수 있다. 심지어 '아내'들을 외국(태국, 아프리카)에서 사들여 오기도 한다." 복(福)을 물질과 소비에 집중시키고 거기에서만 인간의 행복을 찾고 있는 서구라파인들은 그래서 무기력증과 삶의 무의미성을 호소하고 있다.

필자는 그 심각성을 남녀 부부관계와 청소년에게서 느꼈다. 필자가 우연히 초대되어 간 열 가정 중 여덟 가정은 결손가정이었다. 미혼모, 이혼 · 재혼한 가정 아니면 알콜 중독 등으로 고통당하는 가정…. 이들은 멋진 가구와 풍요로운 소비 속에서도 삶의 빛을 발산치 못하고 있었다. 종교 기관에서 근무하는 한 여성은 아기는 사랑의 관계에서만 출생되어야 한다며 아기의 아빠가 카이로의 흑인이라고 내게 뽐내었다. 그녀는 스위스 남편과 이혼한 미혼모였다. 8,000명의 교인을 보살피는 여목사는 이혼한 여권운동가였다. 드디어 부부가 함께 사는 가정에 초대된 나는 술이 없다면 인생은 잿빛이라고 푸념을 털어놓는 그 가장이 바로 알콜 중독자라는 것을 알았다.

인간의 삶과 시간 모두를 흡입해 버리는 사회가 산업-소비 사회이다. 그들은 물건을 만들고 그것을 쓰는 데에 인생 전부를 동원하고 있어 개인이나 인간관계를 돌볼 겨를이 없다. 인간관계는 화분의 꽃나무와 같아 아침저녁으로 시선과 양분을 주지 않으면 꽃도 안 피고 시드는 법이다.

'관계'를 돌보지 않아 생긴 것이 남녀 간의 결별 선언만은 아니다. 거기서 희생된 무리들이 청소년 집단이다. 스위스 청년들은 두 개의 그룹으로 대별(大別)될 수 있다는데 하나는 쾌락을 추구하는 무리들이고, 다른 하나는 반(反)소비집단이라고 한다. 필자는 어느 날 쥬리히(Zürich) 가는 기차를 탔다. 그런데 기차 저 구석에서 코카콜라로 머리를 감아 빗겨 올린 펑크족들이 주사기로 자기 팔뚝을 찔러가며 마약 주사를 맞고 있는 게 아닌가. 아무도 이들을 제지하지 않았다. 이들에게 걱정스런 눈 초리를 보내는 나에게 이들은 찡끗 윙크를 보내지 않는가? 나는 고등학생들에게 장래 소망을 물어본 적이 있었다. 소원도, 장래 전망도 갖고 있지 않다고 했다. 현재에 부족한 것 없이 모든 것을 다 가지고 있으니 아무런 요구(Needs)가 없다는 것이다. 부모님 세대에 다 일궈놨기 때문에 자기들 세대엔 실업자뿐이라고 대응하기도 했다.

한 개인에게도, 국가 · 문명에도 이 원칙은 적용되는 것일까? 결핍이 없이 모든 것이 다 채워졌을 때 인간에게는 이미 타락과 기욺이 시작되는 것일까? 결국 인간의 행복은 모자람이 있고, 그것을 채우기 위해 부단히 노력하는 그곳에 있는 것일까? 그러나 그것이 소비만이나 물질 축적만의 일변도일 때 물질 중독증에 빠지고 말 것이다. 개인이 물질 소비 위주로 너무 커지고 말 때 거기엔 하나님이 들어서실 곳이 없어지는가 보다.

스위스 사람들의 풍요 속의 이 빈곤은 어쩌면 그들만의 문제가 아닐 것이다. 이미 한국의 중상류층에 배태된 증상인지도 모르겠다. 정신이 결여된 복지사회라는 것이 인간의 복(福)을 약속해 주지 못한다는 것을 이번 여행을 통해 확신할 수 있었다.

도시 빈민 여성의 삶과 노동

　　1960년 이후 산업화와 근대화 과정을 통하여 야기되었던 도시에로의 인구집중 현상은 도시 빈민층의 집단 주거 현상을 생성하였다. 도시 빈민 지역 주민의 대부분(이 조사에서는 92%가 지방 출신)이 농촌 출신이라는 점에서 도시 빈민의 형성과 농촌의 궁핍화와는 구조적인 연관을 가지고 있다고 하겠다. 즉, 농촌에서 과거 20년간 약 37만 호의 영세 농가가 감소되었다고 하는데, 호당 평균 5명의 가족으로 계산한다고 할 때 약 180만 명의 이들 농민들이 어디로 갔을 것인가? 이들의 대부분은 소유 농토의 확대로 상부 계층으로 상승 이동한 것이 아니라 서울을 비롯한 대도시로 이동하여 대부분 단순 노동자로 도시 빈민의 주류를 형성한 것으로 보여진다.

　　이 연구에서는 거의 절대적인 빈곤에 맞서 이를 극복해가려는 빈민 여성들―특히 가난한 어머니들―의 소득을 위한 활동과 가정생활을 빈곤-일(노동)-성(性)-가족 등의 역동적 관계에 초점을 두어 살펴보았다.

　　가난한 여성의 삶이란 빈곤 그 자체이다. '저임금노동-과로 노동-빚-병'으로 점철된 삶이다. 가난 그 속에서도 더욱 가난하고, 고통 중에서도 더욱 고통을 당하는 존재가 바로 가난한 어머니인 것이다. 한마디로 사회에서의 경제적 불평등과 남녀 사이에서의 성적 불평등의 가장 낮은 말단의 자리가 합치는 곳, 거기에 가난한 여성이 서 있다.

가난을 모면하기 위하여 빈농가의 딸들은 일찍 결혼을 하지만, 가난한 남자를 만나 다시 가난을 만든다. 농촌의 가난에 밀려온 '도시의 농촌인'들은 사회 보조나 혜택이 없는 처지에서 저교육-무기술-무경력으로 반 실업 상태의 노동에 머물거나 저임금노동자로 삶을 영위해 나갈 수밖에 없다. 여기에 영세민 여성의 취업률이 높을 수밖에 없는 이유가 있는 것이다. 가난한 여성들의 경제 활동 참여는 산업사회가 끌어내는 힘에 의해서가 아니라 가정의 빈곤이 밀어내는 힘에 의해서다. 그러나 이들 가난한 여성들은 학력도 낮고 기술도 없다. 거기에다 '여자이기 때문에' 노동시장에서도 외면당한다. 그런 상황에서 주어지는 노동이란 가사일의 연장인 허드렛일이나 막노동뿐이다. 한 나라의 국민총생산(GNP)에 가산되지도 않는, 노동조합도 노동 규정도 없는 그녀들의 개별적 노동 환경은 최악의 상태이다.

- 스웨터 무늬 한 개 뜨려면 90분을 공들여야 겨우 완성된다. 노임은 1개당 170원 정도. 하루 종일 열심히 뜨면 1,000원 정도 수입을 올린다. 몇 달을 하고 나면 어깨쭉지에 통증이 오고 눈이 침침해 몹시 피로하다. 그러나 그런 일이라도 계속 있었으면 한다.
- 골프머리 한 개 만들면 75원 준다. 공을 풀어놓고 굴려가며 하는 작업이라 좁은 방에서 애들은 길로 내어쫓고, 하루 꼬박해야 1,500원 수입이 된다. 그러나 그걸 벌려면 200개의 골프머리를 굴려야 한다. 나중에는 온 세상이 골프머리로 보인다.
- 신체검사용 채변 봉투 역시 5,000장을 만들어야 1,500원 정도 받는

데 오래 하면 봉투가 칼날 같아 손끝이 다 해져서 아프다. 하루 5,000
장을 헤아리려면 종일 쪼그리고 앉아야 하므로 소화도 잘 안되고, 관
절염 증세도 느낀다.

- 아이스크림 껍질 붙이기는 1,000장 붙이면 300원 꼴이다. 이것은 부
서지기도 쉽고, 애들이 먹고 싶어하므로 멀리 내어쫓고 해야 한다.
- 생선 찢기는 1kg 찢어주면 1,500원씩 받는다. 도구나 연장이 필요치
않은 이 일은 손으로 잘게 찢어야 하기 때문에 손끝이 몹시 부르트고
아프다. 그럴 때는 하는 수 없이 간간이 '내게 붙은 간단한 연장'(이빨)
으로 찢는 수밖에 없다.

영세민 부인들의 벌이는 하루에 300원 소득에서부터 3,000원까지
다양하다. 오전 한나절로 끝나는 것도 있고, 하루 종일 걸리는 것도 있으
나 대체로 해 떠 있을 동안 한다. 줄잡아 부인네들의 하루 소득은
1,000~1,500원 사이에 있다. 빈민촌의 부인들 사이에는 자신들의 저소
득 부업 벌이에 대한 자조적인 별명이 있는데 '찬값 뜯는 벌이', '요구르
트 벌이'(100원), '심심풀이 벌이', '쥐벌이' 등이다.

이런 현실에서 보여진 영세민 여성의 취업은 단순히 그녀의 사회적
지위 상승이나 개선을 의미하는 것일까 반문하지 않을 수 없다. 오히려
빈곤의 가중된 압력과 노동력 착취의 확대 현상이라고 해석해야 할 것이
다. 뿐만 아니라 그녀들의 저임금 막노동 취업은 그녀들을 집단적으로
더욱 천시하는 결과를 낳는다.

그런데 여성이 가장(家長) 구실을 하는 가정에서마저도 남편이 요구
하는 여성상은 철저히 보수적·전통적이다. 즉, 밥벌이 노동, 가사노동과
양육을 전담한 부인이 실직한 남편의 상한 자존심을 건드리지 않고, 복

종하고 섬길 때 가난한 가정의 화목은 그런대로 유지된다. 그러나 가장으로서의 남성의 자존심을 거스를 때는 위장된 평온은 여지없이 깨지고 만다. 처자식도 변변히 못 먹여 살리는 가장의 절규는 "속에서 천불이 나니 나도 한번 큰소리치고 싶어 술 마시고 때린다"는 것이다. 여기서 부인에게 떨어지는 남편의 공격적인 주먹은 곧 사회를 향한 울분의 주먹이며, 자신의 신세 한탄의 표현임을 알 수 있다. 이러한 맥락에서 본다면 빈민 여성은 가정은 물론 사회의 아픔까지를 자신의 가슴과 몸으로 모두 짊어진 시대의 제물이 된 희생자가 아닐까?

갈등과 고통을 해소할 수 있는 문화적 통로가 없는 여성들에게는 속으로만 썩여야 하는 인고(忍苦)의 문화 규범 안에서 여성의 한은 발산되지도 못한 채 병으로 응어리져 간다. 이러한 상황에서 이들에게 위로와 희망이 있다면 오직 자녀일 뿐이다. 그러나 가난한 가정의 자녀들은 처음에는 대개 부모의 기쁨이지만, 점차 짐에서 배신으로 끝난다. 부모의 경제적 무능력과 무관심(?)은 빈곤 세습의 영속화의 고리를 끊지 못하기 때문이다. 여기에 가난하고 약한 자는 더욱 질긴 희망의 줄을 붙잡게 되는데 그들의 희망은 현실에서 쉽게 이루어질 수 없는 것이기에 모성의 한(恨)은 다시 한을 남기게 된다.

여성이기 때문에 얻는 한은 슬픔이고 결핍이며 좌절이지만, 모성의 한은 슬픔 속에서도 욕망과 희망을 갖는다. 이것이 양자의 차이점이다. 남편이 식솔을 먹여 살리려고 안간힘을 쓰다가 좌절해버리고 연장을 내동댕이칠 때라도 생명을 내동댕이칠 수 없는 것이 모성이다. 삶의 냉혹한 현실에 뿌리내리려야 하는 모성과 현실의 괴리 속에서 무(無)에서 유(有)를 창조하는 노력과 고통을 감수할 수밖에 없는 자리고 모성의 자리이다. 남편과 아이들에게로 다가오는 고통까지 그녀의 어깨의 짐이 된다. 그녀는 그것을 견뎌내야 하는 인고의 밀알이 된다. 그리하여 가난한 여성들은 몸이 젖줄이 되어 그들 자신들의 마른 입술을 적시고 온몸이 '자궁'이 되어 그들의 언 몸을 또 한 번 따뜻이 감싸주는 어미 닭의 품이 됨으로써 구도자의 고행을 감내한다. 사회적 '자궁' 역할인 것이다.

우리들은 기근이 땅거미처럼 깔려 있었던 시대마다 빈촌에서 사람들은 어떻게 살아남았느냐고 꼭 물어봐야 한다. 그리하여 모성의 '고행'을 인류의 팻말에서 다시는 지워지지 않게 기록해야만 한다. 생존의 무기인 기술도, 배움도, 건강도 없었던 그녀들에겐 오직 생명을 보호키 위해 살아남아야 한다는 의지와 생명에 대한 외경심이 있을 뿐이다.

남편이 아파트 공사장에서 빈혈로 쓰러져 낙상하여 척추가 부러지고… 졸지에 쥐꼬리만 한 수입원도 끊어지자 4명의 자녀들에게 당장 입에 풀칠할 길이 막연했다. 8년 만에 첫아들을 보았다고 쪼달리는 생활이지만 좋아했는데, 남편이 몸져누우니 내가 나설 수밖에 없었다. 기술도, 빽도 없는 나를 동네 이웃들이 가내부업, 청소부 자리도 소개시켜 주어 힘은 들지만 그냥저냥 지냈다. 그런데 아들놈이 시름시름 감기를 걸리더니 급성 폐렴으로 앓아누웠다. 입에 풀칠하기도 어려운 판인데 병원 문턱은 너무 높았다. 돈을 돌릴 새도 없이 아들은 고열로 몸을 떨더니 가쁜 숨을 몰아쉬었다. 빈손으로 아들을 등에 들쳐 업고 병원으로 뛰었으나 닿기도 전에 숨이 끊어졌다. 하나밖에 없는 아들을 비 오는 날 뒷산에 묻고 내려올 때 나는 환장했다. 그때부터 나는 일이 손에 닿는 대로 마구 해댔다. 동네의 공동변소 치우는 일, 자동차 닦기, 물길어 주기, 교회 부흥회 때마다 따라다니며 밥해 주기, 김밥 행상 등약 한번 못 먹고 가버린 아들놈을 생각하며 뼈가 부서져라 하고 악으로 해내었다. 돈만 준다면 24시간 계속이라도 일을 하겠다.

모성 앞에서 생산과 물질만으로 세상을 설명할 수 없는 '알파'가 그 것이 아닌가 한다. 모성의 한은 슬픔과 좌절이지만 동시에 그것을 뛰어 넘는 힘이요 희망이다. 그것은 미래를 향한 걸음이다. 이것이 바로 한국 의 고난의 역사에서도 굴하지 않고 이겨내 온 민족 저력의 원천이 아니 었나 싶다. 그러나 모성의 한이 거대한 추진력의 근원임에도 불구하고 또한 모성 대대로 이것을 해결하지 못하고 한을 안은 채 살다간 것은 아마도 여성의 한이 개별화된 상태에 있었기 때문인지도 모른다. 여기에 집단적 해결의 시도가 절실히 요청된다.

무허가 주택 철거 반대운동에 용감하게 맞서서 싸웠던 그들의 의식 은 다른 제사회 문제에서는 수동적, 소극적으로 나타났다. 마을의 그들 문제는 "정부와 대통령만이 해결할 수 있다"는 생각(51%)은 그들의 극단 의 경제적 실조와 혜택의 무경험에서 나온 불신감과 무력감의 다른 표현 일 수도 있다. 이것은 미래계획이나 희망을 소멸시키는 연쇄작용을 하기 도 한다. 그와 반대로 교회에 대한 기대와 신뢰감은 부흥 일변도에 있는 한국교회의 상황에 비교한다면 매우 낮다. 오직 8.5%만이 교회가 주민을 위해 적극적으로 활동했다는 고백은 오늘날 교회에게 던져진 하나의 도 전이 아닐까? 가난한 자와 억눌린 자들이 바로 우리의 이웃이라고 고백 해야 하는 한국교회에 대한 가난한 자들의 경고인 것이다. 왜냐하면 반 복하는 두 인간 계급을 만드는 빈부의 격차는 또한 하나님의 뜻이 우리 들 안에서 거부되고 있다는 표시이기 때문이다. 오늘도 '산동네'에 들리 는 고통의 소리가 바로 하나님의 신음 소리로 들린다는 신앙 고백을 그 들은 우리에게 촉구하고 있다.

빈곤 문제 접근의 초점은 한 사회의 GNP의 수치가 주는 허상을 깨 고, 실제로 삶의 질(質)의 상승에 두어야 한다. 빈민촌에서도 90% 이상이 소유한 TV가 한 가정의 경제 생활의 안정을 의미하는 것은 결코 아니다.

예를 들어 전자시계를 찬 엿장수, 화려한 화장을 한 행상녀, 전세방에서의 TV 소유는 무엇을 의미하는가 생각해 봐야 한다. 생산수단이 전혀 주어지지 않은 그들은 오직 산업사회의 저렴한 노동력이요 상품 판매의 대상일 뿐이다. 그로 인해 가난한 이들의 심리적 빈곤감은 더욱 상승된다.

가난한 사람들의 문제는 한 나라의 불균형한 경제성장과 불균등한 재분배로 인해 야기되는 빈곤의 문제이며, 가난한 여성의 문제는 빈곤 문제 외에 가부장 사회에서의 성의 억압과 모성의 짐을 추가로 더 진, 이중 삼중의 짐을 진 자들의 문제이다. 그녀들은 빈곤 가운데 빈곤하고, 억압된 자 중 더욱 억압된 한 사회에서 또한 한 가정에서 가장 밑바닥에 서 있는 것이다. 이에 대한 정부와 교회의 적극적인 대책과 지원이 필요하다.

자원봉사의 철학과 가치

1. 문명의 위기와 자원봉사의 떠오름

독일의 신학자 몰트만(J. Moltmann)은 현대 문명의 고질병 다섯 가지를 들면서 이 중 하나라도 치유되지 않는다면 현대 문명은 몰락한다고 예언한 바 있다. 그것은 빈곤과 독재(후진국), 인종차별주의, 성차별주의, 생태계 파괴 그리고 관료주의 등등이다.

어느 하나라도 해결하지 못한 채 새천년을 맞이하는 인류는 그리하여 매우 우울하며 희망 없는 내일을 바라보고 있다. 그것은 현대 문명은 영락없이 "죽음의 얼굴"을 하고 있기 때문에 더욱 좌절하고 때론 분노한다. 그 얼굴에서 2개의 죽음을 본다. 하나는 "삽시간에 죽는 죽음"(핵전쟁), 다른 하나는 "서서히 죽는 죽음"(생태계 파괴)을 보고 있다. 인류의 어리석은 장난을 보라! 1분에 1,800만 달러어치의 재물을 파괴(실전)하면서 한편으로 자기 식구 같은 생명들을 1분에 1,500명을 아사자로 방치한다. 그리고 주먹을 휘두르며 겁주길 "미사일 몇 방 먹이면 지구는 수백(천) 번 박살나는 핵"으로 최강국을 자랑한다. 제 자식 죽는 줄 모르는 바보 아비 같다들! 유태인 600만 명 학살에 12년 걸렸으나 현대 문명은

15분이면 지구 1/4을 박살낼 최신식 살인 무기 경쟁 속에서 지구 식구 60억 명의 목숨은 파리 목숨보다 못하다.

현대 문명의 결산이 이러한 죽음 앞에서 왜 나는 자원봉사의 떠오름을 애타게 기다리는 걸까? 어림도 없는 게임 아닌가!

재물과 인명의 파괴전에서 생태계 역시 강간당한 채 전쟁터를 방불케 한다. 어머니인 자연은 더 이상 인간에게 수유를 거부한 채 오염과 독으로 맞선 지 오래다. 그래서 암으로 태어난 신생아, 아기씨가 없는 남성들, 힘없어 분만 못하는 20대 산모들(30%가 제왕절개 함), 요절(급사)하는 40대 장정들, 산더미로 쌓인 먹거리도 먹어서는 안 되는 상황이 벌어지고 있다.

그뿐이랴! 로마는 왜 멸망했는가? "사치와 부패가 극에 달해서…"라고 역사는 그 원인을 기록하고 있다. 그러나 사회의 마지막 양심과 지성의 보루라는 종교와 학자들마저 위기의식이 마비된 채 세속화에 앞장서고 있다.

국가는 IMF 직격탄을 맞아 '세계화의 덫'에 걸려 허우적거리는데 남북한의 7,000만 겨레는 풍랑 만난 격이다.

자! 폭풍우 치는 칠흑 같은 밤에 우리들이 자원봉사자들에게 마지막 실낱같은 희망을 두는 것은 어림이나 있는 일일까? 조지 갤럽은 조심스럽게 자원봉사는 "미래를 위한 최선의 희망"이라고 보고, 토인비 역시 "인류 역사가 그래도 잘 굴러가는 이유는 자원봉사의 헌신적 활동 덕택"이라고 극찬까지 한 적이 있었다. 세상의 눈으로 보면 자원봉사자야말로 얼마나 초라한 모습을 하고 있는가? 그럴듯한 직함도, 권력이나 조직도, 물질적 보상도, 빛도 없는 그 초라한 헌신자에게서 인류의 희망과 빛을 발견한 이유는 무엇인가? 작은 자에게 도움의 손길을 건네준 작은 행위가 희망의 불씨로 번질 수 있는 그 잠재력을 그 헌신자에게서 발견했기 때문일까? "내 인생의 목표는 성공이 아니라 작은 자선"이라고 속삭인 테레사 수녀 할머니에게서 불꽃처럼 번지는 사랑의 힘을 보았기 때문일까? 바로 그것이다! 약한 사람을 진정으로 구제하고 변화시키는 힘은 '광풍 같은 바람'이 아니라 '따스한 햇빛' 같은 것이리라.

권력, 물질, 강요, 제도가 아니라 사랑 헌신, 눈물, 어린애 같음 등 세상이나 제도를 벗어난 것, 직함도 없고, 학(경)력도 계급도 출신도 나이도 외모도 다 무시한 채 겉껍질 벗은 '속사람'으로 만날 때, 안으로의 기쁨과 감사로 하는 그 사랑의 행위 자체가 '폭발력'을 지녔기 때문이다.

그러나 20세기 말기에 몰아치는 지구적·국가적·사회적 갈등과 모순들의 시너지적 충격과 파괴를 국가와 기업(two sector)만의 힘으론 역부족이다. 여기에 민간의 자원봉사가 포함된 '제삼의 섹터'의 세력화의 떠오름은 시대적 요청이며, 구명 보트적 역할을 기대하며 희망을 두는 것이다. 그러나 그들 또한 참 인간으로 진화되고 부활을 체험한 '신인류'의 모습이 아니면 자신과 타인을 도울 수 없게 된 것이 세기말적 복합적 증상이다.

2. 21세기 문화 특성: 새 패러다임의 등장

현대 문명은 낡은 것과 새것의 명암으로 진통을 겪고 있다. 낡은 것들은 파괴와 죽음으로 소멸해 가는 동안에 '새것'은 초과학과 초기술을 앞세워 화려하게 등단하고 있다. 신·구의 갈등 속에서 자원봉사자의 철학과 가치관의 정립이 시급히 요구되는 때이다.

정보라는 무형 자원 시대에 들어서서 인간은 고속도·편의성·창의성·확장성·다양성·혁신성·통합성을 요구하게 되었고, 이것이 바로 21세기 문화적 특징을 말한다. 즉, 속도 문화(링컨 피살=12일, 케네디 피살=4

시간, 걸프전=10분 내에 세상에 알려짐), 이용지 중심 문화, 개성 문화, 지구촌 동질 문화, 네트워크 문화(종횡적 신호 연결)로 얽혀 있어 인간과 사물을 입체적 · 종합적으로 파악해야 하고, 다중 감각을 읽혀야 생존하는 '하이테크' 시대에 돌입했다.

기술문명의 과학화와 초고속화에 발맞추어 사회구조적 측면에서도 크나큰 변동이 일고 있다. 즉, 가족 구조의 변화와 해체, 집단 문화 해체, 공동체 의식의 와해 등 개인적 측면에서는 인간소외와 정체성 혼란과 이기주의적 사고의 팽배 등 전통적 규범이 무너진 채 대안적 가치관이 부재 상태이다.

새 패러다임이 요청되는 이때 정부(국가)의 자원봉사관은 무엇이며, 더 나아가 새로운 자원봉사자의 가치와 역할은 어떤 것인가 보기로 한다.

3. 자원봉사(활동)은 시대적 요청이다.

국가 정책의 중요 부문(제삼 섹터): 국민의 무한한 잠재력인 정신적 · 물질적 자원의 동원과 활용으로 사회개발을 달성케 하며 그를 통한 국민 각자의 자아실현을 가능케 함. 즉, 시민의 자발적인 참여 정신의 개발 자체가 사회복지의 궁극적 목적이다.

사회복지 본연의 목표 역시 진정한 "이타주의와 사회적 통합"이라 할 때 자원봉사 활용으로 이를 달성할 수 있다. 복지사회를 향한 사회개발의 노력은 정부 주도의 정책과 사업에 의해서보다는 먼저 국민의 사회 참여 정신에 의해 추진되어야 하며, 이것이 정부가 자원 활동을 개입시키는 근거가 되기도 한다.

21세기의 삶을 전망해 볼 때 인구의 노령화, 장애인 증대, 사회부적응자의 증대, 가족기능의 약화, 불치병 환자 폭증, 생태계 파괴, 핵전쟁의 위협, 폭력 증대 등등은 정부의 복지 시책만으로 해결될 수 있는 것이 아니라, 지역 주민 모두의 참여가 해결에 필수적인 요소라고 보기 때문이다.

우리나라도 1980년대부터 자원봉사활동에 대한 관심이 증가되어 왔고, 1995년은 '자원봉사 운동의 원년'이었다고 볼 수 있다. 대학에서 사회봉사 교육이 시작되었고, 중고등학생에게 사회봉사활동이 입학전형 자료로 활용되는 제도가 마련된 해이기도 하였다.

즉, 자원봉사 활용에 대한 요구의 배경에는 ① 공사 조직의 인건비 부족으로 인한 인력 부족 현상, ② 전문 인력의 효율적 이용과 함께 비전문가의 활용(예산 부족), ③ 지역사회 참여의 필연성, 즉 이는 기관 중심적 특히 기관의 이기적 목적 달성이 그 원인으로 본다.

결론적으로 말하면 자원봉사를 필요로 하는 것은 전 세계적 공통 현상인데, 그것은 자원봉사활동의 이타적 동기나 시민적 참여라는 순수한 동기도 있겠으나 복지 욕구의 폭증하는 데 비해 복지 재원은 한정된 상황에서 자원봉사자를 활용하는 것은 경제적 효율성이나 정치적 효과성의 측면에서 바람직한 대안으로 보기 때문이다.

그 외에도 현재 자원봉사의 활성화를 요구하는 결정적 이유는 무엇인가? 이를 통한 시급한 민간복지의 확립은 사회 자체 변화에 대한 대응 외에도 통일 시대를 대비해 위한 것도 있다. 북한 주민 2천만을 먹이고 입히는 데는 정부의 힘만으로는 역부족일 게다. 시민의식과 인성 개발을 서둘러야 하는 것 21세기 초야에 묵상할 일이다.

4. 자원봉사자(행위)의 가치와 철학 그리고 새로운 상의 정립

1) 자원봉사의 개념

volentarism → volentary → voleteer

자발적 의지(will) + 자원 욕망(desire) ⇒ 자주 · 임의 · 자발성

volentus=자발적 의지와 자원의 욕망

2) 특성

자발성 · 무상성 · 공공성 · 선구성(복지성+창조성)

(자발적 의지 ≠강제, 인간 유치≠관료제, 무임≠직업 아님, 여가 이용, 창조적인 것)

3) 자원봉사의 정신

측은심, 선의의 발로, 작은 실천 운동으로 연결되어야….

① 비상 사태시 인심에 생명 불꽃(손익계산 틈 속).

② 희소가치로서 기쁨 더 높은 사회의식으로 발전 가능성 존재함.

③ 실천으로 연결되지 않는 설교는 무의미 · 무지와 같다.

　(머리보다 맘보다 손보다 발이 더 중요(행위) 관찰보다 애정보다 실천.)

　"세상에서 가장 큰 자는 바로 실천하는 자"

4) 자원봉사자의 기본자세

① 적합한 인성: 인간애 · 민주적 · 성숙인 · 문제심 · 경청인 · 관용 ·

　책임감 · 조직능력 · 안정자

② 기본자세:

　인간에 대한 사랑.

　자기 편견 장단점 앎.

힘든 일 극복 의지.

나눔의 보람 콩알 3개(하늘새-땅속지렁이-나)

지식개발 인간이 아는 일곱 가지 지식이론.

5) 자원봉사 참여 동기와 기능 및 특색

(1) 개인적 동기

① 높은 신분엔 '도덕적 의무감'(noblesse oblige) 따름. 이는 서구 정신으로서 세계를 지배해온 기독 정신임.

한계점: 약자 대상화 우려(처지 불이해-개선까지 못 함), 약자=피해의식 굴욕감 갖기 쉬움. 사회 불평 등의 정당화 우려.

② 이타주의와 계발된 자기 이해 사이의 양자 결합된 이득 누림.

③ 경제적 동기: 사회대의 명분, 지명도 높이기 위해 사교, 재능 발휘 · 자기 과시.

(2) 사회적 기능 비용: 절감 효과

사회적 고유가치 지님: 헌혈 제도, 선명회, 사회적 협동, 공동체 의식 갖게 함![1]

(3) 자원봉사활동 특색(열림·나눔·섬김)

① 정부 기관보다 비정부 기관이 조직적, 효율적, 다양한 서비스 제공.

② 법 권력에 의한 강요 조작 통제보다는 자유 자발 의사에 의한 활동.

③ 조세 의존보다는 자선적 기부에 의해 조달됨.

---

[1] 선도성 이론(Pioneering Theory) : 국가가 직접 제공하기엔 부적합한 유형의 서비스를 시민 차원에서 먼저 시작함으로써 모델을 제시, 이때 국가가 따라옴(자원봉사의 실험-국가비용 절감됨). 사례: 공부방.

6) 자원봉사자(행위)의 새로운 시작

① 자원봉사의 역할 변화: 자발적 자원봉사 단계 - 자선적 후원 단계 - 전문적 권리주장 - 경쟁적 시장 단계(21세기는 비영리적 조직이 인류를 이끈다). 새로운 역할: 중재자 · 촉매자 · 대변자 · 행정자 · 개혁자 · 유토피아 건설자.

② 자원봉사자의 새로운 시각 변화: 생태 체계적 시각 - 강점 강조 시작 - win-win시각 - Z-S-G에서 Positive-S-G으로.

7) 자원봉사 참여 특징과 개선점

① 낮은 참여율과 긴 지속성(持續性)

② 여성 위주 · 학생 위주.

③ 전통적 종교인 자선적 참여 형태.

④ 이타적 사회책임 의식보다 이기적 경험 추구적 요구.

⑤ Program 개발 미비.

⑥ 자원봉사 관리 제도 및 실천 결여 등(그 외 무관심·혐오적 "우월열등감").

8) 어떤 일을 할 것인가?

평화 위한 봉사

공해 문제

교육 학습 봉사

직장 변경시

노상 폭력 보호

예술문화에서의 접근 봉사

각종 소외원자 위한 봉사

오피니언

時論

孫德守

「행동」강조한 여성행동강령

20세기 최대의 여성잔치였던 베이징 유엔세계여성회의가 막을 내렸다. 화이로우(懷柔)의 삭막한 벌판에 모인 3만6천명의 非정부간조직(NGO)대표들의 열띤 토론은 정부기구 대표들의 손에 넘겨져 21세기 세계여성정책의 기본이 되는 베이징 선언과 행동강령으로 다듬어졌다.

행동강령으로 불리는「찬란한 여성헌장」은 빈곤·교육·보건·폭력·전쟁및 갈등상황·경제·정책결정·관련기구·인권·미디어·환경·여자어린이 등 12개 분야에서의 여성억압 상황 해소, 남녀평등 실현을 촉구하고 있다.

앞으로 이 행동강령들은 각 나라 정부에 의해 정책화되어 이름없는 민초여성들의 삶을 뒤바꾸어 놓을 것으로 기대된다.

이번에 극적으로 타결된 행동강령중 한국여성의 입장에서 특히 환영할만한 것들은 여성상속권 인정과 여성지원금 출연, 여성 성생활의 자율권 인정, 무급(無給)가사노동의 화폐가치 산정 등을 들 수 있다.

성희롱·포르노·성적 노예·매춘 등을 철폐하기 위한 긴급대책 마련이 포함된 것 역시 성적 괴롭힘이 가정 안팎에 만연되어 있는 우리로서는 반가운 일이다.

여성상속권 인정과 여성지원금 출연은 세계 빈곤의 70~80%를 여성과 어린이가 짊어지고 있음을 감안할 때 만시지탄이라 아니할 수 없다.

이번 포럼에 참여했던 제3세계 여성들의「가난과 강간은 여성의 얼굴을 하고 있다」는 외침이 귀에 쟁쟁하다.

「고학력 여성은 부엌으로, 저학력 여성은 공장으로」라는 문장은 한국여성의 딜레마를 한마디로 요약해 보여준다. 반복되는 가사노동에 보람을 찾지 못하는 중산층 주부들의 문제는 이미 오래전에 사회문제로 떠올랐다. 직업과 수입에 의해 인간의 값이 정해지는 자본주의 사회에서 주부의 값은 헐값이다.

이런 면에서「여성의 무급노동에 대한 가치화」를 명시하고 촉구한 베이징선언은 여성의 값을 단번에 들어올릴 수 있는 지렛대가 아니겠는가. 이번 회의의 의미는 이같은 행동강령을 이끌어낸 것 말고도「평화와 발전·평등」의 여성적 의미를 만천하에 명료히 보여준 데서 찾아야 한다.

안방에서의 구타·폭력·강간이 없는 상태가 진짜 평화이며「굶주림과 찌든 가난」맑은 물을 마실 수 있을 때 진정한 발전이라 할 수 있다. 또한 누구나 다 일하고 누구나 다 급료를 받는 사회라야 평등은 실현된다.

1, 2차 회의(냉전종식), 3차 나이로비 회의(인종차별)와 달리 이번 회의는 시시콜콜한 남녀문제가 개인적 차원을 벗어나 국제회의 무대에서 본격적으로 논의되고 그 대안을 찾기 시작했다.

성희롱이나 가정내 성폭력 등 남녀간의 사적인 문제가 국제무대에 올려졌다는 것은 무엇을 의미하는가. 그것은 남성과 국가가 여성들의 목소리를 듣기 시작하고 국제기관이 이를 끌어안기 시작했다는 것이다.

그리고 이것은 여성문제 해결이 남녀의 제로섬 게임처럼 여겨지던 성대결의 양상에서 남녀화합과 인류화평의 지평으로 넘어간 것을 시사하는 것이기도 하다. 필자가 NGO포럼장에서 만난 베티프리단 여사 등 머리 하얀 서구의 노장 여성운동가들도 21세기 여성운동의 모델은 남녀간의 파트너십에서 찾아야 한다는데 동의하고 있었다.

베이징선언과 행동강령은 이번 회의의 끝이 아니라 진정한 시작이다. 17일간의 여성천하가 끝나고 모든 여성들이 다시금 가정으로 돌아가「그때 그 억압」속으로 복귀하지 않으려면 이제 남은 것은 행동밖에 없다.

『모든 행동강령중 가장 중요한 항목은 다름아닌「행동」이라고 선언한 거투르드 몽겔라 세계여성회의 사무총장에게 뜨거운 공감의 박수를 보낸다.

〈효성여대교수·사회복지학〉

「중앙일보」 1995년 9월 18일

교수신문

제766호 2015년 1월 26일 [월요일] 교수신문

2001년 정년퇴임 뒤 그림 시작 … "조부의 헌신·꿈에서 영감"

디지털 아트 선보인 원로 여성학자 손덕수 교수

글·사진 문수정 기자 jieun@kyosu.net

"여성사(Herstory)'에서 기원한 억압과 억압, 모성의 위대함과 고통, 가사노동의 권리를 찾고 평등한 여성의 지위 향상을 위한 연구에 몰두했고, 한국여성의전화 등과 고 공동대표를 지내기도 했다.

여성학자로 활발하게 활동했던 그가 그림을 시작한 건 2001년 정년 퇴임 후다.

손덕수 전 한국여성의전화 공동대표75세, 여성사회학·사진의 맨 디지털 아트 전시를 서울 인사동의 갤러리에서 20일까지 연다. 전시, 마지막 날에도 그의 전시를 보러 오는 관람객의 발길이 이어졌다.

"유화를 만드고 해도 물감이나 붓 등 많은 재료와 비용이 필요합니다. 그런데 디지털 아트는 워낙 편해서 그림을 그리는 도구라는 그림을. 시작한 건 디지털 정년 퇴임 후다.

고 있었던 여성운동이기 때문이다. 비록 그림이 세계 대한 열정은 남다르다."